Robert E. Kowalski
Das Kochbuch zur 8-Wochen-Cholesterinkur

Robert E. Kowalski

Das Kochbuch zur 8-Wochen-Cholesterinkur

ECON

Titel der amerikanischen Originalausgabe:
The 8-Week Cholesterol Cure Cookbook
Originalverlag: Harper & Row, New York

Übersetzt von Erika Ifang

CIP-Titelaufnahme der Deutschen Bibliothek

Kowalski, Robert E.:
Das Kochbuch zur 8-Wochen-Cholesterinkur/Robert E. Kowalski.
Aus dem Amerikan. von Erika Ifang. – 2. Aufl. –
Düsseldorf: ECON Verl., 1996
Einheitssacht.: The 8-week cholesterol cure cookbook <dt.>
ISBN 3-430-15645-9

Sonderausgabe
2. Auflage 1996
Umschlaggestaltung: Klaus Blumenberg
Gesetzt aus der Trump der Fa. Berthold
Satz: Dörlemann-Satz, Lemförde
Papier: Papierfabrik Schleipen GmbH, Bad Dürkheim
Druck und Bindearbeiten: Ebner Ulm
Printed in Germany
ISBN 3-430-15645-9

Inhalt

Ich widme dieses Buch meiner Mutter Helen, die von meiner Kindheit an mein Interesse am Kochen gefördert hat. Sie hat mich immer in der Küche geduldet, auch wenn ich ihr manchmal im Wege war. Wichtigster Bestandteil eines jeden Rezeptes ist Liebe, und davon gab es bei uns zu Hause reichlich.

Danksagung

Das »Rezept« für dieses Buch hat sich durch die gelungene Kombination der Talente vieler Leute ergeben. Herzlichen Dank sage ich wie immer meinem Agenten Clyde Taylor, der das Projekt von Beginn an geleitet hat; Michele Urvater für ihr kulinarisches Geschick bei der Rezeptentwicklung; meinen Lektoren Larry Ashmead und Margaret Wimberger – besonders Margaret hat viel Geduld aufgebracht; und Jennifer Jensen für die sachkundige Hilfe und Langmut, die sie bei der Erstellung der Nährwert- und Cholesterinanalysen in den Rezepten bewiesen hat.

Die wichtigsten in diesem Buch verwendeten Maßeinheiten und Abkürzungen

1 Tasse	entspricht 235 ccm*
1 Eßlöffel (EL)	entspricht 15 ccm
1 Teelöffel (TL)	entspricht 5 ccm
1 Kilokalorie (kcal)	entspricht 4,2 Kilojoule (kJ)
1 Kilojoule (kJ)	entspricht 0,24 Kilokalorien (kcal)

TK = Tiefkühl

* Im Handel sind Tassenmaße erhältlich. Sie können sich aber auch ein eigenes Tassenmaß herstellen, indem Sie die entsprechenden Markierungen an einem Meßbecher oder einem anderen Gefäß (Glas, große Tasse o. ä.) anbringen.

Verzeichnis der Abbildungen

TEIL I

Einleitung: Kampf dem Cholesterin

Herzlich willkommen bei der Lektüre eines höchst ungewöhnlichen Kochbuchs, das vielleicht buchstäblich Ihr Leben retten hilft. Dabei handelt es sich nicht etwa um ein weiteres Kochbuch für fett- und kalorienarme Speisen. Es gibt weiß Gott schon genug davon, und viele sind recht gut. Alle nach den Rezepten in diesem Buch zubereiteten Speisen jedoch haben den Vorteil, daß sie Ihren Cholesterinspiegel senken und Sie vor Herzkrankheiten schützen können. Und wenn das noch nicht genügt, um Sie anzulocken, dann vielleicht die Aussicht, daß diese Kost Ihnen auch helfen kann, Ihr Gewicht zu halten oder gar ein paar Pfunde abzuspecken, falls nötig.

Bisher haben wir immer nur Verbote gehört, wenn von einer herzfreundlichen Diät die Rede war. »Finger weg von diesem und jenem!« Wohlmeinende Ernährungsfachleute hatten letztlich nur den Rat anzubieten, man solle schleunigst alles wieder ausspucken, was gut schmeckt, da es nicht guttun könne.

Doch in den letzten Jahren haben wir gelernt, daß zur Vorbeugung gegen Herzkrankheit das, was man ißt, ebenso wichtig ist wie das, was man vermeiden sollte. Vieles von dem, was bislang als Evangelium galt, hat sich inzwischen als falsch erwiesen. Zum Beispiel ist Lachs zwar ein sehr fetthaltiger Fisch, dessen Verzehr bei einer Herzdiät jedoch förderlich ist. Wenn Sie sich bisher solche Leckerbissen wie Austern und Kammuscheln versagt haben in der Meinung, sie enthielten zuviel Cholesterin, so brauchen Sie diesen Genuß jetzt nicht länger zu meiden. Bei rotem Fleisch denken Sie vielleicht sofort an einen Herzanfall, aber ich zeige Ihnen, wie Sie sich jede Woche ein solches Stück Fleisch gönnen können, ohne ein Risiko einzugehen. Das gleiche gilt für Käse und

Eiernudeln. Ich werde Ihnen die Zubereitung von Speisen erklären, bei denen Ihnen das Wasser im Mund zusammenläuft und der Cholesterinspiegel sinkt.

Für diejenigen von Ihnen, denen die *8-Wochen-Cholesterinkur* noch nicht bekannt ist, hier ein kurzer Überblick über meine eigenen Erfahrungen mit Cholesterin und Herzkrankheit.

Obwohl ich mehr als 20 Jahre über Gesundheit und medizinische Themen geschrieben habe, waren Cholesterin und Herzkrankheit nur eines von vielen Forschungsgebieten für mich, bis es auf einmal um Leben und Tod bei mir ging. Ich muß vorausschicken, daß meine Familie für Herzkrankheit anfällig ist und mein Vater mit nur 57 Jahren an einem schweren Herzinfarkt starb. Es gab noch mehr solche Fälle in meiner Familie. Dennoch traf mich mein erster Infarkt völlig unerwartet, als ich eben 35 Jahre alt war. Mit 41 Jahren hatte ich bereits zwei Bypass-Operationen hinter mir. Nach der zweiten wußte ich, daß es am Cholesterin lag und ich etwas daran ändern mußte.

Da mir weder cholesterinsenkende Medikamente noch eine stark eingeschränkte Diät besonders gefielen, suchte ich in der medizinischen Fachliteratur nach anderen Lösungen. Als Journalist und medizinischer Fachschriftsteller hatte ich leichten Zugang zu allem, was je über Cholesterin und Herzkrankheit geschrieben worden ist.

Um mein eigenes Leben zu retten, habe ich die sogenannte »8-Wochen-Cholesterinkur« entwickelt. Sie hat mir sehr genützt und meinen Cholesterinspiegel ohne Medikamente und strikte Einschränkungen von gefährlichen 284 mg/dl auf sichere 169 mg/dl gesenkt. Und sie hat Tausenden von anderen Menschen ebenfalls geholfen, die das Buch gelesen und sich an mein Programm gehalten haben. Im Mittelpunkt dieses Programms stehen speziell Nahrungsmittel und Vitamine, die den Cholesterinspiegel drastisch senken können.

Das Wort Cholesterin ist heute in aller Munde. Dabei konnten die meisten es noch vor wenigen Jahren nicht einmal richtig aussprechen, und viele fragten sich, ob das Ganze nicht viel Wind um nichts sei. Das änderte sich im August 1987, als das amerikanische *National Cholesterol Education Panel,* eine aus Top-Medizinern und Experten gebildete Gesundheitskommission, die empfohlene Höhe des Cholesterinspiegels für Männer und Frauen ohne Altersunterschied auf maximal 200 mg/dl festlegte.

Diese Gesundheitskommission hat in der Folge sowohl der Öffentlichkeit als auch der Ärzteschaft gegenüber die Empfehlung ausgesprochen, daß jeder einen Cholesterintest machen lassen, seine Werte in Erfahrung bringen und, wenn diese Werte zu hoch seien, etwas dagegen unternehmen sollte.

Wir alle haben Grund zur Besorgnis. In diesem Jahr werden 1,5 Millionen Amerikaner einen Herzinfarkt erleiden, der für 500 000 Bürger tödlich ausgeht. Herzkrankheit ist auch in der Bundesrepublik die Todesursache Nummer eins, von der nahezu jeder zweite betroffen ist. Ähnlich ist es in den meisten anderen westlichen Industriestaaten.

Doch es gibt auch gute Nachrichten. Der Herzkrankheit kann weitgehend vorgebeugt werden. Anhand der Risikofaktoren läßt sich ziemlich genau voraussagen, wen es trifft. Bestimmte Faktoren sind nicht zu ändern: Eine familienbedingte Anfälligkeit für Herzkrankheit, vorgerücktes Alter und die Zugehörigkeit zum männlichen Geschlecht sind nicht zu leugnende Risiken. Aber mit Sicherheit können wir die anderen Faktoren unter Kontrolle halten: Ein hoher Cholesterinspiegel, Bluthochdruck und Rauchen sind die »großen drei«, an denen etwas geändert werden kann. Außerdem können wir noch die Faktoren berücksichtigen, die gleichfalls eine Rolle spielen, wie etwa eine sitzende Tätigkeit, Typ-A-Verhaltensweisen (deren besonderes Merkmal Ärger und Sorge sind), Fettleibigkeit und, bis zu einem hohen Grad, die Zuckerkrankheit.

All diese Risikofaktoren erhöhen merklich die Sterberate infolge Herzkrankheit, aber im Brennpunkt steht immer noch das Cholesterin. Es ist inzwischen erwiesen, daß die Senkung des Cholesterinspiegels einen wirksamen Schutz gegen Herzattacken mit und ohne Todesfolge bieten kann. *Jede Senkung des Cholesterinspiegels um 1 Prozent vermindert das Risiko von Herzkrankheit um 2 Prozent.*

Viele Experten sind der Meinung, daß ein Cholesterinspiegel von 200 mg/dl zwar ein guter Anfang sei, wir jedoch noch niedrigere Werte anstreben sollten. Dr. William Castelli, Leiter der berühmten Framingham-Herz-Studie, hat nach eigenen Angaben nie einen Herzinfarkt bei jemandem festgestellt, dessen Cholesterinspiegel unter 155 mg/dl betrug. Nach Meinung von Dr. Jeremiah Stamler von der Northwestern University in Chicago, einer der Pioniere, die den Zusammenhang zwischen Cholesterin und Herzkrankheit erkannten, besteht bei einem

Cholesterinspiegel zwischen 160 und 180 mg/dl kein oder kaum ein Risiko für Herzkrankheit, während das Risiko ab 180 mg/dl allmählich zunimmt und sich bei über 200 mg/dl merklich erhöht. Und schaut man sich unter den verschiedenen Völkern der Welt um, stellt man fest, daß dort die wenigsten Herzkrankheiten vorkommen, wo die Cholesterinzufuhr am geringsten ist.

Die Herzforschung liefert uns noch einen weiteren Grund für eine wünschenswerte starke Senkung des Cholesterinspiegels. Forscher haben herausgefunden, daß die Entwicklung von Herzkrankheit durch Cholesterinwerte unter 160 mg/dl gehemmt oder sogar umgekehrt werden kann. Zu berücksichtigen sind dabei aber auch die verschiedenen Blutfettarten. Ein Schnelltest, wie er in manchen Arztpraxen und Apotheken durchgeführt wird, ergibt nur den Gesamtcholesterinwert. Die gründliche Blutuntersuchung durch den Arzt oder das Krankenhaus hingegen gibt Aufschluß über die unterschiedlichen Cholesterinarten.

Diese Blutfettwerte richten sich nach der Größe und Dichte ihrer chemischen Trägersubstanzen, der sogenannten Lipoproteine, die das Cholesterin mit dem Blutstrom von der Leber, wo es produziert wird, weg und wieder zurück tragen. Lipoprotein geringer Dichte (LDL) wird als »schlechtes« Blutfett bezeichnet, weil es sich in den Arterien ablagert und Herzkrankheit verursachen kann. Lipoprotein hoher Dichte (HDL) hingegen gilt als »gutes« Blutfett, weil es von den Arterienwänden weg zur Leber zurückgetragen und abgebaut wird. Wir wollen die LDL-Werte möglichst niedrig halten und die HDL-Werte möglichst hoch.

Wie können wir dieses Ziel erreichen? Die *American Heart Association* hat den Amerikanern empfohlen, höchstens 30 Prozent ihrer Kalorien in Form von Fett zu sich zu nehmen. (Der Durchschnittsamerikaner nimmt 40 Prozent seiner Kalorien als Fett zu sich.) Das ist für die Gesamtbevölkerung ein ausgezeichneter Rat, aber für diejenigen, die bereits erhöhte Cholesterinwerte haben, genügt diese Empfehlung noch nicht. Bei der empfohlenen Diät wird im Durchschnitt eine Senkung des Cholesterinspiegels um 10 Prozent erzielt. Wer zum Beispiel einen Cholesterinspiegel von 260 mg/dl hat, kommt durch eine zehnprozentige Senkung auf einen Wert von 234 mg/dl und befindet sich damit noch immer im Risikobereich. Selbst wenn der Fettanteil der Nahrung noch etwas mehr reduziert wird, dürften die Werte wohl kaum unter 200 mg/dl sinken, wo sie hingehören.

Andererseits können strenge Diäten wie etwa das Pritikin-Programm eine beträchtliche Cholesterinsenkung bewirken. Aber solche Diäten werfen Probleme auf. Den Fettanteil der Nahrung auf insgesamt maximal 7 bis 10 Prozent herunterzuschrauben und das womöglich ein Leben lang, dürfte für die meisten Männer und Frauen äußerst schwierig, wenn nicht unmöglich sein. Wer ist schon bereit, für den Rest seines Lebens auf all seine Lieblingsgerichte zu verzichten! Das ist kaum in die Praxis umzusetzen. Überdies senkt eine extrem fettarme Kost nicht nur die unguten LDL-Werte, sondern auch die guten HDL-Werte.

Die Mediziner raten zu Medikamenten, wenn der Cholesterinspiegel durch eine entsprechende Diät allein nicht genügend gesenkt werden kann. Die Hauptwirkstoffe dieser Medikamente sind Colestipol und Cholestyramin, die beide die Gallensäuren im Darm binden und sie davon abhalten, wieder in den Blutstrom zu geraten, indem sie deren Ausscheidung bewirken. Da die Gallensäuren mit Hilfe von Cholesterin produziert werden, muß der Körper dem Blut Cholesterin entziehen, um jetzt die für die Verdauung nötigen Gallensäuren bilden zu können. Infolgedessen senkt sich der Cholesterinspiegel des Blutes mit der Zeit.

Cholesterinsenkende Medikamente sind jedoch teuer und müssen ein Leben lang eingenommen werden. Zudem sind sie äußerst unangenehm zu schlucken und können üble Nebenwirkungen hervorrufen.

Man stelle sich mein eigenes Dilemma vor, als ich vor der zwingenden Notwendigkeit stand, meinen Cholesterinspiegel zu senken. Und dann meine Erleichterung, als ich herausfand, daß bestimmte Nahrungsmittel tatsächlich den Cholesteringehalt des Blutes ebenso zu senken vermögen wie Medikamente. Diese Nahrungsmittel, darunter Haferkleie und andere vollwertige Haferprodukte, getrocknete Bohnen und Erbsen, Gerste, Maiskleie, gewisse Obst- und Gemüsesorten sowie Reiskleie enthalten alle lösliche Faserstoffe, die wie die Medikamente die Gallensäuren im Verdauungsapparat binden und das Cholesterin buchstäblich geradewegs aus dem Körper tragen. Auf diese Nahrungsmittel kommen wir in diesem Buch noch ausführlich zu sprechen.

Doch wie groß der Vorteil solcher Nahrungsmittel auch sein mag, sind die meisten Leute nicht mit der Zubereitung von Trockenbohnen und -erbsen, Haferkleie oder Gerste vertraut. Als ich das Buch *Die 8-Wochen-Cholesterinkur* geschrieben habe, kannte im Grunde kaum jemand Haferkleie, geschweige denn Reiskleie. Ich führte darin ein paar

Rezepte an, aber damit war die Lücke nicht gefüllt. Mir ging auf, daß die Leute viel mehr über diese cholesterinsenkenden Nahrungsmittel und ihre Verwendung in der Küche wissen müssen. Und obwohl ich selbst seit meinem 13. Lebensjahr mit Freuden koche, wollte auch ich noch mehr über den Umgang mit diesen Nahrungsmitteln lernen.

Ich war hocherfreut, als mich meine Lektorin Margaret Wimberger mit der Köchin Michele Urvater bekannt machte.

Michele begann ihre gastronomische Karriere als Chefköchin in einem New Yorker Restaurant. 1976 gründete sie eine eigene Kochschule, von der die *New York Times* einmal geschrieben hat, sie sei eine der besten Schulen der Stadt. Seit der Schließung ihrer Schule 1981 hat sich Michele praktisch mit allen Aspekten des professionellen Kochens beschäftigt; sie ist heute als gastronomische Beraterin und Kochbuch-Autorin tätig und schreibt häufig Artikel für Fachzeitschriften.

Zusammen mit David Liederman, Plätzchen-Mogul und Gastronom in New York, hat sie ein Kochbuch der *Nouvelle Cuisine* verfaßt und dafür mit ihm ein weithin bekannt gewordenes Haferkleie-Muffin-Rezept entwickelt.

Wie sich zeigte, hatte Michele großes Interesse daran, mit mir gemeinsam weitere neue Rezepte für ein Buch zu entwickeln und zusammenzustellen, das sich ausschließlich auf Nahrungsmittel konzentrieren sollte, die erwiesenermaßen den Cholesterinspiegel senken und der Herzkrankheit entgegenwirken.

Nachdem wir telefonisch Bekanntschaft geschlossen hatten, begann ich einen »Wunschzettel« über die Art und Weise abzufassen, wie ich mir das Kochen und Backen mit diesen wunderbaren Nahrungsmitteln vorstellte. Zum Beispiel sagte ich ihr, daß Guacamole sicher ein köstliches Gericht sei, jedoch zuviel Fett enthalte, und fragte sie, ob sie ein ebensogutes, aber fettärmeres Rezept für Bohnen und Erbsen wüßte. Wie Sie bald sehen werden, ist ihr das und noch vieles mehr eingefallen.

Zur gleichen Zeit, in der Michele in New York über ihrem Herd schwitzte, experimentierte auch ich daheim in Kalifornien mit allerlei Rezepten. Nach viereinhalb Jahren war ich ausgehungert nach neuen Muffin-Rezepten mit Haferkleie. Und ich fand alle möglichen neuen Produkte und Zutaten, die mir vielversprechend erschienen. In Zusammenarbeit mit Michele sind so über 200 Rezepte entstanden, die das Herz gesund erhalten, den Hunger stillen und einem das Wasser im

Mund zusammenlaufen lassen. Diese Rezepte sind genau auf mein Gesamtprogramm zur Cholesterinsenkung abgestimmt. Wählen Sie sich doch gleich heute ein Rezept aus und fangen Sie an! Bon appétit!

Eine Diät fürs Leben

Die Grundlage eines jeden cholesterinsenkenden Programms, das erfolgreich sein soll, ist eine fett- und cholesterinarme Diät. Dabei können Sie auf ein großes Sortiment verschiedenster Nahrungsmittel zurückgreifen und brauchen keineswegs auf bestimmte Nahrungsmittel ganz zu verzichten wie bei manchen Modediäten, die niemand lange durchhalten kann. Wahrscheinlich werden Sie die Erfahrung machen, daß Ihnen die Art von Kost, die ich vorschlage, mehr Befriedigung gewährt als Ihr gewohntes Essen.

Was wir zu uns nehmen, muß die Nährstoffe enthalten, die uns mit Energie versorgen und unsere Körperfunktionen aufrecht- und gesund erhalten oder wiederherstellen. Aber den Überblick über den eigenen Nährstoffbedarf zu behalten ist gar nicht so einfach. Haben Sie eine Ahnung, wieviel Selen Sie heute schon zu sich genommen haben? Oder wissen Sie, wie hoch der Kupfer- und Zinkgehalt Ihrer Mahlzeiten in der vergangenen Woche war? Kein Mensch weiß das, und doch ist es wichtig, genug von diesen Mineralstoffen und von bekannteren Inhaltsstoffen wie Kalzium, Protein und Eisen aufzunehmen.

In der Erkenntnis, daß die Leute unmöglich die vielen verschiedenen Nährstoffe ständig nachrechnen können, haben Ernährungswissenschaftler schon vor geraumer Zeit eine Lösung gefunden, die heute noch ebenso brauchbar ist wie vor 60 Jahren. Sie haben die Nahrungsmittel in vier Gruppen eingeteilt: Fleisch-, Fisch- und Geflügelprodukte; Milch und Milchprodukte; Obst und Gemüse; und Getreideprodukte. Wir können noch eine fünfte Gruppe von Nahrungsmitteln hinzufügen, die kaum oder gar keine Nährstoffe enthalten, aber gut schmecken. Die Nahrungsmittel einer Kategorie besitzen im allgemeinen bestimmte

Hauptnährstoffe, die in den Nahrungsmitteln der anderen Gruppen nicht unbedingt zu finden sind. Wenn sich die Nahrung regelmäßig aus Produkten aller Gruppen zusammensetzt, kann man gewiß sein, daß man Nährstoffe, Mineralstoffe, Vitamine und Spurenelemente in ausreichendem Maße zu sich nimmt.

Die erste Gruppe wird besser als »Eiweißgruppe« bezeichnet. Dazu gehören Fleisch, Fisch und Meeresfrüchte, Geflügel, Eier und andere tierische Produkte. Jedes dieser Nahrungsmittel liefert das zur Gesunderhaltung oder Wiederherstellung des Körpers nötige Eiweiß. Erwachsene benötigen zwei Portionen von jeweils 100 g Fleisch pro Tag, um den täglichen Eiweißbedarf zu decken. Eiweißreiche Nahrungsmittel enthalten darüber hinaus natürlich noch eine ganze Reihe anderer Nährstoffe.

Bei der Auswahl von Fleischprodukten wird der Cholesterinbewußte mageres Rindfleisch, weißes Geflügelfleisch, Fisch und Meeresfrüchte sowie Eiweiß bevorzugen oder das Fleisch durch andere eiweißreiche Nahrungsmittel zu ersetzen versuchen. Glücklicherweise kommen als Fleischersatz einige der Nahrungsmittel in Frage, die auch cholesterinsenkend wirken, wie wir später sehen werden – getrocknete Bohnen, Erbsen und Linsen, gelbe und grüne Schälerbsen, Kichererbsen usw. Ich werde Ihnen zeigen, wie man daraus schmackhafte Vorspeisen, Suppen, Salate und Dips macht.

Bezeichnenderweise ist in erster Linie die zweite Gruppe für den bekanntermaßen hohen Fett- und Cholesteringehalt der westlichen Nahrung verantwortlich. Das sind die Milchprodukte, die Hauptlieferanten des Kalziums in der Nahrung und darüber hinaus Träger wichtiger Proteine und anderer Nährstoffe. Milch bleibt für uns ein Grundbedürfnis, wie alt wir auch sein mögen, aber wir brauchen keineswegs das reichliche Fett und Cholesterin, das in vielen Milchprodukten enthalten ist.

Nahrungsmittel aus dieser Gruppe auszuwählen heißt, Produkte aus fettarmer oder Magermilch zu bevorzugen. Schauen Sie sich stets die Nährstoffanalysen auf den Packungen von Milchprodukten an und kaufen Sie nur die fettärmsten. Heutzutage ist es nicht schwer, Magermilchjoghurt und -quark, fettarmen Hüttenkäse und fettarmen Käse oder Magermilchkäsesorten zu finden. Schwieriger dürfte der Einkauf von Käse-Imitaten sein, bei denen das tierische Fett durch pflanzliches ersetzt wurde, so daß sie kein Cholesterin mehr enthalten und generell fettärmer sind.

Bei der nächsten Nahrungsmittelgruppe, dem Obst und Gemüse, stellt Fett kein Problem dar. Früchte sind generell die beste Vitamin-C-Quelle, während Gemüse reichlich Vitamin A enthält. Erwachsene brauchen mindestens zwei Portionen Obst täglich und mindestens zwei Portionen frisches Gemüse, das sich aus grünem und anderem Gemüse zusammensetzen sollte. Hier liegt die Betonung auf *mindestens*; bei fettreduzierter Kost können Sie viel mehr essen, und da bieten sich Obst und Gemüse geradezu an.

Obst und Gemüse können Sie also essen, ohne sich Sorgen um Fette machen zu müssen. Cholesterin enthalten sie natürlich nicht, da es nur in tierischen Produkten vorkommt. Nur bei Oliven und Avocados sollten Sie Vorsicht walten lassen, denn sie sind sehr fettreich und nur mit Maßen zu verzehren.

Jede Mutter ermahnt ihre Kinder: »Eßt das Gemüse, es ist gesund!« Wir wußten ja damals schon, daß Mami recht hatte, aber erst jetzt, wo es darum geht, der Herzkrankheit vorzubeugen, merken wir, daß sie voll ins Schwarze getroffen hatte.

1987 fand in Washington ein Kongreß über vegetarische Ernährung statt, auf dem drei neuere Studien zum Thema Gemüse vorgetragen wurden. Einer der Vortragsredner, Dr. Michael Burr, berichtete von einer Untersuchung, bei der die Verbraucher von Biokost miteinander verglichen wurden, die einen Vegetarier, die anderen Nichtvegetarier. Da sie nur Biokost einkauften, ging man davon aus, daß beide Gruppen gleichermaßen an gesunder Ernährung interessiert waren. Insgesamt rund 11 000 Männer und Frauen wurden 10 bis 12 Jahre lang kontrolliert.

Bei den Vegetariern war die Herztod-Rate erheblich niedriger als bei den Nichtvegetariern, besonders unter den Männern. Die Vegetarier hatten niedrigere Blutfettwerte, wenn auch nicht auffallend, und die Blutdruckmessung ergab überhaupt keine Unterschiede. Dr. Burr kam zu dem Ergebnis, daß die vegetarische Ernährung offenbar einen gewissen Schutz gegen Herzkrankheit bietet, aber er war sich nicht schlüssig, ob das nun an der Fleischlosigkeit lag oder am reichlichen Verzehr von Gemüse.

Verschiedene Untersuchungen haben nachgewiesen, daß die amerikanischen Adventisten, die keinerlei Fleisch essen, weniger zu Herzkrankheit neigen als Nicht-Adventisten. Dr. Gary Fraser von der Loma-Linda-Universität berichtete auf dem Kongreß von seiner Langzeit-Studie, die tatsächlich ergab, daß die vegetarisch lebenden Adventisten vor Herzattacken besser geschützt sind als Nicht-Adventisten.

Bei einem Gespräch über seine Forschungsergebnisse sagte Dr. Fraser, die geringere Infarktanfälligkeit männlicher Adventisten könnte durch deren Ernährungsgewohnheiten, durch die Abstinenz vom Rauchen, gesündere Bewegungsgewohnheiten und die größere soziale Toleranz bedingt sein. Oder sollte es die religiöse Praxis sein, die sie schützt, das heißt das harmonische Gemeinschaftsleben und der entsprechend geringere Streß?

Dr. V. Fonnebo ging diesen Möglichkeiten bei Adventisten-Gruppen in Norwegen nach. Seine Tromsø-Herzstudie ist auf dem Gebiet Ernährung und Gesundheit ein Klassiker geworden. Um die mögliche Rolle der Religion bei der Vorbeugung von Herzkrankheit zu untersuchen, verglich Dr. Fonnebo bekennende Adventisten mit ebenso leidenschaftlich religiösen Baptisten. Nach Berücksichtigung aller anderen Risikofaktoren blieb bei den Adventisten als einziger Schutzfaktor vor dem Tod durch Infarkt der Cholesterinspiegel übrig. Daraus schloß Dr. Fonnebo, daß die Religon nicht ins Gewicht fällt.

Nun könnte man weiter folgern, die Adventisten genössen einfach eine an gesättigten Fetten und Cholesterin arme Kost. Die Adventisten sind jedoch Lakto-Ovo-Vegetarier, das heißt, sie essen große Mengen an Milchprodukten und Eiern. Manchmal ist der Anteil an gesättigten Fetten und Cholesterin in ihrer Nahrung höher als bei Fleischessern. Der große Unterschied liegt in der Menge an Obst und Gemüse, die regelmäßig verzehrt wird.

Das letzte Wort ist noch nicht gesprochen, und es mögen eine ganze Reihe von Faktoren beteiligt sein. Selbst führende Persönlichkeiten der Adventistenkirche ermahnen inzwischen ihre Gemeindemitglieder, weniger Milchprodukte und Eier zu essen, ohne die sonstigen Ernährungsgewohnheiten zu ändern. Glauben Sie also nicht, daß Sie getrost soviel Käse und Butter essen können, wie Sie wollen, wenn Sie nur mehr Obst und Gemüse verzehren.

Trotzdem bleibt die Tatsache bestehen, daß irgend etwas in Früchten und Gemüsen offenbar wirklich einen gewissen Schutz gegen Herzkrankheit wie auch andere Erkrankungen, etwa Krebs, bietet. Je mehr

Obst und Gemüse Sie essen, um so geringer dürfte auf jeden Fall der Anteil an gesättigten Fetten und Cholesterin in Ihrer Nahrung sein. Ein Apfel ist eine viel bessere Zwischenmahlzeit als ein Stück Kuchen. Und eine extragroße Portion Salat oder Gemüse auf dem Tisch wird Ihnen dabei helfen, die Fleischmenge auf Ihrem Teller zu reduzieren.

Ich bin weit davon entfernt, Vegetarier zu sein. Vielmehr bin ich der Überzeugung, daß der Mensch ein Allesesser ist, ein Geschöpf, das ein bißchen von diesem und ein bißchen von jenem ißt, aber weder ausschließlich Fleisch noch ausschließlich Pflanzen. Es ist alles eine Frage des richtigen Gleichgewichts. Und die besonderen Vorteile von bestimmten Fischarten und Meeresfrüchten, die reich an herzschützenden Ölen sind, wie sich bei den Eskimos gezeigt hat, sind gewiß nicht von der Hand zu weisen. Viele der gängigen Fleisch-, Fisch- und Geflügelsorten versorgen uns mit hochwertigem Eiweiß und enthalten bei weitem weniger gesättigte Fettsäuren und Cholesterin als Käse und Eier. Dennoch glaube ich, daß jeder, dem generell an guter Gesundheit gelegen ist – nicht nur an einem gesunden Herzen –, reichlich Obst und Gemüse essen sollte. Gegen den Genuß von Obst und Gemüse ist absolut nichts einzuwenden.

Alle Früchte und Gemüse enthalten *unlösliche* Ballaststoffe. Diese Ballaststoffe, nicht etwa die löslichen Bestandteile, befördern die Speisen schneller durch den Verdauungstrakt. Der Vorteil auf kurze Sicht ist eine geregelte Verdauung. Der Vorteil auf lange Sicht scheint die Vorbeugung gegen Dickdarmerkrankungen wie beispielsweise Krebs zu sein.

Außerdem sind viele Obst- und Gemüsesorten reich an löslichen Faserstoffen. Sehen Sie sich einmal die Zahlen in der Tabelle auf Seite 55 an. Allerdings muß ich gleich hinzufügen, daß uns bisher keine klinischen Befunde vorliegen, wonach die löslichen Bestandteile solcher Nahrungsmittel nachweislich eine Senkung des Cholesterinspiegels bewirken würden. Bis entsprechende Versuche mit Menschen durchgeführt werden, wissen wir nicht sicher, ob diese Nahrungsmittel mit löslichen Faserstoffen genauso wirksam sind wie beispielsweise Haferkleie oder getrocknete Hülsenfrüchte.

Wenn Sie den Obst- und Gemüsekonsum Ihrer Familie mit Erfolg ankurbeln wollen, sollten Sie versuchen, ein wenig kreativ zu sein. Angesichts einer Schüssel voll schlaffer Salatblätter mit einem Stück

Tomate obenauf denkt niemand mit Freude ans Salatessen. Lassen Sie lieber Ihrer Phantasie freien Lauf und kombinieren Sie verschiedene Blatt- und Kopfsalate, geriebene Möhren, Blumenkohl- und Brokkoliröschen, Artischockenherzen, Rosinen, Sprossen, Palmherzen usw. miteinander.

Halten Sie stets einige zubereitete Früchte und Gemüse in gut verschlossenen Behältern im Kühlschrank vorrätig, auf die Sie schnell zurückgreifen können. Niemand hat abends um zehn noch Lust, sich etwas für einen kleinen Imbiß zu schälen und zu schnippeln. Machen Sie es sich leichter.

Zu guter Letzt kommen wir nun zu der Gruppe der Getreideprodukte. Hier finden wir eine reichliche Menge sowohl der unlöslichen als auch der löslichen Faserstoffe vor, die gut für uns sind, ferner eine Fülle von B-Vitaminen. Erwachsene benötigen ein Minimum von vier Portionen pro Tag. Wieder können diejenigen, die eine fettarme Diät einhalten, viel mehr Produkte aus dieser Gruppe essen als andere Menschen, ohne eine Gewichtszunahme befürchten zu müssen. Mir macht es großen Spaß, meine Freunde mit den Brot- oder Nudelmengen in Erstaunen zu versetzen, die ich bei einer Mahlzeit vertilgen kann. Natürlich streiche ich mir keine Butter aufs Brot, deshalb kann ich mühelos mehr essen.

Backwaren und Fertigmüslis können allerdings eine nicht gering zu achtende Quelle versteckter Fette in der Ernährung sein. Lesen Sie unbedingt die Angaben auf den Verpackungen sorgfältig, damit Sie wissen, was Sie kaufen. Die eine Sorte Gebäck mag zum Beispiel mit etwas Maiskeim- oder Sojaöl gebacken worden sein, während die andere vielleicht tierisches Fett enthält. Ich brauche Ihnen wohl nicht zu sagen, welche Sorte Sie in diesem Fall nehmen sollten. Das gleiche gilt für Müslis. Es ärgert mich wirklich, daß manche Hersteller ihre Haferkleiemüslis mit Kokosöl versetzen, das sogar mehr gesättigte Fettsäuren enthält als Schmalz oder Butter.

Die Nahrungsmittel der vier Grundgruppen liefern uns alle Nährstoffe, die wir brauchen. Dann gibt es noch Nahrungsmittel, die neben ihrem häufig verlockenden Geschmack reichlich Kalorien aufweisen. Diese »anderen«, zu denen die Fette und Öle, Zucker, Alkohol und Salz gehören, bilden eine fünfte Gruppe. Wir wissen inzwischen alle, daß wir entschieden weniger von diesen Nahrungsmitteln zu uns nehmen sollten.

Wenden wir uns zuerst den Fetten und Ölen zu. Viele Gerichte schmecken erheblich besser mit als ohne. Hier gilt es aber unbedingt Maß zu halten. Fette und Öle zum Kochen und Backen auszusuchen kann problematisch sein, und die Inhaltsangaben auf den Verpackungen sind meist dürftig. Nehmen wir sie also selbst unter die Lupe und frischen wir unsere Chemiekenntnisse auf.

Alle Fette und Öle bestehen aus einer Vielzahl von einzelnen Molekülen, die als Fettsäuren bezeichnet werden. Je nach der Zusammensetzung dieser Moleküle werden die Fette in gesättigte, einfach ungesättigte und mehrfach ungesättigte eingeteilt. Inzwischen wissen Sie vermutlich, daß die gesättigten Fettsäuren für die Erhöhung des Blutfettspiegels und das Verstopfen der Arterien verantwortlich sind, die mehrfach ungesättigten und einfach ungesättigten hingegen nicht. Wenn gesättigte Fette durch mehrfach ungesättigte und einfach ungesättigte ersetzt werden, sinkt der Cholesterinspiegel sogar.

Noch vor wenigen Jahren empfahlen die Ernährungswissenschaftler, möglichst nur mehrfach ungesättigte Fette wie Maiskeim- oder Sojaöl zu verwenden; die einfach ungesättigten Fette galten als »neutral« und hatten angeblich weder einen positiven noch einen negativen Einfluß auf den Cholesterinspiegel. Heute wissen wir jedoch, daß beide Fettarten eine Reduzierung der Blutfettwerte bewirken und daß die einfach ungesättigten Fettsäuren das gute Cholesterin, das HDL, noch eher ansteigen lassen. Zuviel mehrfach ungesättigte Fette können außer den LDL-Werten auch die HDL-Werte senken.

Alle *Fette* enthalten gesättigte, mehrfach ungesättigte und einfach ungesättigte Fettsäuren. Nur haben die verschiedenen Nahrungsmittel eine unterschiedliche Fettzusammensetzung, bei der meist die eine Art von Fettsäuren überwiegt. Tierische Fette bestehen grundsätzlich fast nur aus gesättigten Fettsäuren. Pflanzenöle hingegen setzen sich zumeist aus mehrfach oder einfach ungesättigten Fettsäuren zusammen. Doch auch hier gibt es Ausnahmen: Tropische Öle wie Kokos- und Palmöl enthalten im wesentlichen gesättigte Fette.

Gesättigte Fette sind bei Zimmertemperatur fest bis halbfest, während die mehrfach und einfach ungesättigten Fette bei Zimmertemperatur flüssig bleiben. Manche mehrfach ungesättigten Fette können allerdings gehärtet werden. Durch das Härten solcher Öle wie Maiskeim- und Sojaöl verlängern die Nahrungsmittelhersteller die Lagerzeit dieser

Produkte und erhöhen deren Reiz für Zunge und Gaumen. Vor einiger Zeit hieß es noch, gehärtete oder zum Teil gehärtete Fette seien zu vermeiden, aber inzwischen sind zum Glück einige Fakten bekannt geworden, die diese Auffassung ändern.

Dr. Scott Grundy von der medizinischen Fakultät der Universität von Texas in Dallas hat die Wirkung verschiedener isolierter Fettsäuren auf den Cholesterinspiegel im Blut verglichen. Versuchspersonen mußten eine Kost essen, in der jeweils eine von drei Fettsäuren vorherrschte. Bei einem Wirkungsvergleich der gesättigten Fette Stearinsäure und Palmitinsäure und dem mehrfach ungesättigten Fett Ölsäure erhöhte nur die Palmitinsäure die Blutfettwerte. Bei der Härtung von mehrfach ungesättigten Fetten für Produkte wie beispielsweise Margarine entsteht aber Stearinsäure. Obwohl also die Fette des Produktes gesättigter sind, können wir unbesorgt sein, weil es sich bei der fraglichen gesättigten Fettsäure um die harmlose Stearinsäure handelt. Wir können demnach getrost Produkte mit gehärteten Fetten kaufen und müssen lediglich die Gesamtfettmenge unserer Kost einschränken. Auf diese Reduzierung werden wir in Kürze zu sprechen kommen.

Dr. Grundy war es auch, der die einfach ungesättigten Fette ins Licht der Öffentlichkeit stellte. Er und andere Forscher hatten seit langem schon beobachtet, daß Italiener, Griechen und andere Bewohner des Mittelmeerraums weitgehend von Herzkrankheit verschont bleiben, obgleich ihre Kost insgesamt sehr fett ist. Dr. Grundy fragte sich, ob das an ihrem hohen Olivenölkonsum liegen könnte. Er hatte recht. Olivenöl, reich an einfach ungesättigten Fettsäuren, vermochte ebensogut die Cholesterinwerte zu senken wie mehrfach ungesättigte Fette, wenn es bei der Ernährung an die Stelle gesättigter Fette trat. Überdies senkten die einfach ungesättigten Fettsäuren nicht den HDL-Spiegel und waren daher den mehrfach ungesättigten Fettsäuren überlegen.

Heute wird empfohlen, den Verzehr gesättigter Fette stark einzuschränken und statt dessen einfach ungesättigte und bestimmte mehrfach ungesättigte Fette zu verwenden. Im folgenden die Quellen, aus denen die Fette in der Nahrung stammen:

Gesättigte Fettsäuren: tierische Fette in Fleisch, Milchprodukten, Schmalz und Talg. Tropische Öle wie Kokos- und Palmöl.

EINFACH UNGESÄTTIGTE FETTSÄUREN: Oliven und Olivenöl, Erdnüsse und Erdnußöl, Avocados und Cashewkerne.

MEHRFACH UNGESÄTTIGTE FETTSÄUREN: Pflanzenöle wie Maiskeimöl, Sojaöl, Distelöl, Sonnenblumenöl usw.

Eine vollständige Aufschlüsselung der gesättigten, einfach ungesättigten und mehrfach ungesättigten Fettsäuren von normalen Speisefetten und -ölen in Prozenten finden Sie in der unten stehenden Tabelle. Aber wenn Sie den Gesamtfettverzehr Ihrer Nahrung stark reduzieren und gesättigte durch ungesättigte Fette ersetzen, wieviel ist dann genug und wieviel ist zuviel?

Tabelle der Speisefette und -öle

Fettart	Gesättigte Fettsäuren (in %)	Einfach ungesättigte Fettsäuren (in %)	Mehrfach ungesättigte Fettsäuren (in %)
Walnußöl	9	23	64
Distelöl	10	13	77
Sonnenblumenöl	11	20	69
Maiskeimöl	13	25	62
Olivenöl	14	77	9
Sojaöl	15	24	61
Erdnußöl	18	49	33
Margarine (Becher)	18	47	31
Baumwollsamenöl	27	19	54
Thunfischöl	27	26	21
Geflügelfett	30	45	11
Margarine (Würfel)	31	47	22
Pflanzenfett	31	51	14
Schweineschmalz	40	45	11
Hammelfett	47	41	8
Palmöl	49	37	9
Rindertalg	50	42	4
Butterschmalz	62	29	4
Palmkernöl	81	11	2
Kokosöl	86	6	2

Der Durchschnittsamerikaner nimmt 40 Prozent seiner Kalorien in Form von Fett zu sich. Die *American Heart Association* empfiehlt der gesamten Bevölkerung, die Menge auf maximal 30 Prozent zu verringern. Nathan Pritikin war sogar der Auffassung, man müßte auf 7 bis 10 Prozent zurückgehen, um eine nennenswerte Senkung des Cholesterinspiegels zu erzielen. Ich selbst bin der Meinung, daß man beim Fettverzehr durchaus einen Kompromiß eingehen und noch immer eine deutliche Reduzierung der Cholesterinwerte erreichen kann, wenn man auch solche Nahrungsmittel in seine Kost einbezieht, die den Fettspiegel senken. Aus meiner eigenen und der Erfahrung Abertausender, die mit meinem Programm erfolgreich waren, kann ich eine Gesamtfettmenge von 20 Prozent befürworten, die eine drastische Senkung des Cholesterinspiegels zur Folge hat und die einem dennoch den Genuß einer Vielzahl von Speisen daheim und außer Haus erlaubt, ohne das Gefühl zu wecken, sich etwas versagen zu müssen.

Die meisten Leute verdrehen allerdings beim Gedanken an das Ausrechnen von Prozenten gleich die Augen. Was haben solche Prozentzahlen denn eigentlich für unsere Ernährung zu bedeuten? Woher wissen wir, wieviel Prozent Fett wir konsumieren? Längst nicht bei allen Nahrungsmitteln ist der Fettgehalt in Prozenten aufgeführt, und selbst wenn wir den Fettanteil eines bestimmten Nahrungsmittels kennen, wissen wir noch immer nicht, welchen Stellenwert er in der Gesamttagesmenge Fett einnimmt. Glücklicherweise gibt es eine brauchbare und nützliche Methode zur Kontrolle des Fettverzehrs.

Auf vielen Etiketten ist die Fettmenge in Gramm pro Portion (= 100 g) angegeben. Das ist recht einfach. Aber wie bestimmt man, wieviel Gramm Fett in der täglichen Nahrung enthalten sein dürfen? Ist diese Menge für jedermann maßgebend? Hier ein Tip, wie Sie die tägliche Fettzufuhr für sich persönlich festlegen können.

Wie Sie wissen, benötigen Sie eine bestimmte Kalorienmenge pro Tag, um Ihren Körper funktionsfähig zu erhalten und Kraft zu gewinnen. Je aktiver Sie körperlich sind, um so mehr Kalorien brauchen Sie. Männer verbrennen im Regelfall mehr Kalorien als Frauen, weil sie mehr Muskeln haben, und es sind die Muskeln, die Kalorien aufzehren. Bis zu einem gewissen Grad nimmt der Kalorienbedarf außerdem mit zunehmendem Alter ab.

Ein mäßig aktiver Mann braucht etwa 17 Kilokalorien pro Pfund

Körpergewicht täglich, um bei Kräften zu bleiben. Mehr als das, und er nimmt zu, weniger als das, und er nimmt ab. Ist er etwas aktiver, braucht er vielleicht 18 Kilokalorien pro Pfund, und ist er weniger aktiv, sinkt der Kalorienbedarf entsprechend. Frauen benötigen im Durchschnitt eine oder zwei Kilokalorien weniger als Männer ihrer Altersklasse und Leistungskraft.

Nehmen wir einmal als Beispiel einen mäßig aktiven Mann mittleren Alters. Unser Parademann wiegt bei einer Körpergröße von 1,75 m 133 Pfund. Oder er *würde gern* 133 Pfund wiegen, und in diesem Fall sollte er auch nur die Pfunde füttern, die er haben will, und sein Übergewicht auf diese Weise allmählich abbauen. Er braucht also 17 Kilokalorien für jedes einzelne dieser 133 Pfunde. Rechnen wir das einmal aus:

$$133 \text{ Pfund} \times 17 \text{ kcal} = 2261 \text{ kcal pro Tag}$$

Von diesen abgerundet 2260 Kilokalorien soll unser Mann nun 20 Prozent in Form von Fett zu sich nehmen. Diese Rechnung ist ziemlich einfach:

$$2260 \text{ kcal} \times 20 = 452 \text{ kcal in Form von Fett}$$

Aber wie kommen wir jetzt von den Kalorien auf die Fettgramme? 1 g Eiweiß oder Kohlehydrate entspricht 4 Kilokalorien. 1 g Fett entspricht 9 Kilokalorien. Das heißt, runde 450 Kilokalorien kommen durch 50 g Fett zustande, wie die folgende einfache Rechnung zeigt:

$$450 \text{ kcal} : 9 \text{ kcal pro g} = 50 \text{ g}$$

Damit wissen wir, daß unser Mustermann eine Fettgesamtmenge von 50 g zu sich nehmen darf. Diese Menge kann er leicht kontrollieren, wenn er die Inhaltsangaben auf den Produktverpackungen liest, sich einzuprägen versucht, wieviel Fett bestimmte Grundnahrungsmittel enthalten, und die Fettmengen in den Rezepten dieses Buches zusammenzählt.

Sicher wollen Sie jetzt Ihre eigenen Zahlen einsetzen und die optimale Fettmenge für sich selbst berechnen. Hier die Formel:

Idealgewicht × kcal pro Pfund = tägl. Kalorienbedarf

tägl. Kalorienbedarf × 20 = tägl. Kalorienzufuhr in Form von Fett

tägl. Kal.zufuhr in Form von Fett : 9 = Tagesmenge an Fett in Gramm

Die *American Heart Association* und andere Gesundheitsgremien empfehlen, bei der Gesamtfettmenge darauf zu achten, nicht mehr als höchstens ein Drittel davon in Form von gesättigten Fetten aufzunehmen. Ebenso sollte nicht ganz ein Drittel aus mehrfach ungesättigten Fetten bestehen. Den Rest der Fettkalorien sollten einfach ungesättigte Fette bestreiten.

Es könnte etwas unpraktisch sein, den Fettverzehr so genau auszurechnen. Außerdem erfährt man die Fettzusammensetzung bestimmter Nahrungsmittel nicht immer. Aber wenn Sie sich an ein paar vernünftige Richtlinien halten, werden Sie den Empfehlungen der Gesundheitsbehörden weitgehend nachkommen können.

Erstens: Reduzieren Sie Ihren Fleischkonsum auf zwei Portionen von jeweils etwa 100 g, maximal 150 g. (Dieser Unterschied kommt daher, daß Portionen in Restaurants meist größer ausfallen und man manchmal auch zu Hause lieber etwas mehr haben will, obwohl man beim Frühstück oder Mittagessen sehr gut mit einer Portion von 100 g bedient wäre.) Selbstverständlich gehören zu dieser Kategorie auch einige Nahrungsmittel, die nur äußerst geringe Fettmengen pro Portion aufweisen, und von denen dürfen Sie sich des öfteren größere Portionen gönnen.

Vermutlich werden Sie viele der Hauptquellen gesättigter Fette völlig absetzen wollen. Für Butter, Schmalz, Vollmilch, vollfetten Käse und Eiskrem ist in einem Cholesterinsenkungsprogramm kein Platz. Das gleiche gilt für Tropenöle; lesen Sie die Packungsangaben sorgfältig, um keine bösen Überraschungen zu erleben.

Zweitens: Versuchen Sie zum Kochen statt mehrfach ungesättigter Fette lieber Öle, die einen hohen Anteil an einfach ungesättigten Fettsäuren haben, zum Beispiel Olivenöl. Wenn Sie bei bestimmten Rezepten das Gefühl haben, Ihnen sei besser mit Maiskeim- oder Distelöl gedient, dann nur zu.

Mehrfach ungesättigte Fette sind in einer Vielzahl von Nahrungsmitteln enthalten, etwa in Backwaren oder in vegetabilen Brotaufstrichen.

Auch Margarine ist reich an mehrfach ungesättigten Fettsäuren. Ich für mein Teil ziehe kalorienreduzierte Margarine der normalen vor.

Wenn Sie den Fettanteil Ihrer Nahrung noch mehr verringern wollen, sollten Sie statt Öl oder Butter lieber eine Spezialpfanne zum fettfreien Braten verwenden; dadurch können Sie eine Menge Fettkalorien einsparen.

Cholesterin in der Nahrung?

Inzwischen dürften Sie gemerkt haben, daß ich bisher im Zusammenhang mit der Diät Cholesterin nicht einmal erwähnt habe. Schon vor Jahren haben Ernährungswissenschaftler und Diätetiker erkannt, daß die Reduzierung des in der Nahrung enthaltenen Cholesterins im Rahmen einer Diät nur geringe Auswirkungen auf den Blutfettspiegel hat. Bloß das Cholesterin aus der Nahrung zu verbannen ist also nicht genug; auch die Gesamtzufuhr an Fett, besonders an gesättigtem Fett, muß eingeschränkt werden. Das heißt jedoch nicht, daß der Cholesteringehalt von Nahrungsmitteln einfach ignoriert werden kann.

Wenn Sie auf die gesättigten Fette achtgeben, gibt das Cholesterin auf sich selber acht. Nur tierische Fette enthalten Cholesterin. Eine Reduzierung von Nahrungsmitteln tierischer Herkunft, insbesondere der Wechsel von Vollmilchprodukten auf Magermilch- und entrahmte Produkte, wird die Cholesterinzufuhr automatisch senken.

Die *American Heart Association* rät zu einer Tageshöchstmenge von maximal 100 mg Cholesterin pro 1000 zugeführten Kilokalorien. Ein Mensch, der 2260 Kilokalorien zu sich nimmt, wie zuvor in unserem Beispiel, sollte demnach nicht mehr als insgesamt etwa 226 mg Cholesterin mit dieser Nahrung aufnehmen. Wie es in der Empfehlung weiter heißt, sollte der tägliche Cholesteringehalt unabhängig von der Kalorienzufuhr 300 mg keinesfalls übersteigen.

Ein Blick auf die Tabelle auf Seite 28 wird Ihnen zeigen, daß es überhaupt nicht schwierig ist, innerhalb dieser Grenzen zu bleiben, wenn Sie nur Ihren Gesamtfettverzehr einschränken. Sie werden auch sehen, daß alle Fleischsorten – Rind, Huhn, Puter, Fisch und Meeresfrüchte – Cholesterin enthalten. Und der Gehalt ist bei den meisten Fleischsorten etwa gleich hoch. Darum hat es wenig Sinn, Fleisch nach seinem Cholesteringehalt auszusuchen; orientieren Sie sich lieber am

Fettgehalt. Dieser Grundsatz kann selbst bei Schalentieren beherzigt werden, die, wie Sie noch lesen werden, mehr Cholesterin enthalten als die meisten anderen Fleischsorten.

Die Schalentiere haben viel Verwirrung gestiftet. Früher rieten Diätetiker wegen des angeblich astronomisch hohen Cholesteringehalts vom Verzehr ab. Doch die alten Meßmethoden waren fehlerhaft. Cholesterin ist ein Sterin und chemisch mit den in Pflanzen vorkommenden neutralen Sterinen verwandt. Aufgrund der veralteten Meßmethoden konnte in früheren Versuchen nicht zwischen Sterin tierischer Herkunft – Cholesterin – und Sterin pflanzlicher Herkunft unterschieden werden, das den Blutfettspiegel gar nicht beeinflußt. Inzwischen wissen wir, daß Schalentiere nur etwa halb soviel Cholesterin enthalten, wie in alten Nährwerttabellen angegeben ist; die Pflanzen, die sie fressen, verändern das Ergebnis.

Außerdem ist der Fettgehalt von Schalentieren verschwindend gering. Schalentiere können Sie selbst noch bei einem Cholesteringehalt von 100 mg leicht in die Tageshöchstmenge einbauen. Der bekannte Herzforscher Dr. William Castelli gibt allen, die keine Vegetarier werden wollen, den guten Rat, in diesem Fall wenigstens Meerestiere zu essen, die sich vegetarisch ernähren. Er ist der Meinung, daß selbst Hummerkrabben, die cholesterinhaltigsten Schalentiere überhaupt, ebenso akzeptabel sind wie Hähnchenbrust.

Zu Anfang ist das Nachrechnen der Fettgramme in den Nahrungsmitteln anstrengend. Aber wie bei jeder neuen Sache wird man durch Übung immer besser, bis man schließlich kaum noch oder gar nicht mehr auf die einzelnen Werte achtet und sein Soll trotzdem nicht überschreitet. Je schneller Sie lernen, wo das Fett steckt und wie Sie es loswerden können, um so leichter wird alles für Sie.

Sollten Sie noch nicht daran gewöhnt sein, dem Fettgehalt Ihrer Nahrung auf der Spur zu bleiben, hier ein guter Einstieg. Nehmen Sie sich bei Ihrem nächsten Gang zum Supermarkt jeweils 20 Minuten mehr Zeit zum Einkaufen. Nutzen Sie diese Zeit, um die Packungsangaben zu lesen. Sie werden bald merken, daß das, was der Hersteller Ihnen schmackhaft machen will, nicht unbedingt dem entspricht, was Sie über das Nahrungsmittel wissen müßten, das Sie zu kaufen gedenken. Da steht zum Beispiel groß auf manchen Diätbackwaren, das Produkt sei »cholesterinfrei . . . hergestellt unter ausschließlicher Verwendung von

Pflanzenöl«. Lesen Sie die Zutatenliste, so entdecken Sie vielleicht, daß das fragliche Öl Kokos- oder Palmöl ist, das, wie wir wissen, den Blutfettspiegel erhöht.

Und wie steht es mit der Erdnußbutter, die auch als »cholesterinfrei« angepriesen wird, wo wir doch wissen, daß Erdnußbutter *nie* Cholesterin enthält, weil es nur in tierischen Fetten vorkommt? Ähnlich verhält es sich mit Maiskeim- und anderen Speiseölen. Nach einiger Zeit können Sie bloß noch müde lächeln, was sich die Werbung alles einfallen läßt, um zum Kauf anzureizen. Ich werde richtig wütend, wenn ich die amerikanische Fernsehwerbung für Mazola-Öl sehe, in der es heißt: »Mazola ist absolut cholesterinfrei!«, und dann wird dem Zuschauer gezeigt, wie man mit dem Produkt irgendwelche Nahrungsmittel schäumend fritiert oder sonstwie in Öl ertränkt.

Greifen Sie sich einmal zwei Packungen mit Backwaren heraus und lesen Sie die Zutatenliste. Die eine Sorte ist vielleicht mit Maiskeim- oder Sojaöl hergestellt worden, die andere womöglich mit tierischem Fett. In diesem Fall ist die Entscheidung für Sie klar. Und beim nächsten Einkauf erinnern Sie sich wieder an die betreffende Marke.

Nach drei solchen aufschlußreichen Supermarktbesuchen werden Sie eine ziemlich klare Vorstellung davon haben, welche Erzeugnisse für Sie und Ihre Familie am besten sind. Beim dritten oder vierten Einkauf wissen Sie über die Nahrungsmittel, die Sie häufig benötigen, bestens Bescheid und brauchen sich nicht mehr über den Packungsinhalt zu informieren.

Zum Glück haben eine ganze Reihe von Lebensmittelherstellern mittlerweile gemerkt, daß die Verbraucher eine gesunde Kost bevorzugen und bereits einige der ungeliebten Zutaten wie tierische Fette und Tropenöle aus ihren Produkten entfernt. Achten Sie auf solche Veränderungen.

Auch in Deutschland ist die Auszeichnung der verwendeten Zutaten auf der Verpackung bei Nahrungsmitteln inzwischen Vorschrift, nicht jedoch eine Nährwertanalyse. Keine Angaben erhalten Sie bei Frischfleisch und Fisch, Obst und Gemüse sowie frischen Backwaren.

Noch ein Wort zu den Behauptungen, die von der Lebensmittelindustrie aufgestellt werden, und was dahinter steckt. Es sind zum Teil recht nichtssagende Begriffe. Im folgenden ein Schlüssel zum Verständnis der Angaben.

- *Angereichert* bedeutet, daß dem Produkt Vitamine, Mineralstoffe oder Proteine zugesetzt worden sind, die der natürliche Grundstoff gar nicht oder nur in geringem Maße enthält.
- *Biologisch* ist ein Wort, das nicht gesetzlich geschützt ist, so daß die Hersteller nach Herzenslust davon Gebrauch machen. Im Grunde ist jedes Nahrungsmittel biologisch, da es sich aus organischen Verbindungen zusammensetzt. Aber es klingt so naturnah und gesund. Geschützt sind nur die Namen von Vertreibern wie »Bioland« oder »Demeter«, die für die Naturbelassenheit ihrer Erzeugnisse vom Anbau bis zum Endprodukt einstehen, sowie die Bezeichnung »aus kontrolliert biologischem Anbau«.
- *Cholesterinfrei* heißt genau das: frei von Cholesterin.
- *Cholesterinarm* bedeutet in Amerika, daß in dem betreffenden Produkt unter 20 mg Cholesterin pro Portion enthalten sind (bei uns noch nicht festgelegt).
- *Diätetisch* ist ein gesetzlich festgelegter Begriff, mit dem Nahrungsmittel gekennzeichnet werden, die einem bestimmten Ernährungszweck dienen und sich durch ihre Zusammensetzung oder Eigenschaften deutlich von ähnlichen Produkten unterscheiden. Bei diätetischen Nahrungsmitteln ist außer den Angaben über die verwendeten Zutaten auch eine genaue Nährstoffanalyse auf der Verpackung vorgeschrieben.
- *Fettarm* kann je nach Produkt sehr unterschiedliche Bedeutung haben. Nur bei Milch ist sicher, daß damit 1,5 Prozent Fett gemeint sind.
- *Kalorienarm* heißt, daß das betreffende Erzeugnis von Natur aus nur wenig Kalorien enthält. 100 g eines so ausgezeichneten verzehrfertigen Nahrungsmittels dürfen maximal 210 kJ (50 kcal) enthalten, Getränke nur 84 kJ (20 kcal).
- *Kalorienreduziert* ist ein Erzeugnis, wenn es mindestens 40 Prozent weniger Kalorien aufweist als das reguläre Produkt; bei Brot-, Back- und Teigwaren sind es nur 30 Prozent.
- *Leicht, Light* oder *Lite* kann viel und wenig bedeuten. Es kann damit gesagt sein, daß das so angepriesene Produkt eine hellere Farbe hat oder nicht so vollmundig schmeckt wie das reguläre Produkt. Wiegen Sie sich nicht etwa in der vermeintlichen Sicherheit, es sei dadurch fett- oder kalorienärmer. Lesen Sie lieber die Liste der Inhaltsstoffe sorgfältig.
- *Natriumarm* darf ein Nahrungsmittel genannt werden, wenn es weniger als 120 mg Natrium pro 100 g enthält und damit »salzärmer« ist als

vergleichbare Produkte. Als *streng natriumarm* werden Erzeugnisse mit einem Natriumgehalt von weniger als 40 mg pro 100 g bezeichnet.

- *Natürlich* ist ein ebenso wohlklingender wie nichtssagender Begriff, mit dem praktisch jedes Produkt, das nicht synthetisch hergestellt wurde, aufgewertet werden kann. Nur im Falle *natürlicher Aromastoffe* ist wirklich Natürlichkeit gemeint.
- *Naturidentische Aromastoffe* sind der Natur künstlich nachgeahmte Aromaten, die, wie der Name schon sagt, angeblich mit dem Naturprodukt identisch sind, einem Vergleich damit aber meist nicht standhalten.
- *Natürlich gesüßt* besagt im Grunde nichts. Saccharose oder Sucrose, der normale Zucker, wird als natürliches Süßungsmittel eingestuft, weil er aus pflanzlichen Rohstoffen raffiniert und nicht synthetisch hergestellt wird, was ihn aber nicht besser macht. Die Hersteller beschwören mit dieser Bezeichnung nur die Assoziation »natürlich = gesund« herauf.
- *Natürliche Aromastoffe* sind die Geschmacks- oder Geruchsstoffe, die das jeweilige Produkt von selbst hat oder die ihm in natürlicher Form (als Kräuter, Gewürze usw.) zugesetzt worden sind.
- *Neu* ist natürlich nur ein Werbewort, das als Blickfang dient und neugierig machen soll. Über Nährwert und Güte des betreffenden Produkts ist damit nichts ausgesagt.
- *Ohne Konservierungsstoffe* ist wortwörtlich zu nehmen. Das ist aber nicht unbedingt ein Plus. Viele der von der Lebensmittelindustrie verwendeten Konservierungsstoffe sind völlig harmlos. Ich für mein Teil nehme lieber ein paar Konservierungsstoffe zu mir, als mir eine bakterielle Infektion durch verdorbene Nahrungsmittel zuzuziehen.
- *Ohne Zuckerzusatz* besagt, daß so ausgezeichnete Produkte keinen normalen Zucker (Saccharose oder Sucrose) enthalten. Sie können aber durchaus mit anderen Zuckern oder künstlichem Süßstoff versetzt sein. Daran sieht man einerseits, daß der Käufer durch die Werbung getäuscht werden soll, andererseits aber auch, welche irrigen Ansichten beim Verbraucher über Zucker bestehen. Der Körper verfährt mit allen Zuckern, ob Raffinade oder nicht, auf gleiche Weise. Alle Zucker sind äußerst kalorienreich, besitzen ansonsten jedoch keinerlei Nährwert. Kristallzucker (Sucrose) ist weder besser noch schlechter als anderer Zucker, außer für Diabetiker. Die Kunst ist nur, trotz Zuckergenusses

nicht zuzunehmen. Sonst ist am Zucker nur noch auszusetzen, daß er den Zähnen schadet, weil er Karies verursacht, und das läßt sich dadurch verhindern, daß man sich nach jedem süßen Genuß den Mund ausspült oder die Zähne putzt. Wer sich fettarm ernährt, darf in Maßen Zucker essen, ohne Schuldgefühle haben zu müssen.

- *Reich an mehrfach ungesättigten Fettsäuren* ist ein schwammiger Begriff, da damit nichts über deren Verhältnis zu den gesättigten Fettsäuren im gleichen Nahrungsmittel ausgesagt wird. Im allgemeinen enthalten so beworbene Produkte jedoch meist andere Pflanzenöle als ausgerechnet Kokos-, Palm- oder Palmkernöl.
- *Salzarm* ist eine irreführende Bezeichnung. Ein Erzeugnis kann salzarm sein, aber dennoch einen hohen Natriumgehalt haben. Korrekter ist die Auszeichnung *natriumarm* oder *streng natriumarm.*

Wie Sie sehen, bleibt die Verantwortung für die Qualität der Nahrungsmittel, die Sie für sich und Ihre Familie einkaufen, auf Ihren Schultern ruhen. Sie müssen bei jedem Einkauf Entscheidungen fällen. Treffen Sie eine herzfreundliche Wahl mit Hilfe der Informationen, die Ihnen die Produktangaben verschaffen, und mit Hilfe Ihrer zunehmenden Sachkenntnis auf dem Lebensmittelsektor. Die Mühe lohnt sich, und sie nimmt von Tag zu Tag mit jedem neuen Einkauf ab.

Bisher war von der Rolle der vier Grundgruppen von Nahrungsmitteln und von der Extrakategorie der schlecht darin einzuordnenden Fette und Öle in der Ernährung die Rede. Auch über die Sucrose und andere Zucker habe ich bereits einiges gesagt und klargestellt, daß maßvoller Zuckergenuß kein Gesundheitsrisiko darstellt.

Kommen wir nun zum Alkohol. Ich freue mich sehr, mich an dieser Stelle auf einschlägige Untersuchungsergebnisse berufen zu können, daß diejenigen, die ziemlich regelmäßig ein Gläschen trinken, länger leben als die Abstinenzler. Natürlich heißt die Devise Maßhalten. Übermäßiger Alkoholgenuß und -mißbrauch verursacht mit Sicherheit Gesundheitsschäden, ganz zu schweigen von den vielen Todesfällen durch Trunkenheit am Steuer. Unter Maßhalten ist der Genuß von ein bis zwei Gläschen am Tag zu verstehen – ein Aperitif vor dem Essen oder ein bis zwei Gläser Wein oder Bier zur Mahlzeit.

Die Experten wundern sich seit langem, woran es liegen könnte, daß Leute, die mäßig trinken, länger leben. Man ist schließlich zu der Auffassung gekommen, dies der Tatsache zuzuschreiben, daß Alkohol den Spiegel des schützenden Cholesterins, der HDL-Säuren, erhöht. Wer ein bis zwei Gläschen Alkohol pro Tag zu sich nimmt, hat im allgemeinen erheblich höhere HDL-Werte, die ihm zusätzlichen Schutz vor Herzkrankheit gewähren.

Das soll nun keine Empfehlung sein, mit dem Trinken anzufangen, wenn Sie gar nicht diese Gewohnheit haben. Aber wenn Sie sich gern ab und zu ein Schlückchen gönnen, lassen Sie es sich ruhig weiter schmekken, da es Ihnen nicht schaden wird, sondern Ihnen wahrscheinlich sogar guttut.

Beim Kaffee liegt die Sache anders. Untersuchungen zufolge, bei denen Kaffeetrinker mit Personen verglichen wurden, die andere Getränke bevorzugen, lag die Herzkrankheitsrate bei den Koffeingenießern höher. Dieses Ergebnis hat zu Kontroversen geführt, da die Kaffeetrinker häufig auch Raucher sind und vielfach unter Anspannung und Streß stehen. Versuche, einen Zusammenhang zwischen dem Kaffeetrinken und der Erhöhung des Cholesterinspiegels nachzuweisen, erbrachten widersprüchliche und letztlich nicht schlüssige Ergebnisse. Fest steht aber, daß Koffein eine Droge ist, auf die jeder verzichten könnte und sollte. In unserer hektischen Welt sind »Kaffeenerven« das letzte, was wir brauchen können. Ich selbst habe immer eine Thermoskanne mit koffeinfreiem Kaffee neben der Schreibmaschine stehen.

Zum Schluß unserer Nahrungsmitteldiskussion wollen wir uns noch mit dem Salz beschäftigen. Es besteht kein Zweifel, daß die Menschen der westlichen Zivilisation viel zuviel davon verzehren. Mit dem hausgemachten Essen, das meist am Tisch noch nachgesalzen wird, den Fertig- und Schnellimbißgerichten nimmt der westliche Durchschnittsbürger übermäßig viel Salz und andere Natriumverbindungen zu sich. Es steht wohl außer Frage, daß Sie Ihren Salzkonsum weitgehend einschränken sollten, wenn Ihr Arzt bei Ihnen Bluthochdruck festgestellt hat.

Aber auch allen anderen täte es gut, die Salz- und Natriumzufuhr zu drosseln. Gesundheitsexperten in aller Welt raten ausnahmslos dazu, den Konsum von Fett, gesättigten Fettsäuren, Cholesterin, Salz und Zucker zu reduzieren und Alkohol nur in Maßen zu genießen. Erst 1988 hat das amerikanische Gesundheitsministerium in seinem Bericht über Ernährung und Gesundheit an die Öffentlichkeit appelliert, ihre Ernährungsgewohnheiten von Grund auf zu ändern. Diese sehr weit gefaßte Empfehlung gründet sich auf lange Jahre der Forschung und Erfahrung.

Viele unserer Gesundheitsprobleme sind zumindest zum Teil auf unsere Ernährung zurückzuführen. Herzkrankheit, Bluthochdruck, Fettleibigkeit, Diabetes, einige Krebsarten und Osteoporose werden teilweise durch das, was wir essen, ausgelöst oder nachhaltig beeinflußt. Jeder von uns würde von einer Änderung der normalen Ernährungsgewohnheiten profitieren. Und schon lange, ehe man sich über die langfristigen Vorteile für seine Lebenserwartung klar wird, spürt man, daß man dabei vitaler wird, mehr Energie hat, weniger schnell ermüdet und kaum noch unter Verdauungsproblemen leidet. Nach einiger Zeit fragt man sich tatsächlich, wie man sich jemals so falsch ernähren und deshalb so angeschlagen fühlen konnte. Gesundheit und Vitalität sind eine reine Freude und von Jahr zu Jahr, von Tag zu Tag ein größerer Hochgenuß.

Cholesterinsenkende Nahrungsmittel

Wie zuvor bereits gesagt, ist das, was man ißt, genauso wichtig wie das, was man sich versagt, besonders im Hinblick auf eine Senkung des Cholesterinspiegels, durch die das Risiko von Herzkrankheit vermindert wird. Das erste Nahrungsmittel, das sich als cholesterinsenkend erwiesen hat, ist Haferkleie, ein wesentlicher Bestandteil meiner *8-Wochen-Cholesterinkur*. Für diejenigen, die dieses Buch noch nicht gelesen haben, hier ein kurzer Überblick über die Qualitäten dieses wunderbaren Nahrungsmittels.

Die Wunderkraft der Haferkleie

Als mein Buch *Die 8-Wochen- Cholesterinkur* erschien, war eine der am häufigsten gestellten Fragen an mich: »Was *ist* eigentlich Haferkleie?« Das fragt inzwischen niemand mehr. Haferkleie ist für Cholesterinbewußte längst ein Begriff. Monatelang überstieg die Nachfrage das Angebot, war Haferkleie besonders auf dem deutschen Markt kaum zu finden. Erfreulicherweise hat sich das geändert.

Die phänomenale Wirkung der Haferkleie wurde von Dr. James Anderson in den Laboratorien der Universität von Kentucky in Lexington entdeckt. Er arbeitete damals mit zuckerkranken Patienten und versuchte herauszufinden, ob sich vielleicht eine Getreideart besonders günstig auf den Blutzuckerspiegel auswirke. Als er Haferflocken verabreichte, stellte er fest, daß sich dadurch nicht nur der Blutzuckerspiegel verbesserte, sondern darüber hinaus auch die Cholesterinwerte sanken.

Bei näherer Untersuchung kam Dr. Anderson zu dem Ergebnis, daß es der Kleieanteil des Haferkorns war, der diese Wirkung hervorrief, und davon speziell die löslichen Faserstoffe. Sie binden die Gallensäuren, die aus Cholesterin gebildet werden und sorgen für deren Ausscheidung. Der Körper muß dann zur Verdauung erneut Gallensäuren produzieren und zu diesem Zweck dem Blut Cholesterin entziehen. Wenn die Gallensäuren stetig ausgeschieden werden und immer mehr Cholesterin gebraucht wird, um neue zu produzieren, sinkt der Blutfettspiegel allmählich. Der besondere Vorteil in der Wirkungsweise der Haferkleie liegt darin, daß sie nur die schlechten Blutfette vermindert, während die guten Fette, das HDL-Cholesterin, nicht davon betroffen wird. Dadurch verbessert sich letztlich auch das Verhältnis zwischen Gesamtcholesterin und HDL-Werten und damit der Schutz vor Herzkrankheit.

Wie groß ist die günstige Wirkung der Haferkleie auf den Cholesterinspiegel? Im Rahmen einer Untersuchung mußten Männer 100 g Haferkleie pro Tag essen. Ihr Gesamtcholesterin ging um 13 Prozent zurück. Eine kontrollierte Untersuchung, bei der sechs Männer ihre sämtlichen Mahlzeiten einschließlich 100 g Haferkleie täglich unter genauer Beobachtung ihres Stoffwechsels zu sich nahmen, erbrachte schon nach 21 Tagen eine erstaunliche Senkung des Cholesterinspiegels um 23 Prozent.

Anscheinend nimmt die cholesterinsenkende Wirkung mit der Zeit zu. Ein ähnlicher Haferkleieversuch, den Dr. Anderson in seinem eigenen Labor durchführte, ergab eine Cholesterinsenkung um 19 Prozent. Bei seinen Versuchspersonen, die nach ihrer Entlassung weiterhin 50 g Haferkleie pro Tag zu sich nahmen, ging der Cholesterinspiegel schließlich um insgesamt 24 Prozent zurück.

Viele andere Forscher kamen zu ähnlich eindrucksvollen Ergebnissen. Dr. Dennis Davidson, damals an der Universität von Kalifornien in Irvine und jetzt an der Stanford-Universität tätig, gab Medizinstudenten täglich Muffins zu essen. Die Studenten wußten nicht, ob sie Haferkleie-Muffins oder Muffins aus Weizenmehl bekamen. Die Weizen-Muffins hatten keine cholesterinsenkende Wirkung, während die Haferkleie-Muffins eine erhebliche Reduzierung der Blutfettwerte bewirkten.

Da Haferkleie auch in Vollkorn-Haferflocken enthalten ist, dürfte der Verzehr von solchen Haferflocken ebenfalls den Cholesterinspiegel senken. Damit hat Dr. Anderson ja schließlich seinerzeit die gute Wirkung ermittelt. Aber da der »Geheimtip« die löslichen Faserstoffe sind und mehr lösliche Bestandteile in der Kleie als in den Flocken enthalten sind, müßte man mehr Haferflocken – fast die doppelte Menge – essen, um die gleiche Wirkung wie mit Haferkleie zu erzielen.

An der Northwestern University in Chicago hat Dr. Linda Van Horn die Wirkung von Haferkleie und Haferflocken im Rahmen einer fettarmen Diät untersucht und die Ergebnisse mit denen einer fettarmen Diät ohne Haferprodukte verglichen. Sie stellte fest, daß sowohl Haferkleie als auch Haferflocken die durch die »normale« Diät bewirkte Fettspiegelsenkung um 3 Prozent verbesserten. Daß die Prozentzahl so niedrig blieb, lag allerdings daran, daß die Versuchspersonen von vornherein normale Cholesterinwerte hatten. Bei Menschen mit einem erhöhten Cholesterinspiegel ist eine drastischere Senkung zu erwarten. Und bei ihnen ist im allgemeinen auch zu beobachten, daß Haferkleie eine entschieden stärkere Wirkung hat als Haferflocken.

Die zuerst skeptische Ärzteschaft hat inzwischen den Nutzen der Haferkleie innerhalb eines Programms zur Gesamtcholesterinsenkung eingesehen. Dr. Bruce Kinosian von der medizinischen Fakultät der Universität von Maryland hat einen Kostenvergleich zwischen der Behandlung von stark cholesteringefährdeten Patienten mit Haferkleie einerseits und mit den cholesterinsenkenden Medikamenten Colestipol und Cholestyramin andererseits angestellt. Er kam zu dem Ergebnis, daß die Haferkleie, gemessen an der lebensrettenden Senkung der Cholesterinwerte und der infolgedessen verminderten Rate von Todesfällen durch Herzkrankheit, kostengünstiger ist. 1988 konstatierte er in einem Bericht im *Journal of the American Medical Association*, daß die Senkung des Cholesterinspiegels durch eine entsprechende Diät und Haferkleie einer medikamentösen Behandlung vorzuziehen sei.

Wer regelmäßig Haferkleie zu sich nimmt, kann eine weitere günstige Wirkung verzeichnen: die Gewichtsreduzierung. Eine Reihe von Gründen spricht dafür, daß Haferkleie das Abnehmen erleichtert und das Idealgewicht zu halten hilft. Zum einen stillt Haferkleie, übers Müsli gestreut oder in Muffins verbacken, den Hunger besser als andere Nahrungsmittel mit einem höheren Kaloriengehalt. Diese kalorienreicheren Nahrungsmittel werden dann natürlich allmählich abgesetzt. Eine herzhafte Schale voll Kleiemüsli morgens zum Frühstück sättigt bis zum Mittag.

Der Sättigungsgrad hängt weitgehend davon ab, wie schnell die Nahrung den Verdauungstrakt passiert. Haferkleie verlangsamt die Ausscheidungsprozesse im Darm und verweilt deshalb länger im Magen. Dadurch hält das Sättigungsgefühl geraume Zeit an. Außerdem sorgen ballaststoffreiche Nahrungsmittel für mehr Masse im Dünndarm.

Nach Dr. Anderson gibt es drei Gründe, warum Haferkleie einer Gewichtsabnahme förderlich sein kann. Erstens wird eine gewisse Kalorienmenge direkt mit dem Stuhl ausgeschieden. Zweitens werden die Kohlehydrate nicht voll abgebaut. Und drittens verbrauchen ballaststoffreiche Nahrungsmittel wie Haferkleie bei der Verdauung mehr Energie als erwartet und zehren infolgedessen Kalorien auf. Eiweiß und Kohlehydrate liefern 4 Kilokalorien pro Gramm. Fett hingegen früheren Annahmen zufolge 9 Kilokalorien. Inzwischen wird die tatsächliche Menge eher bei 10 oder 11, vielleicht auch 12 Kilokalorien pro Gramm vermutet.

Ein kleiner Nachteil sind die gelegentlichen Blähungen, die sich zu Beginn eines regelmäßigen Haferkleieverzehrs unter Umständen einstellen, besonders dann, wenn die Kost vorher ballaststoffarm war. Bei den meisten Leuten verschwinden diese Blähungen nach und nach von selbst wieder. Sollten Sie jedoch Probleme damit haben, setzen Sie die Haferkleie am besten für eine Weile von Ihrem Speisezettel ab, um danach ganz langsam wieder zu beginnen und die Menge täglich ein wenig zu steigern. Haferkleie von Kölln gibt es inzwischen in fast allen größeren Lebensmittelgeschäften. Ich empfehle etwa 50 g pro Tag.

Leider fällt die Haferkleie verschiedener Hersteller unterschiedlich aus, da der Herstellungsprozeß nicht standardisiert ist. Die Kleie besteht aus den Randschichten des Haferkorns. Aus dem vollen Korn werden zuerst Haferflocken hergestellt. Dazu wird das Korn mit Dampf behandelt und dann zu Flocken gewalzt. Anschließend werden die Flocken vermahlen und gesiebt, wobei feines Mehl und ein grober Mahlstoff anfällt, die Haferkleie. Manche Sorten Haferkleie bestehen nur aus diesem groben Stoff, während andere auch Teile des feingemahlenen Mehlkerns enthalten. Folglich sind in der einen Sorte mehr lösliche Faserstoffe enthalten als in der anderen. Es kommt vor, daß ein Haferkleieerzeugnis im Grunde nichts anderes ist als vermahlene Haferflocken. Das kann zwar durchaus nahrhaft sein, hat jedoch nicht die erwünschte cholesterinsenkende Wirkung.

In Deutschland sind außer den reinen Haferkleie-Produkten verschiedener Anbieter jetzt auch zwei Haferkleie-Mischerzeugnisse der Firma Kölln auf dem Markt: Haferfleks mit Kleie aus 70 Prozent Haferkleie sowie Vollkornreismehl und Gerstenmalz und ein Haferkleie-Früchtemüsli mit einem Kleieanteil von 45 Prozent.

Ist es am besten, die erforderliche Tagesmenge Haferkleie auf einmal zu essen, etwa zum Frühstück, oder sollte man sie lieber über den Tag verteilen? Das Aufteilen in kleinere Portionen dürfte ratsamer sein, da die Gallensäuren den ganzen Tag über produziert werden und fortlaufend abgebaut werden sollten. Dank der Rezepte in diesem Buch, in denen Haferkleie und andere an löslichen Faserstoffen reiche Zutaten verwendet werden, ist das leicht und lecker zu machen.

Haferkleie ist so vielseitig verwendbar, daß sie in keiner Küche fehlen sollte. Unter Umständen werden Sie der Haferkleie einen Platz neben Mehl und Zucker einräumen. Sie eignet sich hervorragend zum Kochen, Backen und Braten, zum Ausstreuen von Back- und Auflaufformen, als Semmelbröselersatz und vieles mehr.

Ich selbst habe von Anfang an damit experimentiert, Haferkleie auf verschiedenste Art in meine Kost einzubeziehen, denn für breiiges Porridge habe ich nie viel übrig gehabt. Also habe ich immer wieder Muffin-Rezepte erprobt, bis mir die Muffins schmeckten. Von diesen Rezepten sind etliche in meinem Buch *Die 8-Wochen-Cholesterinkur* wiedergegeben. Als das Buch erschienen ist, habe ich aber nicht etwa mit dem Kochen und Backen aufgehört, sondern mit den Jahren immer mehr Muffin-Varianten und andere köstliche Backwaren entwickelt. Dann erschien die sachkundige Michele Urvater auf der Bildfläche und sorgte für lauter neue Koch- und Backideen mit Haferkleie. Hoffentlich gefallen Ihnen die Rezepte!

Haferkleie ist allerdings nur eines der Nahrungsmittel, die reich an löslichen Faserstoffen sind. Auch getrocknete Hülsenfrüchte wie gelbe und grüne Erbsen, Schälerbsen und Kichererbsen, getrocknete weiße, rote und schwarze Bohnen, Schwarzaugenbohnen, Wachtelbohnen, Mung- und andere Sojabohnen usw. sowie Linsen aller Farben und Größen sind eine ausgezeichnete Quelle für lösliche Ballaststoffe.

Getrocknete Erbsen, Bohnen und Linsen

Viele Menschen wissen heute gar nicht mehr, wie man mit getrockneten Hülsenfrüchten umgeht, während es zur Zeit unserer Großmütter häufig einmal in der Woche eine nahrhafte Suppe oder einen Eintopf aus Hülsenfrüchten gab. Diese schöne Sitte sollten wir wieder aufgreifen und mit den Erbsen-, Bohnen- und Linsengerichten aus diesem Buch einen Anfang machen. Bei meinen Rezeptwünschen an Michele ging es mir darum, möglichst wenig Fett verwendet zu wissen und die Hülsenfrüchte nicht Stunden um Stunden garen zu müssen. Michele kam meinen Wünschen entgegen, sie probierte Verschiedenes in ihrer Küche aus und konnte bald mit Rezepten aufwarten, die einem das Wasser im Mund zusammenlaufen lassen.

Wir wissen inzwischen, daß getrocknete Erbsen, Bohnen und Linsen den Cholesterinspiegel ebensogut wie Haferkleie zu senken vermögen. Das hat Dr. Anderson durch einen Versuch in seinen Labors an der Universität von Kentucky nachgewiesen; er verabreichte seinen Versuchspersonen drei Wochen lang eine bohnenreiche Kost. Sie aßen etwas mehr als 100 g Trockenbohnen pro Tag in Form eines schmackhaften Gerichts, und ihr Cholesterinspiegel sank im Durchschnitt um 19 Prozent. Andere Untersuchungen haben ähnliche Ergebnisse erbracht, besonders bei Verwendung von Trockenbohnen in einer fettarmen Diät.

Auf den ersten Blick meint man, 100 g Bohnen seien recht viel, denn schließlich ist das doppelt soviel wie die 50 g Haferkleie, deren lösliche Faserstoffe wir zur Cholesterinsenkung benötigen. Mißt man jedoch beides ab und vergleicht das Volumen, entsprechen die Bohnen mengenmäßig der Haferkleie. Der Unterschied ist der, daß Bohnen schwerer sind als Haferkleie.

Was wir letztlich brauchen, ist die gewünschte Menge an löslichen Ballaststoffen, sei es aus Haferkleie, Bohnen oder anderen Nahrungsmitteln, die auf den folgenden Seiten näher beschrieben werden. Heute hat man vielleicht Lust auf drei Haferkleie-Muffins, und morgen will man lieber eine Schale Haferflocken zum Frühstück und Bohnen zum Abendessen. Dann wieder steht einem der Sinn nach einem Obstfrühstück, und in diesem Fall wird eine Erbsen- oder Bohnenvorspeise am Abend die nötigen löslichen Faserstoffe liefern. Und dabei sind bisher andere Nahrungsmittel mit einem hohen Anteil an löslichen Faserstoffen noch gar nicht berücksichtigt worden. Angesichts so vielfältiger Möglichkeiten werden einem die Nahrungsmittel, die gesund sind und zudem noch den Cholesterinspiegel senken, nie langweilig.

Gerste

Was ist angenehmer an einem kühlen Herbstabend als ein dampfend heißer Teller Gerstensuppe mit knusprigem Brot dabei, und dazu vielleicht noch ein Glas Wein! Viel Gemüse, ein wenig Rindfleisch und die Gerste machen diese Suppe zu einer vollständigen Mahlzeit. Und Gerste hilft mit bei der Cholesterinbekämpfung.

Gerste enthält eine gewisse Menge löslicher Faserstoffe, aber wie Sie in der Tabelle auf Seite 55 sehen können, pro Portion à 100 g nur ungefähr 3 g, im Vergleich mit den 7 bis 9 g der gleichen Menge Haferkleie also recht wenig. Doch Kleinvieh macht auch Mist, wie der Volksmund sagt! Die cholesterinsenkende Wirkung der Gerste ist offenbar viel größer, als ihr Gehalt an löslichen Ballaststoffen vermuten läßt. Die Wissenschaft versucht nun herauszufinden, was die Gerste so wirkungsvoll macht.

Dr. David Peterson, Getreideforscher an der Universität von Wisconsin, hat zwei Bestandteile in den proteinreichen Randschichten der Gerste isoliert, die anscheinend die Fähigkeit besitzen, den Blutfettspiegel zu senken. Interessanterweise ist das die Schicht, die bei der Verarbeitung der Gerste normalerweise als Abfallprodukt eingestuft wird. Die Wirkung ist anders als die der löslichen Faserstoffe. Die Gerstenbestandteile beeinflussen die Aktivität eines Enzyms aus der Gruppe der Reduktasen, das die Menge des in der Leber produzierten Cholesterins steuert.

Dr. Frank Weber, in der Miller-Brauerei von Milwaukee tätig, stellte fest, daß aus Braugerste hergestellte Gerstenkleie den Gesamtcholesteringehalt des Blutes um 44 Prozent senkte, aber nur, wenn die Lipid-, die Fettschicht des Gerstenkorns unversehrt blieb. Gerste, der das Fett entzogen wurde, hatte keine cholesterinsenkende Wirkung.

Bis jetzt sind Versuche ausschließlich mit Tieren durchgeführt worden. Untersuchungen bei Menschen haben bisher nicht stattgefunden.

Deshalb läßt sich nicht genau sagen, wieviel Vollkorngerste (Sprießkorngerste), Gerstenflocken oder Gerstenmehl zur Senkung des Cholesterinspiegels nötig wäre. Künftige Forschungen werden vielleicht in einem aus Gerste gewonnenen Heilmittel oder Konzentrat resultieren oder die guten Eigenschaften der Gerste als Diätnahrungsmittel enthüllen.

Es besteht kein Grund, in der Zwischenzeit darauf zu verzichten, die Gerste in ein Gesamtprogramm zur Cholesterinsenkung und Nahrungsaufwertung einzugliedern. Sie werden nicht unbedingt jeden Tag Gerste essen wollen, aber ein Blick auf unsere zahlreichen Gerstenrezepte wird Ihnen den Ansporn geben, mehr davon zu essen als bisher. Derzeit wird die Hälfte der Gerstenernte zum Brauen verwandt und der Rest weitgehend zur Viehfütterung; nur wenig Gerste findet den Weg auf unseren Tisch und dann meist in Form von Graupen, den geschälten und polierten Gerstenkörnern. Die vollwertige Sprießkorngerste gibt es im allgemeinen nur in Reformhäusern und Bioläden. Das sollte sich ändern!

A wie Apfel

Sollte es der Lebensmittelindustrie tatsächlich gelungen sein, ein so einfaches und natürliches Nahrungsmittel wie Äpfel noch zu »verbessern«? Jeder von uns weiß, daß Äpfel eine wunderbare Zwischenmahlzeit sind, daß sie arm an Fett und reich an Ballaststoffen sind und sich zu Dutzenden von unterschiedlichsten Gerichten verarbeiten lassen. Aber wußten Sie schon, daß die löslichen Faserstoffe im Apfel, namentlich das Pektin, den Cholesterinspiegel senken können? Leider enthält ein mittelgroßer Apfel nur wenig Pektin und das meist noch vorwiegend im Kerngehäuse; doch die Lebensmittelindustrie hat eine Möglichkeit gefunden, diesen Stoff in größerer Menge zu gewinnen.

Es fing alles damit an, daß die Apfelsafthersteller nach einem Weg suchten, die Fruchtfleischrückstände vom Saftpressen zu verwerten. Zuvor war die Masse als Viehfutter angeboten oder einfach weggeworfen worden. Dabei ist sie ein wahres Konzentrat von löslichen und unlöslichen Ballaststoffen. Während amerikanische Hersteller darauf verfielen, die Fruchtrückstände zu trocknen und zu einem mehlartigen Produkt zu verarbeiten, das vielseitig verwendbar ist, steckt das Pektin in

Deutschland in konzentrierter Form in den verschiedenen Geliermitteln und -zuckern für die Marmeladen- und Geleebereitung. Nur der im Reformhaus erhältliche Apfeltee ist ein dem amerikanischen Pektinprodukt ähnliches Granulat und kann durchaus in Muffins und Plätzchen verbacken oder in Tomatensauce gerührt werden, um ihr Sämigkeit und eine gewisse Süße zu verleihen. Sie können vor dem Gebrauch Tee davon kochen; zumindest aber sollten Sie das Apfelgranulat einweichen.

Apfelgranulat besteht zu etwa 32 Prozent aus unlöslichen und 11 Prozent aus löslichen Ballaststoffen. 30 g davon enthalten also etwas mehr als 3 g löslicher Faserstoffe. Im Vergleich dazu enthält ein mittelgroßer frischer Apfel nur wenig mehr als 1 g der löslichen Faserstoffe, des Pektins. Das Granulat hat sogar einen höheren Gehalt an löslichen Ballaststoffen als Haferkleie! Apfelgranulat ist demnach eine wunderbare Alternative zur Haferkleie.*

Gibt es denn Beweise dafür, daß Pektin den Cholesterinspiegel ebensogut zu senken vermag wie Haferkleie? Allerdings.

Dr. James Anderson, berühmt geworden durch seine Haferkleie-Forschung, verglich bereits 1979 die cholesterinsenkende Wirkung von Haferkleie, Guarkernmehl (»Guargummi«) und Pektin auf den erhöhten Blutfettspiegel cholesterinreich gefütterter Versuchstiere. Er kam zu dem Ergebnis, daß Pektin die stärkste Wirkung zeigte. Keiner der im Versuch verwandten löslichen Faserstoffe senkte den Spiegel des schützenden HDL-Cholesterins im Blut.

Bei einer anderen Untersuchung sollte durch direkten Vergleich festgestellt werden, wie sich der Verzehr von Haferkleie und überdurchschnittlichen Mengen Obst und Gemüse gegenüber Zitruspektin auf den Bluttfettspiegel auswirkt. Die Forscher fanden heraus, daß das Zitruspektin den Gesamtserumcholesterinspiegel im Laufe des Versuchs erheblich senkte, während der vermehrte Verzehr von Obst und Gemüse nur eine geringe, unbedeutende Reduktion zur Folge hatte.

Überall auf der Welt wird in dieser Richtung geforscht. Dr. Emil Ginter vom ernährungswissenschaftlichen Institut der Tschechoslowakei ließ 21 gesunde Versuchspersonen mit leicht erhöhten Cholesterinwerten sechs Wochen lang eine Dosis von 15 g Zitruspektin einneh-

* Vgl. Fußnote Seite 52

men. Bei zwei Dritteln der Leute konnte er eine erhebliche Senkung des Cholesterinspiegels feststellen.

Ob das Pektin aus Zitrusfrüchten oder Äpfeln gewonnen wird, ändert nichts an seiner Wirkung. Pektin ist ein löslicher Ballaststoff, der genauso wirkt wie die löslichen Faserstoffe von Haferkleie oder getrockneten Hülsenfrüchten.

Guarkernmehl

Beim Lesen der Inhaltsangaben von Lebensmitteln ist Ihnen vielleicht schon einmal eine Zutat am Schluß aufgefallen, die Guarkernmehl heißt. Eventuell haben Sie sich gefragt, was das sein mag und was es dort zu suchen hat.

Die Lebensmittelindustrie verwendet Guarkernmehl als natürliches Verdickungsmittel bei Produkten wie beispielsweise Joghurt, besonders bei fettarmen Sorten, denen dadurch eine gewisse sämige Konsistenz verliehen wird, die sie ohne das Fett nicht mehr besitzen.

Guarkernmehl stammt aus den Samen der Guarpflanze, die zur Familie der Leguminosen gehört und vor allem in unfruchtbaren Trockengebieten gedeiht. Die Hülsenfrüchte der Pflanze enthalten sechs bis neun Bohnenkerne, die nicht gerade schmackhaft sind. Zur Herstellung des Mehls werden die Hülsen entfernt. Aus der ersten Schicht der Bohnenkerne, dem Nährgewebe, wird dann das Guargummi extrahiert. Das Endprodukt ist ein Puder, der mit Wasser zusammen geliert.

Der geringe Gehalt an Guarkern-Verdickungsmittel in vielen Nahrungsmitteln hat keine Wirkung auf den Körper. Nur der Konsum größerer Mengen senkt den Cholesterinspiegel. Zu Beginn der Forschungsarbeiten war Guarkernmehl gar nicht bekannt. Es läßt sich nur schwer verarbeiten und dickt bei höherer Dosierung so stark, daß damit gebundene Suppen oder Eintöpfe leicht zu einem zähen Papp werden. In Wasser oder Saft gerührt verursacht es oft Magenbeschwerden und Übelkeit. Bei früheren Versuchen wurden Guargummikapseln zum Einnehmen verabreicht, aber selbst diese lösten sich nur schlecht im Magen auf.

Trotz all der genannten Schwierigkeiten ist durch zahlreiche Untersuchungen auf der ganzen Welt nachgewiesen worden, daß Guargummi cholesterinsenkend wirkt. Bei einem Versuch wurde es in Knäckebrot verarbeitet, das elf Patienten acht Wochen lang zu essen bekamen, wobei sie eine faktische Guarkernmenge von etwa 12 g täglich zu sich nahmen. Der Gesamtcholesterinspiegel sank um 13 Prozent, während sich die LDL-Werte um 16 Prozent verringerten. Leider traten aber auch die zuvor erwähnten Magenbeschwerden auf.

In einem anderen Versuch nahmen 24 gesunde Personen vier Wochen lang 9 g Guargummi täglich in Kapselform ein, während eine Kontrollgruppe entsprechende Placebos erhielt. Nach Ablauf des Monats war der Gesamtcholesterinspiegel bei denen, die Guarkernkapseln eingenommen hatten, um 16,6 Prozent gefallen und die LDL-Werte um 25,6 Prozent. Bei den anderen, die nur Placebos eingenommen hatten, war keinerlei Veränderung des Blutfettspiegels festzustellen.

Eine in Italien an zwölf Patienten durchgeführte Untersuchung ergab, daß eine Einnahme von 16 g täglich eine durchschnittliche Cholesterinsenkung von 46 mg zur Folge hatte, was einem Rückgang um 15 Prozent entsprach. In Finnland, das die höchste Herzkrankheitsrate der Welt aufweist, bekamen Patienten viermal täglich jeweils 5 g Guarkerngummi. Nach vier Wochen waren ihre Cholesterinwerte um 20 Prozent besser. Ein schwedischer Versuch, bei dem zweimal täglich 10 g Guargummi verabreicht wurden, erbrachte einen durchschnittlichen Cholesterinrückgang von 239 auf 220 mg/dl. Und auch in Australien wurde bei Patienten, die dreimal täglich 6 g Guarkerngummi einnahmen, nach Ablauf der Versuchszeit eine Senkung um 15 Prozent nachgewiesen. Zwei Patienten brachen den Versuch wegen Magenbeschwerden ab.

Vor nicht allzulanger Zeit wurde in den Vereinigten Staaten eine speziell hergestellte schmackhafte Guargummizubereitung an sechs gesunden Versuchspersonen und 17 zuckerkranken Patienten getestet. Sie bekamen zweimal täglich jeweils 10 g. Der Gesamtcholesteringehalt des Blutes ging um 14 Prozent zurück. Bei den Diabetikern hingegen, deren Anfangswerte 270 mg/dl überstiegen hatten, war eine Reduktion um 26 Prozent zu verzeichnen. Und der Spiegel der schützenden HDL-Cholesterine blieb davon unberührt. Magenbeschwerden wie etwa Völlegefühl verschwanden nach einer Woche. In seinem Bericht über den Versuch schrieb Dr. Robert Superko von der Stanford-Universität, Guargummi sei eine Zwischenstufe zwischen einem diätetischen Nahrungsmittel und einem Medikament zur Cholesterinsenkung. Die heutzutage in Amerika erhältlichen Präparationen aus Guargummi sind leicht in die Diätkost einzubeziehen und verursachen keine Magenbeschwerden mehr. In Deutschland dürfte es schwer sein, als Privatverbraucher an Guarkernprodukte zu kommen, obwohl sie von der Lebensmittelindustrie häufig verwendet werden.

Reiskleie

Reis wird seit Jahrtausenden angebaut, er war schon lange vor der christlichen Zeitrechnung bekannt. Für mehr als die Hälfte der heutigen Weltbevölkerung ist er das wichtigste Grundnahrungsmittel. Vieles spricht für den Reis: Er ist leicht verdaulich, außerordentlich vielseitig verwendbar und verursacht so gut wie keine allergischen Reaktionen. Außerdem hat er, wie inzwischen immer deutlicher wird, noch mehr Vorteile, als bisher bekannt war.

Lange schon ist Reis als hervorragender Nährstofflieferant für die Menschheit bekannt. Die meisten Menschen bevorzugen allerdings den polierten weißen Reis. Dabei befinden sich die Hauptnährstoffe des Reiskorns in seinen Randschichten, der Kleie, die bei der Verarbeitung zu weißem Reis abgeschält und entfernt wird. Den höchsten Nährwert hat ungeschälter Naturreis, dessen Randschichten erhalten bleiben.

Bis vor kurzem bestand die einzige Möglichkeit, in den Genuß des hochwertigen Kleieanteils zu kommen, darin, Vollreis zu essen, da die vom Korn getrennte Kleie durch biochemische Prozesse rasch ranzig wurde. Aus diesem Grund ist sie meist ausschließlich als Viehfutter verwendet worden. Ein von der amerikanischen Landwirtschaftskammer entwickeltes Stabilisierungsverfahren für Reiskleie hat Abhilfe geschaffen und die Lagerfähigkeit des Produkts erheblich verbessert. Reiskleie hat einen süßlichen Geschmack und eine grobe Textur. Sie ist verzehrfertig und kann über andere Getreideprodukte, Müslis und Joghurt gestreut, in verschiedensten Backwaren verbacken und in Pulverform einer Vielzahl von Speisen zugesetzt werden, wie Sie bei den Rezepten dieses Buches feststellen werden.

Aber außer ihrem allgemeinen Nährwert hat die Reiskleie noch die Fähigkeit, den Cholesterinspiegel drastisch zu senken. Zum Beispiel enthält sie lösliche Faserstoffe in hoher Konzentration. Während man eine halbe Tasse Haferkleie täglich braucht, um die für eine nennenswerte Cholesterinsenkung nötige Menge löslicher Ballaststoffe zusammenzubekommen, werden für eine ausreichende Menge löslicher Faserstoffe zur merklichen Cholesterinsenkung nur zwei Eßlöffel Reiskleie benötigt. Leider verhält es sich in Deutschland mit der Reiskleie ähnlich wie zuvor mit Haferkleie – es gibt sie nicht. Aber das ändert sich vielleicht bald, wenn die Nachfrage steigt und die getreideverarbeitende Industrie auch in diesem Fall hellhörig wird.*

In Zukunft dürfte immer mehr über Reiskleie in Erfahrung gebracht werden, da in den USA eine Reihe von entsprechenden Untersuchungen in Planung oder bereits angelaufen sind. Der amerikanische Forscher Dr. Robin Saunders hält nach eingehenden Untersuchungen Reiskleie für genauso effektiv wie Haferkleie. Interessant ist, daß er bei seinen Versuchen nur dann eine cholesterinsenkende Wirkung der Reiskleie beobachten konnte, wenn der Fettanteil des Korns erhalten blieb. Wurde dem Reis das Fett entzogen, hatte er keinerlei Einfluß mehr auf den Cholesterinspiegel.

Es ist offenbar irgend etwas am Öl in der Reiskleieschicht, das eine cholesterinsenkende Wirkung hat. Wie wir bereits hörten, besitzt anscheinend auch die Gerste ihre cholesterinreduzierende Fähigkeit aufgrund ihres Ölgehalts. Haferkleie hat interessanterweise den höchsten Fettgehalt von allen gebräuchlichen Speisegetreiden, nämlich etwa 9 g Fett pro 100 g Kleie. Aber da dieses Fett allem Anschein nach den Cholesterinspiegel senkt, statt ihn zu erhöhen, brauchen wir es bei unserer Berechnung der täglich zulässigen Fettmenge gar nicht zu berücksichtigen.

Hier ist die Reisstory jedoch noch immer nicht zu Ende.

Die Japaner haben mit Reiskleie-Speiseöl experimentiert und festgestellt, daß es gleichfalls eine drastische Reduzierung des Blutfettspiegels bewirkt. Dr. Shinjiro Suzuki vom japanischen Institut für Ernährung hat Versuchspersonen über Jahre hinweg verschiedene Ölkombinationen in der Küche verwenden lassen. Nach dem neuesten Stand seiner Forschungen senkt der Genuß von etwa einer halben Tasse Öl, das zu

* Reiskleie, ebenso wie das weiter vorn erwähnte Apfelgranulat, wird voraussichtlich bald im Versandhandel lieferbar sein. Schreiben Sie an: Hercules Vollkorn- und Mühlenbäckerei, Ulmenstr. 120, 4000 Düsseldorf 30.

70 Prozent aus Reiskleieöl und zu 30 Prozent aus Distelöl besteht, den Cholesterinspiegel um 26 Prozent. Aus bisher noch unerfindlichen Gründen scheint das Öl in dieser Zusammensetzung besser zu wirken als für sich allein oder in einer anderen Kombination.

Eine halbe Tasse, das sind 75 bis 100 ml, erscheint auf den ersten Blick viel, und für Gesundheitsbewußte, die den Fettanteil ihrer Nahrung reduzieren wollen, ist es auch reichlich. Dr. Suzukis Versuchspersonen nahmen 60 g täglich zu sich. Das ist mehr, als ich *insgesamt* pro Tag zu mir nehme. Aber viele Leute schränken ihren Fettkonsum nicht derart drastisch ein. Sie mögen Fettgebackenes, Plätzchen und Salatsaucen viel zu gern, um darauf zu verzichten. Jetzt haben Sie die Möglichkeit, Ihre Pommes frites in Reiskleieöl auszubacken und damit auch noch Ihren Cholesterinspiegel zu senken! Oder Plätzchen mit Reiskleieöl statt Butter herzustellen, die ebenfalls die Werte verbessern würden!

Reiskleieöl hat keinen starken Eigengeschmack und läßt sich deshalb ohne Schwierigkeiten anstelle anderer Speiseöle verwenden. Darüber hinaus liegt sein Rauchpunkt sehr hoch, so daß es sich von Natur aus gut zum Braten und Fritieren eignet.

Deutsche müssen wahrscheinlich noch einige Zeit auf die Wohltaten von Reiskleieöl verzichten, bis sich ein Lebensmittelhersteller findet, der diese Marktlücke entdeckt.

Neues von der Kleie

Als ich mein Buch *Die 8-Wochen-Cholesterinkur* geschrieben habe, war die Haferkleie mit ihrem hohen Gehalt an löslichen Ballaststoffen das A und O. Inzwischen haben wir dazugelernt und den Wert der Hülsenfrüchte erkannt. Dann sind wir auf das in den Rückständen von der Apfelsaftgewinnung enthaltene Pektin gestoßen. Jetzt fällt uns die Reiskleie ins Auge. Auch die Kleieschicht anderer Getreidearten wird auf Wirkstoffe hin erforscht. In den Vereinigten Staaten dürfte in Kürze Maiskleie erhältlich sein, und die Gerstenkleie wird ebenfalls nicht lange auf sich warten lassen. Die Tabelle auf Seite 55 gibt Ihnen Aufschluß über den Gehalt an löslichen Ballaststoffen in den verschiedenen Nahrungsmitteln.

Fisch und Fischöle

Ich erinnere mich noch an ein Gespräch, das ich in den sechziger Jahren mit meinem Vater über die Cholesterin-Kontroverse geführt habe. Mein Vater war Apotheker, und ich hatte eben meine Karriere als medizinischer Fachjournalist begonnen; wir lasen also beide regelmäßig die einschlägigen Zeitschriften über Medizin und Gesundheit. Unser Gespräch drehte sich darum, ob wirklich ein Zusammenhang zwischen Ernährung und Herzkrankheit bestehe. Ich weiß noch sehr genau, daß ich damals die Eskimos erwähnte, die ausgesprochen fettreich essen, aber mit die niedrigste Herzkrankheitsrate der Welt haben. Kurze Zeit nach unserem Gespräch erfuhr mein Vater, daß sein Cholesterinspiegel zu hoch war. Sein Arzt empfahl ihm, eine cholesterinarme Diät einzuhalten und insbesondere auf Austern zu verzichten, die mein Vater überaus gern aß. Damals war die Cholesterinforschung noch in den Kinderschuhen, und mein Vater starb 1969 an einem schweren Herzinfarkt.

Seitdem haben wir viele neue Erkenntnisse gewonnen. Zum Beispiel die, daß die fettreiche Nahrung der Eskimos in Wahrheit ein Schutz gegen Herzkrankheit ist. Selbst Austern stehen auch bei den cholesterinbewußtesten Menschen wieder auf dem Speisezettel. Stück für Stück haben die Forscher die Informationssteinchen zu einem Mosaik zusammengesetzt, aus dem wir ersehen können, daß Fisch und Schalentiere einen wichtigen Stellenwert in unserer gesunden Herzkost einnehmen.

Erste Aufschlüsse gaben in den siebziger Jahren die Forschungen eines dänischen Wissenschaftlers, der sich fragte, warum bei den Eskimos trotz ihrer an Waltran, Robbenfleisch und fettem Fisch reichen Kost Herzkrankheit praktisch unbekannt war. Bei Dänen mit einer ähnlich fettreichen Kost hingegen war die Todesrate durch Herzkrankheit sehr hoch. Und wenn die Eskimos ihr Heimatland verließen und sich in Dänemark ansiedelten, schnellte die Herzkrankheitsrate in die Höhe. Untersuchungen, eigens angestellt, um diesem Rätsel auf die Spur zu kommen, erbrachten Ergebnisse, die ein ganz neues Licht darauf warfen, inwieweit die Ernährung der Herzkrankheit entgegenwirkt.

Die Forschungen enthüllten nämlich, daß die von den Eskimos verzehrten Meeresfische und -säugetiere keine großen Mengen an gesättigten, sondern an mehrfach ungesättigten Fettsäuren enthalten. Im

Ballaststoffgehalt verschiedener Nahrungsmittel*

	Ballaststoffe insgesamt	lösliche Ballaststoffe
Getreide		
Haferflocken	12,1	4,9
Haferkleie	18,6	7,2
Perlgraupen (Gerste)	10,8	2,8
Reiskleie	35,0	33,0
Vollkornmaisflocken	15,3	9,0
Vollreis	7,2	0,7
Obst		
Äpfel	2,0	0,6
Apfelgranulat	42,9	11,1
Backpflaumen	16,1	4,6
Rosinen	6,8	1,7
Hülsenfrüchte		
Kichererbsen (getrocknet)	15,0	7,6
Linsen (getr.)	16,9	3,8
Rote Kidneybohnen (getr.)	19,9	8,5
Rote Kidneybohnen (Dose)	6,2	2,7
Schälerbsen (getr.)	11,9	4,0
Schwarzaugenbohnen (getr.)	25,0	11,0
Wachtelbohnen (getr.)	18,7	7,0
Weiße Bohnen (getr.)	16,2	4,7

* Gramm je 100-Gramm-Portion, ungekocht. Aus: *Plant Fiber in Foods* von James W. Anderson.

Fleisch der betreffenden Tiere kommt speziell eine Gruppe von Fettsäuren vermehrt vor, nämlich die Omega-3-Fettsäuren.

Forschern fiel bei der Untersuchung der Eskimos auf, daß sie leicht blaue Flecken bekamen. Es stellte sich heraus, daß ihre Blutplättchen, die für die Blutgerinnung verantwortlichen Zellen, weniger zusammenklebten als die eines Durchschnittsdänen oder -amerikaners. Nach Meinung der Forscher waren die Eskimos durch irgend etwas, das diesen Unterschied in der Blutkonsistenz hervorrief, gegen Herzkrankheit geschützt. Interessanterweise ergab eine genauere Analyse der Blutproben, daß die Cholesterinspiegel der Eskimos kaum, wenn überhaupt, von denen der Amerikaner oder Europäer abwichen, die allgemein zu Herzkrankheit neigen.

Wie aber kommt ein solcher Unterschied im Zusammenballungsverhalten der Blutplättchen zustande? Die Blutplättchen bewirken durch chemische Vorgänge die Verkalkung der Blutgefäße. Zuerst tritt vielleicht nur eine mikroskopisch kleine rauhe Stelle in der Gefäßwand auf, häufig dort, wo das Blut um Adernkurven oder -abzweigungen fließt. Um einen »Heilungsprozeß« in Gang zu setzen, finden sich vermehrt Blutplättchen an dieser Stelle ein, heften sich auf die verletzte Gefäßwand und geben chemische Signale ab, die das Muskelgewebe der Arterien zum Wachsen bewegen und weiße Blutkörperchen aus dem Blutstrom anziehen. Die zunehmende Masse von Muskelzellen und weißen Blutkörperchen bindet immer mehr Cholesterin an sich und wird dadurch zu einer Art Pfropfen. Diese Ablagerung auf der Gefäßwand wird Plaque genannt. Wenn die Plaque anwächst und allmählich die Adern verengt, kann das Blut nicht mehr ungehindert fließen.

Im Normalfall ist ein Mensch dann gut gegen Herzkrankheit geschützt, wenn sein Blut weniger Cholesterin enthält, das sich an solchen Wundstellen ansammeln könnte. Und seine Blutplättchen, die den Beginn des ganzen Vorgangs markieren, würden sich nicht so stark zusammenballen.

Inzwischen wissen wir natürlich, daß gesättigte Fette in der Nahrung die Cholesterinproduktion stärker ankurbeln als ungesättigte Fette. Wer weniger gesättigte Fette zu sich nimmt, hat im allgemeinen einen niedrigeren Cholesterinspiegel. Auch damit ist ein gewisser Schutz gegeben.

Die Eskimos schützen sich auf andere Weise. In der Nahrung befindliches Öl sucht sich einen Weg in die Zellmembranen des Körpers. Das Fischöl in der Nahrung der Eskimos wirkt der Produktion einer bestimmten Art von Prostaglandin in den Zellen entgegen, dem Thromboxan. Je weniger Thromboxan die Blutplättchen enthalten, um so weniger kleben sie zusammen und bilden Pfropfen. Das ist der chemische Grund für die überdurchschnittliche Neigung der Eskimos zu blauen Flecken. Das Fischöl in ihrer Kost verhindert in der gleichen Weise das Zusammenballen der Blutplättchen, wie die Einnahme von Aspirin der Gefäßverengung bei Arthritis-Patienten entgegenwirkt.

Menschen, die unter Arthritis leiden, bekommen ebenfalls leicht blaue Flecken. Ein zusätzlicher Vorteil von Fischöl scheint der zu sein, daß es ebenso wie Aspirin entzündungshemmend wirkt.

Unsereiner wird kaum Waltran oder Robbenspeck in der Kühltheke des Supermarktes finden. Aber wir können den Fisch kaufen, der am meisten von dem Öl enthält, das den Eskimos offenkundig Schutz vor Herzkrankheit bietet. Welche Fischsorten man am besten auswählt, werden wir ein wenig später erörtern.

Wenn die Eskimo-Untersuchungen der einzige schlüssige Hinweis darauf wären, daß Fisch auf dem Speisezettel aller auf Herzgesundheit bedachten Männer und Frauen stehen sollte, könnten sich Zweifel regen. Unter Umständen spielen ja bei den Eskimos noch andere Faktoren eine Rolle. Mittlerweile gibt es jedoch weltweit Beweise.

Forscher der niederländischen Universität von Leiden untersuchen seit 1960 bei der Bevölkerung des Ortes Zutphen den Zusammenhang zwischen der Ernährung und anderen Risikofaktoren im Hinblick auf chronische Erkrankungen einschließlich Herzkrankheit. Zutphen ist eine alte Industriestadt im Osten der Niederlande, die zu Beginn der Untersuchung etwa 25 000 Einwohner zählte.

Für ihre Studie konzentrierten sich die Forscher auf 1088 Männer, die seit mindestens fünf Jahren in der Stadt lebten. Sie führten Buch über Menge und Art der Speisen, die von den Versuchspersonen verzehrt wurden. Außerdem registrierten sie die Risikofaktoren wie Serumcholesterinspiegel.

Rauchgewohnheiten, Blutdruck, körperliche Fitneß, Aktivitäten, Beruf sowie Größe und Gewicht. Der Fischverzehr war nur eine von vielen aufgelisteten Variablen.

Der männliche Durchschnittsbürger von Zutphen konsumierte 20 g Fisch pro Tag, davon zwei Drittel mager und ein Drittel fettreich. Etwa 19 Prozent der Männer aßen keinen Fisch. Männer, die viel Fisch verzehrten, nahmen bedeutend mehr einfach und mehrfach ungesättigte Fette, Cholesterin und Alkohol zu sich als diejenigen, die keinen Fisch aßen. Ansonsten glichen sich die Fischesser und die anderen in bezug auf das Herzkrankheitsrisiko in allen Punkten, guten wie schlechten.

In den darauffolgenden 20 Jahren starben 78 Männer an Herzinfarkt. Die Infarktrate mit Todesfolge lag bei den Männern, die mindestens 30 g Fisch pro Tag aßen, über 50 Prozent niedriger als bei denen, die keinen Fisch verzehrt hatten. Bei eingehender Analyse der Daten stellten die Forscher fest, daß der Schutz vor Herzkrankheit und Herztod um so größer war, je mehr Fisch die Betreffenden verzehrten. Umgekehrt stieg das Risiko mit abnehmendem Fischkonsum.

Wichtig ist in diesem Zusammenhang die Beobachtung, daß der offensichtlich durch Fischverzehr bewirkte Schutz völlig unabhängig von anderen Faktoren bestand. Das heißt, nach einem genauen Vergleich der Lebensweisen fielen keine anderen Faktoren ins Gewicht, außer vielleicht der, daß die Verstorbenen starke Raucher waren. Nach erschöpfender statistischer Auswertung der Daten bestand kein Zweifel mehr, daß der Fisch irgendwie für den Schutz der Männer verantwortlich war, die nicht am Infarkt starben.

Die Forscher kamen zu dem Schluß, daß der regelmäßige Verzehr einer gewissen Menge Fisch, und sei sie auch bescheiden, diesen Schutz bieten könne. Wieviel würde genügen? Denken Sie daran, daß Sie um so besser geschützt sind, je mehr Fisch Sie essen. Andererseits wäre man beim oben beschriebenen Versuch schon mit zwei Fischmahlzeiten pro Woche als Fischesser eingestuft worden.

Weitere Beweise für die günstige Wirkung von Fisch liefert uns Japan, dessen Einwohner sich ebenfalls einer niedrigen Herzkrankheitsrate erfreuen. Liegt das nun ausschließlich an der fettarmen, an Reis und Gemüse reichen Nahrung? Entsprechende Forschungen zeichnen ein anderes Bild. Es stimmt natürlich, daß eine fettarme Kost das Krankheitsrisiko eher vermindert als eine fettreiche, aber in Japan hat es sich erwiesen, daß dort die Infarktrate mit Todesfolge am niedrigsten ist, wo regelmäßig Fisch verzehrt wird.

Die meisten Experten sind sich heute einig, daß die schützende Wirkung des Fischverzehrs den mehrfach ungesättigten Omega-3- Fettsäuren zu verdanken ist, die fast nur in Meerestieren vorkommen. Spuren davon sind auch in gewissen Pflanzen zu finden, aber die Hauptquelle dieser Fettsäuren ist und bleibt der Fisch.

Unter den gesamten Omega-3-Fettsäuren im Fisch sind zwei Arten vorherrschend: EPA, kurz für *eicosapentanoic acid*, und DHA, *docosahexaenoic acid*. Die Fachleute neigen zwar zu der Ansicht, daß die EPA für die günstige Wirkung des Fischöls verantwortlich ist, aber trotzdem spielt die DHA vielleicht eine ebenso wichtige Rolle.

Unter Umständen sind außer den Omega-3-Fettsäuren auch noch

andere Bestandteile im Fisch von Bedeutung. Der Schutz, den die Eskimos genießen, gründet sich auf eine Kost, die sich fast ausschließlich aus fettem Fisch und anderen Produkten tierischer Herkunft zusammensetzt, während die Männer von Zutphen überwiegend mageren Fisch wie zum Beispiel Kabeljau aßen. Mit anderen Worten: Vieles liegt noch im dunkeln. Aber wir wissen, daß eine Ernährung mit zwei bis drei Fischmahlzeiten pro Woche gut fürs Herz ist.

Die im folgenden abgebildete Tabelle gibt Aufschluß über den Ölgehalt häufig verzehrter Speisefische. Da wir von den Eskimos gelernt haben, suchen wir uns die Sorten aus, die viel Öl enthalten, wie Lachs, Makrele, Anchovies und Sardinen. Andererseits brauchen wir auf Kabeljau oder Heilbutt nicht etwa zu verzichten, weil ihr Ölgehalt zu gering wäre. Wie bei allen Nahrungsmitteln sollten wir auch beim Fisch Vielfalt walten lassen. Zu dieser Vielfalt gehören selbstverständlich auch Schalentiere. Wie bereits weiter vorn dargelegt, können alle Schalentiere, selbst Hummerkrabben, in eine cholesterinarme Diät aufgenommen werden. Dr. William Conner vom gesundheitswissenschaftlichen Institut der Universität von Oregon hat die Vermutung geäußert, eine nachteilige Wirkung des in Hummerkrabben enthaltenen Cholesterins werde womöglich durch das Vorhandensein der Omega-3-Fettsäuren ausgeglichen, obgleich diese Delikatessen nur winzige Spuren des Fettes enthalten. Er sieht keinen Grund dafür, warum man Hummerkrabben nicht genauso viertelpfundweise essen sollte wie Hühnerbrust oder Fisch. Austern, Miesmuscheln, Venusmuscheln und Kammuscheln enthalten sehr wenig Cholesterin und buchstäblich kein Fett. Stippen Sie sie aber nicht in Butter!

Dennoch gibt es ein paar Meeresgerichte, die mit größter Vorsicht zu genießen sind. Kaviar ist sowohl reich an Fett wie auch an Cholesterin. Denn meisten von uns ist er allerdings zu teuer, so daß er ohnehin selten gegessen werden dürfte; wenn ich aber einmal bei einer besonderen Gelegenheit Beluga-Kaviar angeboten bekomme, weise ich ihn bestimmt nicht zurück! In einer 100-g-Portion Tintenfisch ist fast genausoviel Cholesterin enthalten wie in einem großen Ei. Das macht ihn für uns zu einem eher seltenen Genuß. Das gleiche gilt für Abalone, die in jeder 100-g-Scheibe über 100 mg Cholesterin enthält, und ganz besonders dann, wenn sie auch noch schwimmend in Fett gebacken oder in Butter gebraten wird. Sollten Sie jedoch einmal frische Abalone auf einer Speise-

Omega-3-Fettsäurengehalt von Fisch*

Sardinen	5,1	Blaubarsch	1,2
Rotlachs	2,7	Pazifikmakrele	1,1
Atlantik-Makrele	2,5	Streifenbarrel	0,8
Königslachs	1,9	Gelbflossen-Thunfisch	0,6
Hering	1,7	Pollack	0,5
Seeforelle	1,4	Bachforelle	0,4
Thunfisch	1,3	Barsch	0,3
Heilbutt	1,3	Steinbeißer	0,2

* in Gramm pro 100 g.

karte finden, greifen Sie ruhig zu. Lassen Sie nur den Koch bitten, sie statt in Butter in etwas Olivenöl zu braten.

Die in diesem Buch angeführten Rezepte dürften Ihnen neue Perspektiven der Fischzubereitung eröffnen. Oder sollte man noch mehr zum Schutz vor Herzkrankheit tun und Fischölkapseln schlucken? Praktisch jeder Mediziner ist der Auffassung – und ich bin der gleichen Meinung –, daß man Fischöl am besten durch vermehrten Fischverzehr zu sich nimmt.

Zum einen müssen diejenigen, die Fischölkapseln einnehmen, immer noch darauf achten, was sie im übrigen essen. Es hat wenig Sinn, weiterhin Speisen mit einem hohen Gehalt an gesättigten Fettsäuren zu essen und dann ein paar Fischölkapseln zu schlucken in der Hoffnung, damit die Wirkung des Fetts wieder aufzuheben. So eingenommen können Fischölkapseln den Cholesterinspiegel sogar erhöhen, statt ihn zu senken. Fischöl allein, ob aus einer Fischmahlzeit oder einer Kapsel, hat überhaupt keine cholesterinsenkende Wirkung. Die Schutzwirkung beruht, wie zuvor erklärt, auf der herabgesetzten Blutgerinnung. Immerhin senken die Öle den Triglyceridspiegel bei Menschen mit erhöhten Werten dieser Blutfettart.

Fisch ist ein wunderbarer Nährstofflieferant; er enthält eine Vielzahl von hochwertigen Eiweißstoffen und Vitaminen. Fischölkapseln hingegen haben keinen großen Nährwert.

Zu viele Fragen sind noch offen, um Fischölkapseln blindlings zu empfehlen. Wie viele Kapseln sollten täglich eingenommen werden?

Wie hoch sollte der EPA-Gehalt in jeder Kapsel sein? Sollte die Kapsel auch DHA enthalten? Soll jemand, der auf Anraten seines Arztes Aspirin nimmt, trotzdem auch noch Fischölkapseln schlucken, obwohl er weiß, daß beide Mittel gerinnungshemmend wirken? Dürfen schwangere Frauen und stillende Mütter oder Frauen, die sich ein Kind wünschen, solche Kapseln einnehmen, obwohl noch keine Daten über deren Unbedenklichkeit vorliegen? Unter dem Strich ist festzustellen, daß wir in Sachen Fischölkapseln mehr Fragen als Antworten haben.

Die Eskimos essen Fisch und nicht etwa Kapseln. Ebenso die Japaner und die Holländer. Warum nicht auch wir?

Ich kenne eine Menge Leute, die nach eigenen Angaben gern viel Fisch essen, aber nur in Restaurants. Sie verstehen sich weder auf den Kauf noch auf die richtige Zubereitung von Meeresfrüchten und trauen sich nicht zu, einfach einen Versuch zu wagen. Ich hoffe, die Rezepte in diesem Buch erleichtern Ihnen den Einstieg in ein Leben mit Fisch- und Schalentiergerichten sowohl zu Hause als auch auswärts.

Der erste Schritt ist der in ein Fischgeschäft, auf den Fischmarkt oder an die gutsortierte Fischtheke in der Lebensmittelabteilung eines Kaufhauses, wo der Absatz gut ist und Sie sicher sein können, stets frischeste Ware zu erhalten. Sobald Sie das Verkaufspersonal am Fischstand näher kennen und ihm vertrauen, können Sie sich erkundigen, welcher Fisch tagesfrisch ist und um Tips für die Zubereitung bitten. Bis Sie dieses Vertrauensverhältnis aufgebaut haben, hier ein paar Hinweise, wonach Sie Ausschau halten und was Sie vermeiden sollten. Zur Erhaltung der Frische und Saftigkeit sollte Fisch in Kästen mit zerstoßenem Blockeis ausliegen, aber weder direkt auf dem Eis noch im Schmelzwasser. Bewahren Sie Fisch zu Hause im kältesten Fach des Kühlschranks auf. Sehen Sie zu, daß Ihr Fisch festes, elastisches Fleisch von schöner, durchsichtiger Färbung und frischer Feuchte hat. Frischer Fisch darf nicht fischig riechen. Abgepackter Fisch ist meist mit einem Frischestempel versehen, an den Sie sich halten können. Finger weg von Fisch, der weich und schwabbelig aussieht, eine milchige Farbe hat, angetrocknet ist und einen unangenehmen Fischgeruch verströmt.

Der beste Rat, den ich Ihnen in bezug auf die Zubereitung von Fisch geben kann, ist der: Garen Sie ihn nicht zu lange. Mehr als andere Nahrungsmittel trocknet Fisch sehr leicht aus. Ich glaube wirklich, einige Leute mögen nur deshalb keinen Fisch, weil sie nie Gelegenheit hatten, ihn richtig zubereitet zu genießen. All die Gründe, die solche Leute für ihre Abneigung gegen Fisch anführen – fischiger Geschmack, Pappigkeit, Geschmacklosigkeit, kein Biß – lassen auf eine schlechte Fischauswahl und -zubereitung schließen.

Auf der ganzen Welt wird Fisch roh gegessen. Nicht, daß ich Ihnen den Genuß von rohem Fisch nahelegen würde, aber er hat von Natur aus ein delikates, würziges Aroma. Warum sonst wären die japanischen Spezialitäten *Sushi* und *Sashimi* so beliebt! In den meisten Fischkochbüchern sind Fischgarzeiten von 10 Minuten pro 3 cm Dicke unabhängig von der Zubereitungsart angegeben. Meines Erachtens ist das zuviel. Man darf auch nicht vergessen, daß ein Stück Fisch inwendig noch weitergart, bis es aufgetragen ist.

Alles in allem bin ich persönlich der Meinung, daß Fisch am besten schmeckt, wenn er über Holzkohle gegrillt wird. Dadurch bleibt er saftig und nimmt einen köstlichen Geschmack an. Und nichts ist einfacher. Selbst das Bestücken des Grills mit Holzkohle ist an einem schönen Abend im Freien ein reines Vergnügen. Bei unfreundlicher Witterung sollten Sie lieber den Grill Ihres Küchenherdes benutzen. In beiden Fällen ist jedoch eine Garzeit von acht Minuten pro 3 cm Dicke völlig ausreichend. Je nach Hitzegrad über der Holzkohle oder unter dem Küchengrill verkürzt sich diese Zeit unter Umständen sogar noch.

Trockener Fisch wie beispielsweise Heilbutt muß auf beiden Seiten mit etwas Öl eingepinselt werden. Lachs ist ebenso schön »geädert« wie ein gutes Steak und braucht kein zusätzliches Öl.

Probieren Sie möglichst viele Fischzubereitungsarten aus. Durch jede erhält der Fisch eine eigene Beschaffenheit und, wie ich meine, ein besonderes Aroma. Wenn Sie Fisch noch nie pochiert haben, dann versuchen Sie es einmal damit.

Von allen Fischzubereitungsarten ist die folgende zwar die ungewöhnlichste, aber doch hervorragend dazu geeignet, eine große Schar von Gästen mit einem Fischgericht zu erfreuen. Wählen Sie einen großen Lachs oder einen anderen ganzen Fisch aus und rechnen Sie pro Person etwa 200 g. Kaufen Sie den frischesten Fisch, den Sie finden können. Wickeln Sie ihn mit ein paar dünnen Zitronenscheiben in Alufolie und schieben Sie ihn dann in eine große verschließbare Plastiktüte, die Sie sorgfältig verschließen. Und jetzt hinein mit dem Fisch in die Geschirrspülmaschine! Nach einem Spül- und Trockengang ist Ihr

Fisch wunderbar und genau im richtigen Augenblick servierfertig. Legen Sie ihn auf eine Platte, tragen Sie ihn auf und nehmen Sie mit Genuß die Komplimente für Ihre Kochkünste entgegen. So gelingt der Fisch immer!

Was ist mit den Resten? Übriggebliebener Fisch läßt sich auf zweierlei Art verwerten. Erstens: Schneiden Sie von Fischsteaks oder -filets, die Ihnen zu groß sind, die Stücke ab, die Sie nicht gleich essen wollen. Wickeln Sie diese Stücke in Frischhaltefolie und frieren Sie sie dann in einem Tiefkühlbeutel ein. Haben Sie auf diese Weise das eine Mal ein wenig Fisch und das andere Mal eine überzählige Garnele oder Kammuschel aufgehoben, steht Ihnen irgendwann eine hübsche Tiefkühlauswahl an Meeresfrüchten zur Verfügung, aus denen Sie eine Fischsuppe wie etwa Bouillabaise herstellen können. Oder Sie bereiten aus Fischresten am nächsten Tag ein kleines Mittagessen zu. Zerkleinern Sie den Fisch und verwenden Sie ihn wie Hühnerfleisch für Sandwiches oder einen Salat. Fisch braucht Ihnen wirklich nicht zu verderben!

Alle Fischsorten und Schalentiere sind in Geschmack und Textur unverwechselbar; trotzdem lassen sich die Meeresgenüsse auf vielerlei Art würzen. Für diesen Fall sollten Sie mit allen nötigen Zutaten eingedeckt sein, um sich ein schmackhaftes Gericht herstellen zu können. Zitronen sind immer gut, aber zur Abwechslung können Sie auch mal Limetten oder Orangen nehmen. Frische Fischfilets, die vor dem Grillen mit einem guten Dijon-Senf bestrichen werden, entfalten ein wunderbares Aroma. Besonders gut zu Fisch und Meeresfrüchten passen Gewürze wie schwarze Pfefferkörner, frischer Knoblauch, frischer oder kandierter Ingwer, Petersilie, Dill und scharfe Pfefferschoten. Zum Braten eignet sich nach meinem Dafürhalten Olivenöl am besten. Verwenden Sie einen guten Weißwein, um Fisch garziehen zu lassen. Fisch im *Teriyaki*-Stil ist eine leckere Alternative zu Huhn. Probieren Sie Essigsorten aus, die nicht alltäglich sind, und lassen Sie sich überraschen. Vergessen Sie aber nicht, daß Fisch mit sehr wenig Würze auskommt; sein delikates Aroma sollte nicht überdeckt werden.

Nehmen wir nun die Garmöglichkeiten für Fisch und Meeresfrüchte etwas genauer unter die Lupe.

- GRILLEN AUF DEM ROST (BARBECUE): Hierbei wird der Fisch bei trockener Hitze auf offenem Grill über der Heizquelle gegart, die mit Holzkohle, Gas oder elektrisch betrieben wird. Dazu ist ein Lagerfeuer ebenso geeignet wie ein gemauerter offener Kamin mit Grillrost oder ein gußeiserner Fertiggrill. Das Grillen ist eine schnelle und effektive Methode zum Fischgaren. Draußen im Freien zu kochen macht im allgemeinen großen Spaß. Probieren Sie es einmal damit, einige Hartholzspäne in Wasser einzuweichen und dann auf die Holzkohlen zu legen; dadurch bekommt der Fisch ein volles, rauchiges Aroma.

● Grillen durch Strahlungswärme: Statt über der Heizquelle wird das Grillgut von oben durch Strahlungswärme gegart, meist in einem Backofen mit Grillvorrichtung. Lachs und andere fette Fischsorten geben unter Umständen eine Menge Fett ab, das leicht raucht. Vergessen Sie nicht, es aufzufangen, ehe es auf dem Backofenboden verschmort.

● Backen auf dem Rost: Auch bei dieser Methode handelt es sich um Garen in trockener Hitze. Am besten backen Sie den Fisch auf dem Bratrost, damit er keinen Saft zieht; schieben Sie aber für alle Fälle die Fettpfanne unter den Rost, falls es tropft. Bei starker Hitze um 230 Grad wird der Fisch schnell gar. Rechnen Sie lieber nur 8 Minuten pro 3 cm Dicke statt der üblichen 10.

● Pochieren: Diese Garmethode ist buchstäblich narrensicher. Fisch oder Meeresfrüchte werden in einen Sud gelegt und ziehen darin bei einer Temperatur knapp unter dem Siedepunkt gar. Pochieren können Sie im Backofen oder auf der Herdplatte, zugedeckt oder offen. Brühe unterschiedlichster Art – mit Essig, Wein oder Sojasauce – verleiht dem Gericht einen feinen, unverwechselbaren Geschmack.

● Dämpfen: Dabei werden Fisch oder Meeresfrüchte in einem Drahtkorb oder Edelstahleinsatz im Dampf über kochendem Wasser gegart. Gedämpfter Fisch braucht nicht fade zu sein: Zwiebeln, Zitronenscheiben und Gemüse können zum Würzen obenauf mitgegart werden.

● Pfannenrühren: Kleine Stückchen Fisch, Garnelen oder andere Meeresfrüchte werden in einem Wok (einer chinesischen Pfanne) in einer Spur von Erdnuß- oder anderem Öl unter Rühren schnell und köstlich gebraten. Bereiten Sie Gemüse ebenfalls darin zu, dann haben

Sie wenig Abwasch. Garen Sie Fisch und Meeresfrüchte gerade so lange, bis das Fleisch seine Durchsichtigkeit verliert und sich weißlich färbt.

- Braten im Backofen: Wenn Sie gern knusprig Gebratenes essen, das Fett jedoch verabscheuen, ist dies Ihre Garmethode. Panieren Sie Fischstücke oder Meeresfrüchte mit Semmelbröseln, Maismehl, Haferkleie oder Brotkrumen, träufeln Sie tropfenweise Olivenöl darüber und bakken Sie sie im heißen Ofen bei 230 Grad so lange, bis die Kruste knackig gebräunt ist. Servieren Sie dazu eine passende Sauce.

- Marinieren: Fisch, den Sie in Essig, Zitronensaft oder ein anderes Säuerungsmittel einlegen, »gart« ohne Hitze. Die Säure verändert die Eiweißstruktur in ähnlicher Weise wie Hitzeeinwirkung. Obgleich das Risiko gering ist, werden bei dieser Zubereitungsart nicht alle Mikroorganismen abgetötet. Marinieren vor dem Kochen verleiht dem Fisch ein delikates Aroma.

- Mikrowellengaren: Fisch wird auf höchster Stufe in nur 3 bis 5 Minuten gar, je nach Größe und Leistung des Mikrowellengerätes. Bei größeren Fischmengen ist eine entsprechend längere Garzeit erforderlich.

- Schmoren: Selbst wenn Sie nie in Ihrem Leben Fisch zubereitet haben, aber sich in der Herstellung von Schmorgerichten und Suppen auskennen, werden Sie bei Ihrem ersten Versuch mit Fischsuppen und -eintöpfen Erfolg haben. Denken Sie nur daran, daß Fische und Meeresfrüchte zart sind und sehr kurze Garzeiten beanspruchen. Kochen Sie also zuerst das Gemüse und andere Zutaten an und lassen Sie Fisch und Schalentiere erst zum Schluß einige Minuten mitgaren. Eine einfache und doch elegante Zubereitungsart.

Wenn Sie die verschiedenen Arten von Fisch und Meeresfrüchten mit der Anzahl der Zubereitungs- und Würzmethoden multiplizieren, die Ihnen zur Verfügung stehen, wird Ihnen klar, daß Sie dieser schmackhaften Nahrung nie überdrüssig werden. Was den erlesenen Geschmack, den Nährwert und den Gesundheitswert fürs Herz angeht, sind Fisch und Meeresfrüchte unübertroffen.

Der Einkaufszettel

Vor einigen Jahren, als ich erfuhr, daß der Cholesterinspiegel meines siebenjährigen Sohnes Ross leicht erhöht war, erklärte ich ihm, es würde mit der Zeit immer einfacher, sich herzgesund zu ernähren. Mehr und mehr Leute seien dabei, ihre Eßgewohnheiten zu ändern, und die Nachfrage nach fett- und cholesterinarmen Nahrungsmitteln würde stetig steigen. Die Lebensmittelindustrie mit ihrem Riecher für Marktnischen würde dieser Nachfrage bald entsprechen. Voller Freude konnten wir beobachten, daß es so ist, und heute füllen tatsächlich neue, verbesserte Nahrungsmittel die Regale. Inzwischen stehen soviel fett- und cholesterinarme Produkte zur Wahl wie nie zuvor.

Milchprodukte

Wie fettarm mögen Sie's? Die Skala reicht von Vollmilcherzeugnissen bis hin zu vollkommen fettfreien Produkten. Gewöhnen Sie sich ganz allmählich fettreiche Milchprodukte ab, ohne sich damit zu quälen oder gleich wieder aufzugeben. Wenn Sie jetzt noch Vollmilch (3,5 %) verwenden, mischen Sie sie zu Anfang mit fettarmer Milch (1,5 %), so daß der Gesamtfettgehalt nur noch etwa 2 Prozent beträgt, um dann zu fettarmer und zuletzt auf Magermilch überzugehen. Wie das alte Sprichwort sagt: Wer langsam geht, kommt auch ans Ziel!

Bei anderen Milcherzeugnissen ist es nicht notwendig, einen schrittweisen Wechsel vorzunehmen. Hier können Sie schon beim nächsten Gang zum Supermarkt etwas ändern. Greifen Sie zum Beispiel zu Magerquark statt zu 20- oder 40prozentigem Quark. Sie brauchen das viele

Fett nicht; wenn Ihnen der Magerquark nicht sämig genug ist, verrühren Sie ihn mit etwas Magerjoghurt.

Saure Sahne ist mit ihren 10 Prozent Fett ein fettreiches Produkt, aber nicht zu verwechseln mit der noch erheblich fetteren Crème fraîche, mit Schmand oder sogenanntem Sauerrahm. Sie können den Fettgehalt von saurer Sahne reduzieren, indem Sie mindestens zur Hälfte Magerjoghurt hineinrühren. Mit gehacktem Schnittlauch gewürzt schmeckt sie ganz vorzüglich zu einer dampfenden Backkartoffel.

Magerjoghurt gibt es in vielen köstlichen Variationen. Er hat eine so sahnige Konsistenz, daß ich gar nicht wüßte, warum ich statt dessen fetteren Joghurt kaufen sollte. Lassen Sie sich nicht durch den Vermerk »Verdickungsmittel« auf dem Becher schrecken. Dabei handelt es sich meist um das Guarkernmehl, von dem bereits die Rede war.

Zum Nachtisch sollten Sie lieber gefrorenen Magerfruchtjoghurt servieren statt normaler Eiscreme, denn selbst das fettärmste Speiseeis kommt nicht mehr in Frage, wenn man einmal weiß, was das gesättigte Fett den Arterien antut. Meine Kinder sind ganz versessen auf Magerjoghurteis und vermissen das normale Eis überhaupt nicht.

Käse ist für einen Großteil der gesättigten Fette und des Cholesterins in unserer Nahrung verantwortlich. Obwohl etliche auf 25 bis 30 Prozent Fett reduzierte Käsesorten im Handel sind, ist Vorsicht geboten. Fettarm ist eigentlich nur Harzer, Mainzer, Korbkäse und dergleichen.

Die Milchindustrie suggeriert gern durch Worte wie *Land*milch, *Alpen*sahne usw., ihre Vollmilchprodukte seien ein Stück echte Natur und daher besonders gut. Dabei sind gerade diese Erzeugnisse meist gefährlich fettreich. Hände weg von Käse »mit frischem Alpenrahm«! 100 g Schnittkäse (45 % Fett i. Tr.) enthalten etwa 350 Kilokalorien, 28 g Fett und mindestens 100 mg Cholesterin. Bei halbfetten Käsesorten ist der Fett- und Cholesteringehalt entsprechend vermindert, während die Kalorien nur um etwa ein Drittel reduziert sind. Weitaus gesünder sind Käse-Imitate, bei denen das tierische Fett durch pflanzliches ersetzt ist. Sie sind in den Vereinigten Staaten bereits auf dem Markt, lassen hierzulande jedoch noch auf sich warten. Manche Soja- und Tofuprodukte sind ein recht schmackhafter Käseersatz und durch die ausschließliche Verwendung ungehärteter Pflanzenöle cholesterinfrei. Informieren Sie sich darüber im Reformhaus oder Bioladen, und lesen Sie auf jeden Fall die Packungsangaben genau, ehe Sie ein solches Produkt kaufen.

Besonders aufpassen müssen Sie auch bei Kaffeesahne. Bekanntermaßen enthält normale Kondensmilch reichlich Fett und Cholesterin. Deshalb versuchen die Hersteller, den Cholesterinbewußten ihre cholesterinfreien vegetabilen Ersatzprodukte schmackhaft zu machen, vergessen aber meist zu erwähnen, daß diese häufig mit tropischen Ölen wie Kokosöl versetzt sind. Denjenigen, die gern Milchkaffee trinken, kann ich zwei Vorschläge machen. Zum einen tut Magermilchpulver im Kaffee ebensogute Dienste wie Kaffeeweißer. Und zum anderen gibt es »leichte« Kondensmilch in Dosen. Da sie konzentriert ist, hat sie eine sämige Beschaffenheit, ohne fett zu sein. Leichte Kondensmilch kann bei allen Rezepten die Sahne ersetzen. Sie eignet sich zum Beispiel vorzüglich zum Aufschlagen von Kartoffelpüree.

Butter sollte für uns an letzter Stelle auf der Liste der Milcherzeugnisse stehen, denn sie ist gesättigtes Fett und Cholesterin im Reinformat. Sie ist passé und gehört absolut nicht in eine Diät, die der Gesunderhaltung des Herzens dienen soll.

Logischer Ersatz für Butter ist Margarine. Die Margarinen von heute haben ein feines Aroma und eine ebensofeine Beschaffenheit. Nur wenige sind unter Verwendung von Tropenölen hergestellt. Lesen Sie die Packungsangaben aufmerksam. Daß manche in Margarine enthaltenen Pflanzenöle zum Teil gehärtet sind, sollte Sie nicht irritieren, da inzwischen die Unschädlichkeit des Härtens erwiesen ist. Im Hinblick auf eine niedrige Gesamtfettzufuhr sollten Sie jedoch auch bei der Margarine halbfette »Leicht«-Produkte vorziehen.

In Amerika gibt es eine Reihe von Buttererersatzprodukten in Pulverform, die zum Kochen verwendet und gegebenenfalls statt Butterflöckchen auf heiße Gerichte gegeben werden können. Sie haben so klangvolle Namen wie »Butter Buds«, »Molly McButter« oder »O'Butter« und erfüllen offenbar ihren Zweck, den Speisen ein gewisses Butteraroma zu verleihen. Wer sich gesund ernähren will, kommt aber auch gut ohne sie aus.

Fleischprodukte

Die Reduktion des Fett- und Cholesteringehalts in der Nahrung setzen die meisten Leute mit einer drastischen Einschränkung von rotem

Fleisch gleich. Es stimmt zwar, daß Rindfleisch eine der Hauptquellen gesättigter Fettsäuren ist, aber das heißt nicht, daß dieses nahrhafte Fleisch ganz weggelassen werden müßte. Für viele unserer Lieblingsspeisen brauchen wir Hackfleisch, das in der Regel 15 bis 20 Prozent Fett enthält. Aber wir können es leicht ersetzen durch mageres Schabefleisch (Tatar), das an der Fleischtheke des Supermarkts oder beim Metzger stets frisch durchgedreht wird. Ich kaufe es immer gleich kiloweise ein und friere es pfundweise abgepackt ein oder verarbeite es erst zu fertigen Hamburgern und Klopsen, ehe ich es im Tiefkühlschrank verstaue. Eine 100-g-Portion Schabefleisch enthält nur 3 g Fett.

Die einzige Möglichkeit, es noch besser zu machen, ist die, sich vom Metzger helle Putenbrust ohne Haut und Knochen durch den Wolf drehen zu lassen. Abgepacktes Putenhackfleisch besteht meist aus hellem und dunklem Fleisch und ist dadurch erheblich fettreicher. Manche Metzger drehen nicht gern Putenfleisch durch ihre Maschine, weil diese nach jeder Fleischsorte gereinigt werden muß. Ich erleichtere meinem Fleischer die Sache, indem ich wiederum gleich eine größere Menge mageres Putenhackfleisch einkaufe und für späteren Gebrauch einfriere. Und da er einmal dabei ist, lasse ich mir von ihm auch noch ein paar Schnitzel aus der Putenbrust schneiden, die ich bei manchen Rezepten statt des geforderten Kalbfleisches verwende. Kalbfleisch ist zwar magerer als Rindfleisch, aber Putenfleisch ist noch magerer.

Wie steht's denn nun mit einem Steak oder einer Scheibe Braten? Bisweilen kann uns nur ein leckeres Stück Fleisch noch retten. Dabei denke ich besonders an jene Abende, an denen mir der Sinn nach einem offenen Holzkohlenfeuer im Garten steht, über dem ich ein paar Steaks grillen kann. Lange Zeit, nachdem ich mich auf eine herzgesunde, cholesterinarme Ernährung umgestellt hatte, habe ich meinem Steakhunger nur wenige Male im Jahr nachgegeben. Bestimmte Rezepte habe ich zwar mit sparsamen Mengen Rindfleisch zubereitet, aber eine über Holzkohlenglut brutzelnde Scheibe Fleisch habe ich mir nur selten erlaubt.

Mittlerweile genieße ich Steaks und Rostbraten wieder regelmäßig, denn die amerikanischen Fleischproduzenten sind dem Trend zum ganz mageren Fleisch nachgekommen. In den Vereinigten Staaten ist inzwischen »ultramageres« Fleisch von Tieren erhältlich, die ohne Hormone und Antibiotika aufgezogen worden sind. Es gibt Steaks, die ebenso fettarm sind wie Fisch oder Hühnerbrust. Halten Sie die Augen auf, schauen Sie Ihrem Metzger auf die Finger und prüfen Sie auch bekanntermaßen magere Fleischsorten und -stücke genau, ehe Sie zugreifen.

Es hat einige Zeit gedauert, bis mir mein mageres Steak so gelang, wie ich es liebe, denn es gart viel schneller als das normale Fleisch. Ich habe es jedoch geschafft, Magersteaks so zu grillen, daß sie außen brutzeln und innen zart und saftig bleiben. Da sie so mager sind, tritt kein Fett aus, das zischend auf dem Rost verbrennen und den Steaks ihren charakteristischen Feuergeschmack verleihen würde. Deshalb bestreiche ich sie mit etwas Öl, ehe ich sie auf dem Rost hin und her wende. Das Öl verbrennt und macht das Fleisch gerade so knusprig, wie ich es gern mag.

Für mich sind die tiefgefrorenen Steaks im Kühlschrank das schnellste Schnellgericht. Wenn ich keine Zeit habe, mir eine Mahlzeit zuzubereiten, kann ich mir immer ein Steak herausholen und es mir zu einer Backkartoffel und Salat schmecken lassen. Ich lasse es nur im Mikrowellengerät antauen, wodurch es innen gerade richtig rot und zart bleibt, und schiebe es dann sofort unter den Backofengrill.

Schweinefleisch läßt einem kaum eine Wahl, da die meisten Stücke nach wie vor fett sind, allerdings mit Ausnahme von magerem Schweinefilet und Schinken, die Sie sich ruhig ab und zu gönnen dürfen.

Unsere Vorfahren, die Höhlenmenschen, aßen jede Menge Fleisch, aber das war etwas ganz anderes als die heute im Supermarkt erhältliche Ware. Es enthielt viel weniger Fett und wahrscheinlich entsprechend wenig Cholesterin, da es von Wild stammte, das magerer ist als unser Zuchtvieh. Dürfen wir Neuzeitmenschen denn Wild essen? Ja, wir dürfen, auch wenn wir selbst vielleicht keine Jäger sind. Alle Wildarten sind fettarm, ob es sich nun um Reh oder Hirsch, Hase oder Kaninchen, Wildschwein oder auch Jagdvögel handelt, und Sie dürfen nach Herzenslust davon schmausen. Wildfleisch ist in entsprechenden Metzgereien, in den Lebensmittelabteilungen großer Kaufhäuser und in Delikatessenläden erhältlich, zur Jagdsaison auch auf dem Markt.

Was Wurstwaren betrifft, sieht es ziemlich düster aus. Aber noch ist nicht alles verloren für diejenigen, die eine Schwäche für Blutwurst, Bockwurst, Mettwurst und Salami haben. Einige Firmen haben Diät-Fleischerzeugnisse auf den Markt gebracht, bei denen das tierische Fett weitgehend gegen Pflanzenfett ausgetauscht wurde. Manche Hersteller sind auch ganz von dem bei Wurst sonst allgemein üblichen hohen Speckverbrauch abgegangen und verwenden statt dessen nur noch mageres Fleisch. Da der Fettgehalt aber immer noch ziemlich hoch ist, sind auch diese Wurstwaren sparsam zu genießen. Eine recht brauchbare Alternative sind Sojawürste und ähnliche vegetabile Produkte; sie sind cholesterinfrei, enthalten jedoch meist ebenfalls mehr pflanzliche Fette, als bei einer fettreduzierten Diät empfehlenswert ist. Dennoch lassen sie sich sicher hier und da in Maßen verwenden.

Neben Geflügel-, Rind- und Schweinefleisch werden Sie natürlich viel Fisch und Meeresfrüchte in Ihren monatlichen Speiseplan aufnehmen.

Eier liefern zwar ebenso wertvolles Eiweiß wie Fleisch, aber darüber hinaus auch eine Riesenportion Cholesterin im Eigelb. Manche Eierproduzenten behaupten neuerdings, frühere Cholesterinmessungen seien unkorrekt gewesen, denn ein großes Eigelb enthalte »nur« 200 mg Cholesterin statt der zuvor gemessenen 274 mg. Gleichwohl bleibt es dabei, daß Leute, die ihren Cholesterinspiegel unter Kontrolle bringen wollen, maximal 300 mg Cholesterin mit der täglichen Nahrung zu sich nehmen sollten. Selbst ein »cholesterinärmeres« Eigelb liefert demnach schon fast die zulässige Tageshöchstmenge, so daß für den Rest des Tages kaum noch andere Nahrungsmittel tierischer Herkunft eingeplant werden dürften.

An Stelle von Eiern können Sie Ei-Ersatz wie zum Beispiel »Dotterfrei«, »Sibylle-Diät-Ei-Ersatz« usw. oder nur das Eiklar von Hühnereiern nehmen. Ei-Ersatzstoffe sind für viele Rezepte verwendbar und lassen sich zu wunderbaren Omeletts verarbeiten. Das Eiweiß (Eiklar) von Hühnereiern ist absolut cholesterinfrei; bei den meisten Gerichten läßt sich ein Ei ausgezeichnet durch zwei Eiweiß ersetzen.

Wenn Sie Muffins oder andere Leckereien backen wollen, hier ein Kniff, wie das Backwerk leichter und lockerer gerät. Fügen Sie nicht einfach das flüssige Eiweiß zu den übrigen angerührten Zutaten hinzu, sondern schlagen Sie es erst zu Schnee und heben Sie es dann unter den betreffenden Teig. Das bißchen Extraarbeit lohnt sich.

Zum Schluß dürfen bei der Auswahl proteinreicher Nahrungsmittel natürlich die getrockneten Hülsenfrüchte nicht fehlen. Wie bereits an anderer Stelle dargelegt, sind sie außerdem eine hervorragende Quelle löslicher Faserstoffe. Erbsen, Bohnen und Linsen gibt es in einer solchen Vielfalt, daß sie praktisch täglich in den Speiseplan aufgenommen werden können, einmal als Suppe, ein andermal als Eintopf oder Schmorgericht, dann als Salat und ab und zu als Vorspeise. Die Rezepte in diesem Buch werden Ihnen sicher gute Anregungen geben.

Backwaren und Getreide

Man sollte meinen, bei dieser Nahrungsmittelgruppe liefe man kaum Gefahr, auf den Fett- und Cholesteringehalt achten zu müssen. Leider sind die Lebensmittel dieser Gruppe häufig mit versteckten Fetten belastet. Die einzige Möglichkeit herauszufinden, welche gesund und welche schädlich sind, besteht darin, die Packungsangaben sorgfältig zu lesen.

Eine Sorte von abgepackten Backwaren ist vielleicht unter Verwendung von Sojaöl hergestellt worden, während die andere womöglich tierisches Fett enthält. In manchen Getreideflockenerzeugnissen – auch solchen mit Haferkleie – sind erhebliche Mengen Kokosöl verborgen. Die Inhaltsstoffe von losen Backwaren aus der Bäckerei sind kaum in Erfahrung zu bringen. Viele dieser Produkte sind mit Butter hergestellt.

Glücklicherweise sind jedoch hierzulande viele Brot- und Müslisorten aufzutreiben, die ein wahres Labsal fürs Herz sind.

Haferkleie dürfte natürlich an oberster Stelle auf Ihrem Einkaufszettel stehen. Lesen Sie aber auf jeden Fall die Packungsangaben, damit Sie keine bösen Überraschungen erleben und eine Reihe von unerwünschten Zutaten mitkaufen. Für die Rezepte in diesem Buch brauchen Sie reine Haferkleie und reine Haferflocken. Damit ist jedoch nicht gesagt, daß Sie von Müslimischungen mit einem gewissen Haferkleieanteil ganz absehen sollten. Solche Flockenprodukte bereichern Ihren Speisezettel und sind nährstoffreich, nur liefern sie Ihnen meist nicht die Menge Haferkleie, die Sie pro Tag brauchen.

Sicher werden Sie sich außer Haferflocken auch einen Vorrat von anderen Vollkorn-Getreideflocken anlegen wollen. Beispielsweise ist Weizen, der nur wenig lösliche Faserstoffe enthält, eine ausgezeichnete Quelle unlöslicher Ballaststoffe, und die benötigen wir ja ebenfalls.

Nudeln sind im allgemeinen eine phantastische Möglichkeit, an komplexe Kohlehydrate zu kommen und doch nur wenig Fett und Cholesterin zu sich zu nehmen. Die Auswahl ist riesig. Allerdings sind Eiernudeln wegen ihres Cholesteringehalts problematisch. Hartweizennudeln werden normalerweise ohne Ei hergestellt, verschwinden jedoch immer mehr vom Markt. Trotzdem lohnt sich das Suchen für diejenigen, die sich nicht selbst an die Nudelproduktion wagen wollen. Wer sich doch daran traut, kann jetzt auch Eiernudeln herstellen und dazu einfach cholesterinfreien Ei-Ersatz verwenden. Eine 50-g-Portion reguläre Eiernudeln enthält 50 bis 54 mg Cholesterin, die mit Ei-Ersatz selbstgemachte Sorte kein Gramm. Und dabei schmecken diese Nudeln auch noch köstlich!

Ei-Ersatz bekommen Sie im Reformhaus und in größeren Lebensmittelläden, die becel-Diätprodukte vertreiben.

Obst und Gemüse

Bei dieser Nahrungsmittelgruppe sind uns keinerlei Einschränkungen auferlegt. Ernährungswissenschaftler haben ausgerechnet, daß Erwachsene jeweils mindestens zwei Portionen Obst und Gemüse pro Tag brauchen. Mit der Betonung auf *mindestens.* Je nach Ihrem Kalorienbedarf können Sie so viele Portionen essen, wie Sie wollen.

Schöpfen Sie aus dem vollen. Suchen Sie sich Läden oder Marktstände, die die größte Auswahl bieten. Wenn Sie nicht wissen, was Sie mit exotischen Genüssen anfangen sollen, bitten Sie den Verkäufer um Rat. Das Frischeste ist immer das Beste. Dann haben die Früchte und Gemüse den höchsten Nährwert und den feinsten Geschmack. Das Nächstbeste sind Tiefkühlfrüchte und -gemüse, die Notlösung Obst und Gemüse in Gläsern und Dosen. Achten Sie bei Dosenfrüchten darauf, daß sie statt in Zuckersirup in Wasser oder im eigenen Saft eingemacht sind, und bei Konservengemüse auf den Salzgehalt.

Obst und Gemüse sind absolut cholesterinfrei, und nur Oliven und Avocados sind durch ihren hohen Prozentsatz an Öl sehr kalorienreich. Da Guacamole eins meiner Leibgerichte ist, ich die Zahl der Avocados auf meinem Speisezettel jedoch niedrig halte, haben wir in diesem Buch ein schönes Rezept angeführt für eine Art »Guacamole« ohne Avocados.

Fast jedes Restaurant hat eine Salatplatte in seinem Speisenangebot. Auf Wunsch wird sie sicher ohne die obligate Essig-Öl-Sauce serviert, so daß Sie sich den Salat am Tisch selbst anrichten können. Auch eine Auswahl von Früchten oder Obstsalat dürfte in guten Lokalen zu bekommen sein. Aber Sie brauchen gar nicht zu warten, bis Sie zum Essen ausgehen. Schneiden Sie zwei oder drei verschiedene Obstsorten in Scheiben, die Sie dekorativ auf einem Salatblatt arrangieren, und geben Sie in die Mitte eine kleine Schale mit Joghurt oder Hüttenkäse. Selbst Kinder haben ihre Freude an dem köstlichen Anblick und lassen es sich schmecken.

Desserts

Ich muß gestehen, daß ich immer noch den Desserts im Restaurant nachtrauere. Obgleich ich Früchte und Beerenobst gern mag, läuft mir doch beim Gedanken an all die sahnig-süßen, kunstvollen Schöpfungen das Wasser im Mund zusammen. Vielleicht bietet das eine oder andere Restaurant eines Tages gesündere Versionen dieser Köstlichkeiten an. Bis dahin genießen wir die süßen Sachen lieber zu Hause.

Im Rezeptteil finden Sie Vorschläge für ein paar herrliche Desserts, und vergessen Sie nicht, daß sich die Süßspeisenrezepte anderer Kochbücher meist leicht abwandeln lassen. Die Hälfte des für einen Kuchen angegebenen Mehls könnten Sie beispielsweise gegen Haferkleie austauschen; das geht besonders gut bei schweren, feuchten Kuchen wie Möhrentorte und Bananenbrot. Verwenden Sie statt ganzer Eier das Eiklar oder einen Ei-Ersatz. Ersetzen Sie Butter durch Margarine oder Öl; häufig kommen Sie auch mit erheblich weniger Fett aus als im Rezept angegeben.

Auch das Dessertangebot der Supermärkte hat sich dank Weight Watchers und anderer Anbieter gebessert; Fruchteis, Sorbets und anderes Saftgefrorene sind keine Seltenheit mehr und schmecken köstlich.

Gefrorener Magerjoghurt ist ein ausgezeichneter Ersatz für Speiseeis. Geben Sie Beerenobst darüber oder ein paar Tropfen Likör. Fettfreier gefrorener Himbeerjoghurt mit frischen Himbeeren und einem Spritzer Himbeergeist ist ein Gedicht, dem ein feines, mit Crème de Menthe beträufeltes Bourbonvanille-Joghurteis in nichts nachsteht.

Vermissen Sie Schlagsahne? Probieren Sie cholesterinfreie Sahneersatzcremes aus oder schlagen Sie aus Eiklar, feingeriebenem Apfel und Zucker sogenannten »Hexenschnee«, der zwar nicht gerade kalorienarm, dafür aber vollkommen fett- und cholesterinfrei ist.

Ab und zu kann man um gehaltvolle, zuckerschwere Torten nicht herumkommen. An Geburtstagen, Jubiläen und anderen hohen Festen ist einfach etwas elaborates Süßes angesagt. Das ist jedoch meistens gespickt voll mit Fett und Cholesterin. Versuchen Sie es mal mit eigenen Neuschöpfungen ohne gefährliche Inhaltsstoffe: Backen Sie mit Ei-Ersatz statt Ei und wenig Margarine statt Butter eine biskuitartige Torte, die Sie mehrmals aufschneiden und mit schaumig aufgeschlagener Buttermilch- oder Magermilchfruchtcreme (mit Gelatine zubereitet) und Beerenobst oder Kirschen füllen. Die Torte wird auch von außen mit dieser Creme bestrichen und hübsch dekoriert – ein sahnig-fruchtiger Genuß ohne Reue!

In unseren Bioläden und Reformhäusern läßt sich manches Gute für Leckermäuler finden – Müsliriegel, Haferkleieplätzchen und ähnliches. Allerdings sollten Sie sich stets die Zutatenliste durchlesen, um vor Überraschungen sicher zu sein. Vielseitig verwendbar sind auch die im Reformhaus erhältlichen Fruchtschnitten, die aus Oblaten und dem Mark verschiedener Trockenfrüchte hergestellt werden. Mit Haselnußmark oder Honigmarzipan gefüllte Fruchtriegel sind wegen ihres relativ hohen Fettgehalts weniger empfehlenswert, aber doch gelegentlich erlaubt.

Seien Sie skeptisch, was manche Imbißstuben, Bistros und Salatbars betrifft, die angeblich »Gesundkost« anbieten. Häufig ist das Gebotene gar nicht so gesund und unter Umständen mit Tropenölen versetzt, für die Sie gewiß nichts übrig haben. Lassen Sie sich auch nicht durch Worte wie »biologisch« oder »naturbelassen« zum Narren halten. Lesen Sie auf jeden Fall die Etiketten.

Küchengeräte

Die beste Investition für den Fall, daß Sie sich fortan gesund ernähren wollen, sind gute Küchengeräte. Wahrscheinlich werden Sie Einsparungen im Haushaltsbudget verzeichnen, je weniger weiterverarbeitete Nahrungsmittel und Fertiggerichte Sie einkaufen. Legen Sie dieses Geld doch in einem Küchengerät an, das Ihnen den Umgang mit unterschiedlichsten Lebensmitteln erleichtert! So kommt nach und nach einiges Nützliche zusammen, und damit wächst auch die Freude an einer fettarmen Kost.

Als Anfänger können Sie eine Menge Fett einsparen, wenn Sie beschichtete Pfannen benutzen (z. B. Teflon). Sie könnten durchaus zwei oder drei Pfannen unterschiedlicher Größe zum Backen und Braten gebrauchen.

Scharfe Messer verkürzen die zum Zerschneiden, Zerkleinern und Hacken von Gemüse und Obst nötige Zeit. Und eine gute Messerkollektion hält ein Leben lang. Außerdem sorgt ein solides Gerät zum Messerschärfen, manuell oder elektrisch betrieben, für scharfe, einsatzbereite Klingen.

Früher einmal waren Küchenmaschinen ein teurer Luxusartikel. Das hat sich inzwischen geändert, und es gibt Hunderte von Arbeitsgängen, die sie einem abnehmen können. Zum Beispiel lassen sich damit die Gemüse für ein chinesisches Pfannengericht in Minutenschnelle vorbereiten.

Mit einem Maisröster, der mit Heißluft arbeitet, ist schnell fettfreies Popcorn zum Knabbern am Nachmittag hergestellt. Ich gebe ein paar Flöckchen Diätmargarine auf das heiße Popcorn, fülle es in eine große Papiertüte, streue etwas Salz darüber und schüttele es gut durch. Sollten Sie Ihren Salzkonsum strikt einschränken, können Sie einfach ein wenig Mischgewürz untermengen.

Backbleche für Muffins bekommen Sie in großen Kaufhäusern oder gut sortierten Fachgeschäften. Eine lohnenswerte Anschaffung!

Falls Sie noch keinen Dämpftopf zum Fisch- und Gemüsegaren besitzen, sollten Sie sich einen zusammenfaltbaren Edelstahleinsatz zum Dämpfen zulegen, der in einen größeren Topf mit Deckel paßt.

Nun zu ein paar ausgefalleneren Geräten. Nudeln sind ein Grundnahrungsmittel, frische Pasta hingegen eine reine Gaumenfreude. Mittlerweile gibt es zwar frisch hergestellte Nudeln aus der Kühltheke zu kaufen, aber leider enthalten sie meist Eier und befrachten ein ansonsten gesundes Nahrungsmittel mit reichlich Cholesterin. Die beste Lösung ist die, sich eigene Nudeln herzustellen. Nudelmaschinen sind nicht billig, aber in der Haushaltsabteilung eines jeden gut sortierten Kaufhauses zu bekommen. Die Anschaffung lohnt sich, auch wenn Sie vielleicht meinen, die Maschine nur selten zu benutzen. Wenn Sie gern Nudeln essen, werden Sie bald die selbsthergestellten unübertroffen finden. Übrigens helfen Kinder nur zu gern bei der Nudelfabrikation!

Wir essen, weil es uns schmeckt. Sicher, wir wissen, daß unsere Nahrung die Nährstoffe liefert, die wir für unsere Gesundheit, unser Wachstum und Gedeihen brauchen. Aber ohne Ihnen etwas einreden zu wollen, essen wir letztendlich nur, weil es unseren Gaumen so angenehm kitzelt. Speisen, die wir nicht mögen, streichen wir einfach aus unserem Speisezettel. Die wenigsten Leute essen bestimmte Nahrungsmittel nur, weil sie angeblich »gut für sie« sind.

Wir wissen heute, daß eine Vielzahl von Nahrungsmitteln gut für uns ist. Und manche dieser Nahrungsmittel können sogar den Cholesterinspiegel senken. Doch sie müssen uns auch schmecken, wenn wir sie regelmäßig zu uns nehmen wollen.

Damit befaßt sich der folgende Teil dieses Buches. Die hier aufgeführten Rezepte dienen der möglichst schmackhaften Zubereitung gesunder Speisen. Ob es sich ums Frühstück, Mittag-, Abendessen oder Snacks handelt, was immer Sie in der Küche zaubern, wird Ihnen auf eine köstliche Weise bei der Cholesterinkontrolle helfen.

TEIL II

Fett, das nicht »zählt«

Ich rechne mir bei allen Rezepten in Büchern und Zeitschriften die Fettmengen in der Liste der Zutaten aus. Wenn das Fett nicht in Gramm angegeben ist, versuche ich eben, die Menge selbst zu bestimmen. Wird zum Beispiel bei einem Rezept ein Eßlöffel Öl verlangt, weiß ich, daß das etwa 14 g Fett sind. Eine Tasse Vollmilch fügt weitere 8 g Fett hinzu. Notfalls finde ich Ersatz dafür. Durch das Braten in einer beschichteten Pfanne statt mit Öl spare ich die obengenannten 14 g Fett leicht ein. Ebenso verfahre ich bei der Vollmilch – ich tausche sie gegen Magermilch ein.

Es kommt jedoch auch vor, daß ich mich überhaupt nicht um den Fettgehalt kümmere. 30 g Haferkleie enthalten 2 g Fett, aber da ich weiß, daß die Haferkleie den Cholesterinspiegel senkt, sehe ich einfach darüber hinweg. Das Öl von äußerst fettreichen Fischen wie Lachs und Makrele schützt die Eskimos anscheinend vor Herzkrankheit. Selbst eine 100-g-Portion cholesterinsenkender Kichererbsen birgt 2,4 g Fett in sich.

Beim Kochen nach diesen und anderen Rezepten werden Sie sich vielleicht an die gleichen Richtlinien halten wollen. Gesättigte Fette sollten Sie natürlich nach Möglichkeit immer meiden oder austauschen. Den Fettgehalt von Hafer- und Reiskleie, Hülsenfrüchten oder Fisch können Sie hingegen getrost ignorieren.

Sie dürfen allerdings nicht vergessen, daß Fette, die keine cholesterinerhöhende Wirkung haben, doch Kalorien liefern, die bei der Gewichtskontrolle eine Rolle spielen. Andererseits lassen Sie bei dieser fettarmen Kost die schädlichen Fette weitgehend weg, so daß die in Haferkleie und Fisch enthaltenen guten Fette eigentlich kein Grund zur Besorgnis sein dürften.

Auf Wunsch können Sie den Fettgehalt praktisch aller hier angegebenen Gerichte noch weiter reduzieren: Statt mit einem Eßlöffel Öl zu braten, verwenden Sie eine Pfanne mit Spezialbeschichtung; wird in einem Muffin-Rezept Öl verlangt, ersetzen Sie es durch Glukosesirup (fragen Sie Ihren Bäcker, ob er Ihnen einen Kanister davon besorgt!), und Sie merken keinen Unterschied; sind in einem Rezept 2 Eßlöffel Öl angegeben, nehmen Sie einfach nur 1 Eßlöffel. Nur Sie selbst wissen, wieviel Fett Sie am Tag insgesamt zu sich nehmen wollen.

Hinweis: Cholesterinsenkende Nahrungsmittel sind in den Rezepten durch Großbuchstaben (Kapitälchen) gekennzeichnet.

Listen der Rezepte, nach Hauptzutaten geordnet

• *Haferkleie*

Rezepte, die Haferkleie oder andere Haferprodukte enthalten, sind hier nicht gesondert aufgeführt, da eine sehr große Anzahl von Rezepten zu dieser Gruppe gehört.

• *Hülsenfrüchte*

Vorspeisen und Horsd'œuvres
Dreifarbige Erbsenpastete
Hummus (Kichererbsen-Dip)
Grünes Hummus
Wachtelbohnendip mit Pilzen
Kräuterjoghurt-Dip
Pikant geröstete Kichererbsen
Hülsenfrüchte nach Meisterart
Guacamole light

Suppen
Erbsen- oder Bohnensuppe mit Rosenkohl
Bohnensuppe mit Schinken
Bohnen-Vichyssoise
Schwarze-Bohnen-Suppe
Zwiebelsuppe mit schwarzen Bohnen
Garbure (französische Bohnensuppe mit Kohl)
Schwedische Erbsensuppe
Grüne Schälerbsensuppe mit Hähnchenbrust
Schälerbsensuppe mit Kartoffeln
Hülsenfrucht-Dreierlei mit Sellerie und Zitronensaft
Weiße-Bohnen-Minestrone
Herzhafte Kichererbsensuppe mit Schinken
Portugiesische Kichererbsensuppe
Adzukibohnen mit Hähnchenbrust
Rote Bohnensuppe mit Bataten
Pasta e Fagioli
Provenzalische Knoblauchbohnen
Mulligatawny-Suppe
Linsen-Kartoffel-Suppe mit Schinken
Graupensuppe mit Linsen und Putenbrust
Rote Bohnensuppe mit Gerste und Pilzen
Lachstopf

Salate
Japanischer Adzukibohnen-Salat
Linsensalat mit Blumenkohl
Italienischer Linsensalat mit Petersilie
Dreierlei-Bohnen-Salat

Schwarzweißer Salat mit grünen Erbsen
Kichererbsensalat mit Mais und Tomatenpaprika
Kichererbsen mit viererlei Gemüsen
Schwarzweißer Bohnensalat mit gegrilltem Paprika
Bohnen-Waldorfsalat
Thunfischsalat
Makrelen und Bohnen Niçoise
Russische Kichererbsencreme

Vegetarische Gerichte
Bohnenschäumchen
Kreolische rote Bohnenküchlein
Linsenplinsen
Weiße Schmorbohnen mit Brokkoli
Chili aus schwarzen Bohnen
Falafel
Graupentopf mit Schälerbsen und Gemüse
Hülsenfrüchte mit Gemüse
Roter Bohnenlaib mit Möhren
Orientalische Kasserolle aus Graupen, Linsen und Reis
Griechisches Pastitsio mit Linsen
Hörnchennudeln mit Schwarzaugenbohnen
Bohnen-Auberginen-Curry
Hoppin' John
Bohnen-Enchiladas
Indisches Biriyani aus Kichererbsen und Reis
Tortilla-Torte mit schwarzen Bohnen

Fleisch- und Geflügelgerichte
Brasilianische Bohnenkasserolle mit Rindfleisch
Pikante Wachtelbohnen mit Rindfleisch
Marokkanische Tajine aus Kichererbsen und Rindfleisch
Potaufeu
Spanische Schinkenkasserolle
Schwarzaugenbohnen mit Schinken und Möhren
Ungarisches Sauerkraut mit Bohnen und Schinken
Schinken-Cassoulet
Bohnenpfanne mit Putenhack

Fischgerichte
Lachsterrine mit Hülsenfrüchten

Beilagen
Doppelt geschmorte Bohnen
Bohnen- oder Gemüsepfannkuchen
Schnell gebackene Bohnen
Pikant gebackene Bohnen
Wachtelbohnen-Kasserolle mit Artischockenherzen
Wachtelbohnen mit Mais
Limabohnenpüree mit Möhren
Püree aus dicken Bohnen mit Knoblauch
Skandinavische weiße Bohnen mit Reis
Gebackenes Mais- oder Kichererbsenpüree
Kichererbsencreme mit Knoblauch
und Thymian
Küchlein aus schwarzen Bohnen
Schwarzweißer Bohnenreis
Kreolischer roter Bohnenreis
Geschmorte rote Kidneybohnen mit Kohl
Pfannengerührte rote Bohnen
Rote Bohnen mit Knoblauch und Ingwer
Kidneybohnen-Barbecue
Schälerbsen-Kartoffel-Püree
Erbspüreepudding
Französische Bohnenkasserolle

Bunter Bohnentopf mit Sommerkürbis
Gemüsepudding mit Bohnen
Persischer Reis mit Linsen
Schwedische Linsen süßsauer
Süßsaure Linsen

Saucen und Panaden
Rote Kichererbsensauce mit Putenbrust
Grüne Schälerbsensauce mit Curry

Desserts und Süßspeisen
Rumtorte

● *Gerste*

Suppen
Graupensuppe mit Linsen und Putenbrust
Gerstensuppe mit Schinken und Möhren
Schottische Brühe
Rote Bohnensuppe mit Gerste und Pilzen
Russischer Borschtsch mit Graupen

Salate
Graupen und Gurken Vinaigrette
Graupensalat mit Möhren

Vegetarische Gerichte
Mit Rosinengraupen gefüllte Paprikaschoten
Graupentopf mit Schälerbsen und Gemüse
Orientalische Kasserolle aus Graupen, Linsen und Reis
Schmorgraupen mit Paprika und Tofu

Fleisch- und Geflügelgerichte
Spanische Schinkenkasserolle

Fischgerichte
Graupenpilaf mit Lachs

Beilagen
Graupen mit jungen grünen Erbsen
Chinesische pfannengerührte Gerstengraupen
Würzige Pilzgerste

Müslis, Pfannkuchen, Brot und Muffins
Gerstenporridge mit Ahornsirup
Gerstenbrot

Desserts und Süßspeisen
Indischer Gerstenpudding

● *Fisch mit hohem Gehalt an Omega-3-Fettsäuren*

Vorspeisen und Horsd'œuvres
Lachsschaum mit Dill
Makrelencreme

Suppen
Lachstopf

Salate
Thunfischsalat
Makrelen-Mais-Salat
Makrelen und Bohnen Niçoise
Marinierte Sardinen mit roten Rüben

Fischgerichte
Pochierter Lachs mit grüner Sauce
Pochierte Lachsschnitzel
Lachs-Teriyaki
Lachs-Bouillabaisse
Cajun-Lachs
Lachsspieße vom Grill
Graupenpilaf mit Lachs

Gefüllte Lachsschnitzel
Marinierter warmer Lachs
Lachsterrine mit Hülsenfrüchten
Skandinavischer Lachstopf mit Reis
Eingelegte Makrele
Kartoffelpie mit Sardinen
Blaubarsch Parmigiana
Gegrillter Blaubarsch mit pikanter Sauce
Fisch-Paella

• *Mageres Fleisch*

Fleisch- und Geflügelgerichte
Rollbraten auf Tomatensauce
Rinderschmorbraten in Wein
Pfannengerührtes Rindfleisch
Brasilianische Bohnenkasserolle mit Rindfleisch
Pikante Wachtelbohnen mit Rindfleisch
Falscher Hase
Festtagshackbraten
Hamburger und Fleischbällchen
Sloppy Joes
Marokkanische Tajine aus Kichererbsen und Rindfleisch
Potaufeu
Schinken-Cassoulet

• *Reiskleie*

Vorspeisen und Horsd'œuvres
Lachsschaum mit Dill

Suppen
Saure griechische Reissuppe mit Hähnchenbrust
Blumenkohlrahmsuppe
Spinatrahmsuppe
Sämige Kohlsuppe mit Apfel

Salate
Pikanter Reissalat mit grünen Bohnen und Schinken
Reissalat mit Minze und Tomaten

Vegetarische Gerichte
Linsenplinsen
Falafel

Fleisch- und Geflügelgerichte
Jambalaya

Fischgerichte
Skandinavischer Lachstopf mit Reis
Fisch-Paella

Beilagen
Artischocken-Risotto mit Hähnchenbrust
Pilzrisotto
Risotto Milanese
Indischer Reispilaf
Reisküchlein mit Karotten
Gekühltes rotes Gemüsepüree

Saucen und Panaden
Zwiebelsauce mit Rosinen

Müslis, Pfannkuchen, Brot und Muffins
Reis-Haferkleie-Porridge
Gerstenporridge mit Ahornsirup
Süße Honigkleie zum Streuen
Dattel-Rosinen-Müsliriegel

Desserts und Süßspeisen
Zucchinikuchen
Ingwerkuchen
Reispudding

• *Apfelgranulat*

Suppen
Maissuppe mit Chilischoten

Vegetarische Gerichte
Kreolische rote Bohnenküchlein

Beilagen
Wachtelbohnen mit Mais

Saucen und Panaden
Tomatensauce

Müslis, Pfannkuchen, Brot und Muffins
Haferkleie-Apfel-Muffins
Erdbeermuffins
Apfel-Rosinen-Muffins

Desserts und Süßspeisen
Haferkleie-Apfelmus-Kuchen
Zucchinikuchen
Preiselbeer-Orangen-Kuchen
Ingwerkuchen
Rumtorte
Aprikosenschnitten
Knusprige Trockenfruchtschnitten
Apfel-Haferkleie-Plätzchen
Backpflaumen-Dattel-Riegel
Himbeerschaum
Fruchtgelee

• *Guarkern*

Desserts und Süßspeisen
Mocca-Pudding
Beerenpudding
Schoko-Milchshake

Vorspeisen und Horsd'œuvres

Dreifarbige Erbsenpastete
Hummus (Kichererbsen-Dip)
Grünes Hummus
Wachtelbohnendip mit Pilzen
Kräuterjoghurt-Dip
Pikant geröstete Kichererbsen
Hülsenfrüchte nach Meisterart
Guacamole light
Lachsschaum mit Dill
Makrelencreme

Dreifarbige Erbsenpastete

Ergibt 1 Laib (etwa 12 Scheiben)

Früher einmal, ehe mir ein Licht über meine falsche Ernährungsweise aufging, mochte ich Pasteten aller Art besonders gern und schwelgte nach Herzenslust in diesen Genüssen. Dann vermied ich die höchst ungesunden wie zum Beispiel Leberpastete und hielt mich an Gemüsepasteten – bis ich erfuhr, daß sie samt und sonders mit Ei hergestellt werden. Jetzt esse ich nur noch hausgemachte Pasteten. Sie sind ganz frisch, und, um ehrlich zu sein, sie schmecken viel besser.

2 Tassen gekochte* grüne SCHÄLERBSEN
2 TL getrocknete Minze
¼ Tasse leichte Kondensmilch (4 % Fett)
3 Blatt Gelatine
2 Tassen gekochte KICHERERBSEN *oder große* WEISSE BOHNEN, *(Cannellini), frisch oder aus der Dose und abgetropft*
¼ Tasse kalorienreduzierte Mayonnaise
1 EL Zitronensaft
2 Tassen gekochte rote Bohnen *oder* WACHTELBOHNEN, *frisch oder aus der Dose und abgetropft*
¼ Tasse Chilisauce

Portion: 1 Scheibe
Kilokalorien: 130
Fett: 2,2 g
Cholesterin: 1,9 mg
Natrium: 110 mg

Eine antihaftbeschichtete Kastenform von etwa 12 × 25 cm bereitstellen.

Die Erbsen mit Minze und Kondensmilch zusammen im elektrischen Mixer zu einer glatten Creme schlagen.

1 Blatt Gelatine in einem kleinen Topf nach Vorschrift auf der Packung einweichen, ausdrücken und in 2 Eßlöffeln Wasser auf sanfter Hitze langsam erhitzen, bis sie aufgelöst und die Flüssigkeit klar ist. Die Gelatinemischung in die Maschine gießen und unter die Erbsencreme mixen. Diese Masse auf dem Boden der Kastenform verteilen und im Kühlschrank 10 Minuten etwas fester werden lassen.

Inzwischen die Kichererbsen oder weißen Bohnen mit der Mayonnaise und dem Zitronensaft zu einem glatten Brei verarbeiten. Wie zuvor wieder 1 Blatt Gelatine in 2 Eßlöffeln Wasser einweichen, ausdrücken, über sanfter Hitze auflösen und noch warm unter die Kichererbsen- oder Bohnencreme rühren. Diese Creme auf die Erbsenmasse in der Kastenform geben und mit einem Spachtel glattstreichen. Die Form in den Kühlschrank zurückstellen und auch die zweite Schicht 10 Minuten fest werden lassen.

Jetzt das dritte Blatt Gelatine einweichen, ausdrücken und in 2 Eßlöffeln Wasser auflösen. Dann die Kidney- oder Wachtelboh-

* 1 Tasse entspricht 235 ccm.

nen mit Chilisauce und Gelatine im Mixer zu einer glatten Paste verarbeiten und zuoberst in die Kastenform streichen. Die Form mit Pergamentpapier abdecken und die Pastete über Nacht kalt stellen.

Die Pastete vorsichtig stürzen und in Scheiben schneiden.

Hummus (Kichererbsen-Dip)

Ergibt etwa 1 ¼ Tassen (20 Eßlöffel)

Dies ist das einzige Rezept, das ich aus der *8-Wochen-Cholesterinkur* übernommen habe. Ich wollte Ihnen diese wunderbare Kichererbsencreme aus dem Mittleren Osten nicht vorenthalten, falls Sie das Buch noch nicht besitzen. Genießen Sie sie in Gesellschaft, oder halten Sie etwas davon im Kühlschrank für eine kleine Zwischenmahlzeit mit frischem Fladenbrot (Pita) bereit. Ich habe mir das Hummus in fünf Jahren noch nicht leid gegessen und fast immer einen kleinen Vorrat im Kühlschrank.

⅓ Tasse Sesammus (Tahin)
¼ Tasse Zitronensaft
5 Knoblauchzehen, durch die Presse gedrückt
5 Tropfen Tabasco
¼ Tasse Wasser
½ TL gemahlener Kreuzkümmel (Cumin)
2 Dosen (je 400 g) KICHERERBSEN, *abgetropft*

Portion: 1 Eßlöffel
Kilokalorien: 63
Fett: 2,6 g
Cholesterin: 0
Natrium: 63 mg

Einfach alle Zutaten zu einer glatten Paste verarbeiten. Ein elektrischer Mixer, ein Schneidstab oder eine Küchenmaschine mit Schlagmessern erleichtert diese Arbeit erheblich.

Grünes Hummus

Ergibt etwa 2 ½ Tassen (40 Eßlöffel)

Vielleicht ist der Grund für die niedrige Herzkrankheitsrate der Menschen im Mittleren Osten der, daß sie soviel Hummus aus Kichererbsen (Garbanzos) essen. Diese Hummus-Version ist besonders für Feste und kalte Büffets gut geeignet, da sie eine smaragdgrüne Farbe hat. Wollen Sie das Hummus Gästen servieren, rühren Sie es am besten erst im letzten Moment zusammen, oder halten Sie wenigstens den Zitronensaft bis zum Auftragen zurück, da die Zitronensäure aus dem frischen Spinatgrün ein graubraunes Olivgrün macht. Reichen Sie dazu knuspriges Pita-Brot.

250 g frischer Spinat oder 2 Bund Brunnenkresse ohne Stiele
¼ Tasse Koriandergrün oder glattblättrige Petersilie
2 Tassen gekochte KICHERERBSEN, *frisch oder aus der Dose und abgetropft*
2 EL Sesammus (Tahin)
2 kleine Knoblauchzehen oder 1 große Zehe
3 EL Zitronensaft
Cayennepfeffer oder Tabasco (nach Belieben)

Portion: 1 Eßlöffel
Kilokalorien: 17
Fett: 0,1 g
Cholesterin: 0
Natrium: 56 mg

Alle Zutaten im elektrischen Mixer zu einer glatten Creme verrühren. Das Hummus bis zur Verwendung kühl stellen.

Wachtelbohnendip mit Pilzen

Ergibt etwa 3 Tassen (48 Eßlöffel)

Diese Creme schmeckt noch besser als das Hummus und paßt meines Erachtens gut zu Knäckebrot, Stangensellerie und Paprikaschoten. Sie kann im Grunde aus jeder Bohnenart hergestellt werden, nur sollten Sie schwarze Bohnen vermeiden, da deren Farbe nicht sehr appetitlich ist.

2 Tassen GEKOCHTE WACHTELBOHNEN, *frisch oder aus der Dose und abgetropft*
125 g frische rohe Champignons, feingehackt
2 Selleriestangen, feingehackt
1 TL gemahlener Kreuzkümmel (Cumin)
1 Dose (100 g) gehackte grüne Chilischoten oder Scharfe Tacosauce
¼ TL Knoblauchpulver
Pfeffer nach Geschmack

Portion: 1 Eßlöffel
Kilokalorien: 11
Fett: 0,1 g
Cholesterin: 0
Natrium: 26 mg

Alle Zutaten im elektrischen Mixer gründlich miteinander vermischen. Die Creme in einen verschließbaren Behälter füllen und bis zum Gebrauch kühl aufbewahren.

Kräuterjoghurt-Dip

Ergibt etwa 3 Tassen

Dieser Dip vereint in sich die löslichen Ballaststoffe von Haferkleie und Kichererbsen. Wenn Sie den Geschmack noch verfeinern wollen, können Sie die Haferkleie vor der Weiterverwendung rösten, aber es muß nicht sein. Servieren Sie die Tunke zu frischem Fladenbrot, knusprigen Mais-Tortillas oder als Brotaufstrich.

½ Tasse KÖLLN-HAFERKLEIE
1 Tasse Magerjoghurt
2 Frühlingszwiebeln
½ grüne Paprikaschote
⅓ Tasse frischer Dill, Basilikum oder Koriandergrün
½ Tasse frische Petersilie
1 bis 2 TL getrockneter Estragon
1 bis 2 TL getrocknete Minze
1 ½ Tassen KICHERERBSEN *aus der Dose, abgespült und abgetropft*
2 TL Worcestershiresauce
Pfeffer

Portion: 1 Eßlöffel
Kilokalorien: 15
Fett: 0,3 g
Cholesterin: 0,1 mg
Natrium: 13 mg

Eine Eisenpfanne auf mittlerer Hitze erwärmen. Nach etwa 3 Minuten die Haferkleie hineingeben und ohne Zugabe von Fett unter ständigem Rühren mit einem Holzlöffel 3 bis 4 Minuten rösten, bis sie gebräunt ist und ein feines, nußartiges Aroma hat.

In der elektrischen Küchenmaschine alle Zutaten einschließlich der gerösteten Haferkleie zusammenmischen.

Pikant geröstete Kichererbsen

Ergibt 4 Tassen

Damit dieses Gericht so schmackhaft wie möglich gerät, sollten Sie eingeweichte, frisch gekochte getrocknete Kichererbsen verwenden, denn die Dosengarbanzos sind oft matschig. Servieren Sie die gerösteten Kichererbsen als Appetitanreger, als Beilage oder auch zum Knabbern am Abend.

1 Tasse getrocknete KICHERERBSEN, *eingeweicht (siehe S. 95)*
2 Eiweiß
1 Packung (35 g) Taco-Seasoning-Mix

Portion: ½ Tasse
Kilokalorien: 102
Fett: 1,7 g
Cholesterin: 0
Natrium: 42 mg

Die eingeweichten Kichererbsen etwa 45 Minuten langsam kochen, bis sie gar sind, aber noch Biß haben. In einem Sieb abtropfen und 10 Minuten abkühlen lassen.

Den Backofen auf 160 Grad vorheizen.

Das Eiweiß mit dem Tacogewürz verrühren und die Mischung unter die Kichererbsen mengen, die gleichmäßig damit überzogen sein sollten. Die Kichererbsen in eine beschichtete Backform füllen, die nicht ausgefettet zu werden braucht, und unter gelegentlichem Umrühren 1 Stunde backen.

Serviert werden sie, wenn sie auf Zimmertemperatur abgekühlt sind. Sie können auch in einem verschlossenen Gefäß im Kühlschrank aufbewahrt werden. Vor dem Verzehr sollten sie jedoch wieder auf Raumtemperatur erwärmt werden.

Hülsenfrüchte nach Meisterart

Frisch gekochte getrocknete Hülsenfrüchte sind sowohl in ihrer Beschaffenheit als auch im Aroma viel besser als solche aus der Dose, die fast immer matschig-weich sind. Sie können in großen Mengen gekocht und dann in Portionen von 1 bis 2 Tassen eingefroren und bis zu 5 Monaten gelagert werden. Ein Drucktopf erleichtert diese Vorbereitungen ganz erheblich, denn er verkürzt die Garzeit der meisten Hülsenfruchtarten auf etwa 15 Minuten.

1. Das Einweichen

Außer Linsen und Schälerbsen sollten getrocknete Hülsenfrüchte stets eingeweicht werden, um die Garzeit zu vermindern und sie leichter verdaulich zu machen. Zwei Methoden bieten sich an:

Einweichen über Nacht: Bedecken Sie die Hülsenfrüchte mit der dreifachen Menge Wasser und lassen Sie sie über Nacht darin weichen. Gießen Sie das Einweichwasser weg und garen Sie die Hülsenfrüchte in frischem Wasser. Dadurch gehen zwar wertvolle Nährstoffe, aber auch die meisten Blähstoffe verloren, denen die Hülsenfrüchte ihre Schwerverdaulichkeit verdanken.

Schnelles Einweichen: Bedecken Sie die Hülsenfrüchte mit der dreifachen Menge Wasser, erhitzen Sie sie, lassen Sie sie 1 Minute kochen und dann 1 Stunde in der warmen Flüssigkeit weichen. Danach werden sie abgegossen und in frischem Wasser gegart.

2. Das Garen

Bringen Sie die Hülsenfrüchte knapp mit Wasser bedeckt zum Kochen. Fügen Sie keine Säuerungsmittel wie Zitronensaft, Essig, Wein oder Tomaten hinzu, ehe die Bohnen nicht schon ziemlich gar sind, da sich sonst die Garzeit verlängert oder die Hülsenfrüchte nicht richtig weich werden.

Die Hülsenfrüchte sollten während des Garens mit Flüssigkeit bedeckt sein; füllen Sie nur bei Bedarf etwas Flüssigkeit nach, andernfalls werden die Hülsenfrüchte wäßrig und verlieren ihr Aroma.

1 Tasse getrocknete Hülsenfrüchte ergibt etwa 2 Tassen gekochte, ausgenommen Limabohnen, die nur 1 ½ Tassen bringen.

Im folgenden eine kleine Hülsenfruchtkunde, bei der auch die Garzeiten der einzelnen Sorten angegeben sind.

Adzukibohnen: kleine rundliche dunkelrote Bohnenkerne, meist aus Japan. Garzeit 1 bis 1 ½ Stunden. In Bioläden erhältlich.

Braune Bohnen: mittelgroße hell- bis dunkelbraune Bohnenkerne. Garzeit 1 ½ Stunden. Können statt roter **Kidneybohnen** verwendet werden.

Dicke Bohnen: selten getrocknet (große braune Bohnenkerne), meist in Gläsern oder tiefgekühlt erhältlich. Garzeit der getrockneten Kerne 1 ½ bis 2 Stunden.

Garbanzos siehe **Kichererbsen**.

Kichererbsen: dicke, helle Erbsen mit nußartigem Aroma. Garzeit 1 ½ bis 2 Stunden. In Dosen erhältlich.

Kidneybohnen: ziemlich große rote Bohnenkerne. Garzeit 1 ½ Stunden. Auch in Gläsern und Dosen erhältlich, allerdings meist mit Sauce, die aber abgespült werden könnte.

Limabohnen: große flache weiße oder grünliche Bohnenkerne. Garzeit 45 bis 60 Minuten. Manchmal in Gläsern oder Dosen erhältlich.

Mungbohnen: kleine runde olivgrüne Bohnen. Garzeit 30 bis 45 Minuten. Werden häufig zur Sprossenzucht verwendet.

Rote Bohnen siehe **Kidneybohnen**.

Schwarzaugenbohnen: weiße Bohnen mit einem schwarzen Punkt. Brauchen nicht unbedingt eingeweicht zu werden. Garzeit 1 bis 1 ½ Stunden.

Schwarze Bohnen: große oder kleine längliche Bohnenkerne. Die großen können statt der roten Kidneybohnen verwendet werden. Garzeit 1 ½ Stunden.

Wachtelbohnen: weiß-rötlich gefleckte mittelgroße Bohnenkerne von mildem Geschmack. Garzeit 1 bis 1 ½ Stunden. Gelegentlich in Dosen erhältlich.

Weiße Bohnen: mittelgroße und kleine weiße Bohnenkerne. Garzeit 1 bis 1 ½ Stunden. In Dosen erhältlich.

Guacamole light

Ergibt etwa 2 ½ Tassen (40 Eßlöffel)

Vielleicht liegt es an meinem Wohnsitz in Kalifornien, daß ich Guacamole so heiß und innig liebe. Leider trieft diese köstliche Creme durch die Avocados nur so von Fett. Wenn ich diesen Leckerbissen auf einer Party erblicke, kann ich nicht widerstehen und nasch ein ganz klein wenig; dabei würde ich nur allzugern richtig zulangen! Es bestand also die zwingende Notwendigkeit, ein ähnliches Gericht zu entwickeln, das jedoch sowohl fettfrei als auch reich an löslichen Faserstoffen ist. Und das ist uns gelungen! Genießen Sie dieses Guacamole auf Tortillastückchen, die Sie 8 bis 10 Minuten knusprig gebacken haben.

2 Tassen gekochte GRÜNE SCHÄLERBSEN, *abgetropft und gekühlt*
1 EL Frühlingszwiebeln, gehackt
2 EL Limettensaft
1 Knoblauchzehe, zerdrückt
1 kleine Tomate ohne Kerne
1 Dose (100 g) gehackte grüne Chilischoten
Tabasco nach Geschmack
grüne Lebensmittelfarbe

Portion: 1 Eßlöffel
Kilokalorien: 13
Fett: 0,05 g
Cholesterin: 0
Natrium: 42 mg

Die Zubereitung könnte nicht einfacher sein: Alle Zutaten außer Tabasco und Lebensmittelfarbe in den elektrischen Mixer geben und zu einer glatten, sämigen Creme verrühren. Wenn die Farbe nicht leuchtend genug ist, jeweils 1 Tropfen Lebensmittelfarbe hineinmixen, bis das Guacamole hübsch grün ist. Zum Schluß wird es mit Tabasco abgeschmeckt.

Lachsschaum mit Dill

Ergibt etwa 3 Tassen (8 Portionen)

Hier die gesunde Version eines klassischen Gerichts für festliche Gelegenheiten. Wenn Sie es erst einmal probiert haben, werden Sie nicht auf das nächste Fest warten wollen, um es noch einmal herzustellen. Besonders schön sieht der Schaum aus, wenn er aus einer Ring- oder Fischform gestürzt wird. Richten Sie ihn mit Kirschtomaten und Petersiliensträußchen auf Salatblättern an. Lachsschaumreste sind ein köstlicher Brotaufstrich!

1 TL Olivenöl
1 Päckchen gemahlene weiße Gelatine
1 Tasse (etwa 200 g) LACHS *ohne Haut und Gräten, abgetropft*
Saft von 1 Zitrone
1 Frühlingszwiebel
2 EL frischer Dill, feingehackt, oder 1 TL Dillsamen
1 TL Worcestershiresauce
¼ Tasse Magerjoghurt
½ Tasse KÖLLN-HAFERKLEIE *oder* REISKLEIE
Zum Garnieren: Tomatenspalten, Brunnenkresse, Dill (nach Belieben)

Portion: ⅛ Rezept
Kilokalorien: 81
Fett: 3,5 g
Cholesterin: 16 mg
Natrium: 13 mg

Eine antihaftbeschichtete Form benutzen oder eine Literform mit dem Öl auspinseln.

Das Gelatinepulver nach Anweisung auf der Packung 10 Minuten quellen lassen.

Im elektrischen Mixgerät den Lachs mit Zitronensaft, Zwiebel, Dill, Worcestershiresauce und Kleie zu einer glatten Paste verrühren. Den Joghurt vorsichtig mit der Hand darunterziehen.

Die eingeweichte Gelatine sanft in 1 ½ Tassen Wasser erhitzen, bis sie gelöst und die Flüssigkeit klar ist; sie darf nicht aufkochen. Die Mischung zu dem Lachspüree geben, alles gut verrühren und die Masse in die vorbereitete Form füllen.

Den Lachsschaum zugedeckt für mindestens 2 Stunden kalt stellen, bis er fest geworden ist. Zum Stürzen die Form kurz in heißes Wasser tauchen. Den auf eine Platte gestürzten Schaum mit Tomatenspalten, Kressegrün und frischem Dill verzieren.

Makrelencreme

Ergibt etwa 2 Tassen

Dieses Horsd'œuvre reichert die Nahrung auf köstliche Weise mit gesundem Fischöl an. Es kann auch mit Dosenlachs hergestellt werden. Reichen Sie es zu Crackern oder Knäckebrot oder nehmen Sie es als Brotaufstrich.

1 Dose (425 g) MAKRELEN *in Wasser, abgetropft*
¼ Tasse französische Frischkäsecreme (Magerstufe)
2 EL Tomatenketchup
1 EL Jalapeño-Pfefferschoten in Scheibchen
2 EL gehackte Paprikaschote
1 TL Chilipulver

Alle Zutaten mit einer entsprechenden Küchenmaschine zu einer glatten Creme verarbeiten. Die Creme in Cassolettes füllen und mindestens 2 Stunden kalt stellen. Makrelencreme ist ein feines Horsd'œuvre.

Portion: 1 Eßlöffel
Kilokalorien: 21
Fett: 1,5 g
Cholesterin: 5,4 mg
Natrium: 15 mg

Suppen

Erbsen- oder Bohnensuppe mit Rosenkohl
Bohnensuppe mit Schinken
Bohnen-Vichyssoise
Schwarze-Bohnen-Suppe
Zwiebelsuppe mit schwarzen Bohnen
Garbure (französische Bohnensuppe mit Kohl)
Schwedische Erbsensuppe
Grüne Schälerbsensuppe mit Hähnchenbrust
Schälerbsensuppe mit Kartoffeln
Hülsenfrucht-Dreierlei mit Sellerie und Zitronensaft
Weiße-Bohnen-Minestrone
Herzhafte Kichererbsensuppe mit Schinken
Portugiesische Kichererbsensuppe
Adzukibohnen mit Hähnchenbrust
Rote Bohnensuppe mit Bataten
Pasta e Fagioli
Provenzalische Knoblauchbohnen
Mulligatawny-Suppe
Linsen-Kartoffel-Suppe mit Schinken
Kartoffelsuppe
Graupensuppe mit Linsen und Putenbrust
Gerstensuppe mit Schinken und Möhren
Schottische Brühe
Rote Bohnensuppe mit Gerste und Pilzen
Russischer Borschtsch mit Graupen
Lauchsuppe
Schottische Lauchsuppe mit Backpflaumen
Saure griechische Reissuppe mit Hähnchenbrust
Maissuppe mit Chilischoten
Tomatensuppe
Blumenkohlrahmsuppe
Brokkolisuppe
Spinatrahmsuppe
Sämige Kohlsuppe mit Apfel
Lachstopf
Apfelsinenkaltschale

Erbsen- oder Bohnensuppe mit Rosenkohl

Ergibt 6 Portionen

Wollen Sie Ihr Gemüse einmal ganz anders zubereiten? Wie wär's, wenn Sie es als Suppe trinken würden? Die Kombination von Hülsenfrüchten und Rosenkohl ist ein Hochgenuß, und das Currypulver gibt dem Ganzen den letzten Schliff.

1 Tasse getrocknete ERBSEN *oder* BOHNEN, *eingeweicht (siehe S. 95)*
1 EL Currypulver
1 TL Knoblauchpulver
225 g Tomatensauce ohne Salz
300 g TK-Rosenkohl, aufgetaut und kleingeschnitten, oder 2 Tassen frischer Rosenkohl, geputzt und kleingeschnitten
Pfeffer
½ Tasse feingehackte frische Petersilie
1 Tasse Magerjoghurt

Portion: 1 Tasse
Kilokalorien: 100
Fett: 0,6 g
Cholesterin: 0,7 mg
Natrium: 56 mg

Die eingeweichten Hülsenfrüchte mit Curry und Knoblauch in knapp 1 ½ Liter Wasser zum Kochen bringen, dann auf kleiner Hitze halb zugedeckt 75 Minuten sanft köcheln lassen.

Tomatensauce und Rosenkohl hinzufügen und das Ganze weitere 15 Minuten simmern. Die etwas abgekühlte Suppe portionsweise im elektrischen Mixer pürieren, wieder etwas erwärmen und nach Geschmack mit Pfeffer würzen.

Zum Schluß mit dem Schneebesen Petersilie und Joghurt darunterschlagen und die Suppe nochmals 30 Sekunden lang erhitzen; sie darf aber nicht aufkochen, da sonst der Joghurt gerinnt. Sofort servieren.

Bohnensuppe mit Schinken

Ergibt 8 Portionen

Das Abmessen der Zutaten ist bei diesem Suppenrezept höchst einfach: Man nehme von allem eine Tasse voll. Auch diesmal erleichtert eine Küchenmaschine die Arbeit erheblich und reduziert die Zubereitungszeit auf wenige Minuten.

1 Tasse getrocknete BOHNEN, *eingeweicht (siehe S. 95)*
1 Tasse feingehackte Zwiebeln
1 Tasse feingehackte Möhren
1 Tasse feingehackter Sellerie
1 Tasse feingehackte weiße Rübchen
1 Tasse kleingewürfelte Kartoffeln
1 Lorbeerblatt
1 Tasse würfelig geschnittener magerer Schinken
1 Tasse streifig geschnittener Salat
Pfeffer

Portion: 1 Tasse
Kilokalorien: 101
Fett: 1,2 g
Cholesterin: 12 mg
Natrium: 84 mg

Die Bohnen mit reichlich 2 Litern Wasser zum Kochen bringen und bei geringer Hitzezufuhr halb zugedeckt etwa 1 ½ Stunden sanft köcheln lassen, bis sie gar sind.

Zwiebeln, Möhren, Sellerie, Rübchen, Kartoffeln und das Lorbeerblatt hinzufügen und die Suppe weitere 20 Minuten simmern. Zum Schluß für 5 Minuten Schinken und Salat hineingeben, mit Pfeffer abschmecken und servieren.

Bohnen-Vichyssoise

Ergibt 4 bis 6 Portionen

Der Lauch verleiht einer Vichyssoise das unvergleichliche Aroma. Hier bekommt die Suppe nicht durch die sonst üblichen Kartoffeln, sondern durch Bohnen Körper und eine sämige Konsistenz. Sie schmeckt übrigens gekühlt am allerbesten.

4 bis 5 Lauchstangen
2 EL Olivenöl
2 Tassen fettfreie Hühnerbrühe oder Wasser
1 Dose (400 bis 500 g) WEISSE BOHNEN *samt Flüssigkeit*
1 Tasse leichte Kondensmilch (4 % Fett)
2 EL feingehackte Frühlingszwiebeln oder Schnittlauch

Portion: 1 Tasse
Kilokalorien: 178
Fett: 8 g
Cholesterin: 5 mg
Natrium: 225 mg

Vom harten Grün des Lauchs etwa 5 cm entfernen, die Lauchstangen dann der Länge nach aufschneiden und gründlich waschen. Danach werden sie quer in etwa 2 cm dicke Stücke geschnitten.

In einem mittelgroßen schweren Topf das Öl erhitzen. Den Lauch in das heiße Öl geben und 2 bis 3 Minuten anbraten. Mit Hühnerbrühe oder Wasser ablöschen und zugedeckt 10 Minuten köcheln lassen.

Jetzt die Bohnen samt Flüssigkeit hinzugeben und im verschlossenen Topf 10 Minuten mitköcheln. Anschließend alles im elektrischen Mixer pürieren, in den Topf zurückschütten, die Kondensmilch unterrühren und das Ganze nochmals bis zum Siedepunkt erhitzen. Die Suppe mit gehackten Frühlingszwiebeln oder Schnittlauch bestreut servieren.

Schwarze-Bohnen-Suppe

Ergibt 6 Portionen

Das erste Mal habe ich schwarze Bohnen in einem kubanischen Restaurant gegessen. Zu meinem Erstaunen bekam ich dort statt der erwarteten doppelt geschmorten Bohnen einen Teller Suppe. Aber ich wurde keineswegs enttäuscht! Sie können aus diesem Gericht eine ganze Mahlzeit machen, wenn Sie ein wenig kleingewürfelten mageren Schinken hinzufügen. Servieren Sie dazu Tortillas, die ohne Schmalz hergestellt wurden.

1 EL Olivenöl
1 Möhre, feingeschnitten
1 kleine Zwiebel, feingehackt
1 Selleriestange, feingeschnitten
500 g SCHWARZE BOHNEN, *eingeweicht (siehe Seite 95) und fertig gegart*
2 EL Zitronensaft
1 TL gemahlener Kreuzkümmel (Cumin)
Tabasco
½ rote Paprikaschote, feingehackt
1 Frühlingszwiebel, in dünne Scheiben geschnitten
¼ Tasse gehacktes Koriandergrün oder glattblättrige Petersilie

Portion: 1 Tasse
Kilokalorien: 138
Fett: 2,5 g
Cholesterin: 0
Natrium: 12 mg

Das Olivenöl in einem schweren Topf erhitzen und darin Möhren, Zwiebeln und Sellerie etwa 5 Minuten gardünsten. Sollte das Gemüse am Topfboden festkleben oder anbrennen, für den Rest der Garzeit ein paar Eßlöffel Wasser hinzufügen.

Anschließend die Bohnen samt Kochflüssigkeit, den Zitronensaft, Kreuzkümmel und 4 Tassen Wasser in den Topf geben und alles zusammen 30 Minuten köcheln lassen. Die Suppe mit Tabasco abschmecken, mit gehacktem Paprika, feingeschnittener Frühlingszwiebel und Koriandergrün oder Petersilie bestreuen und zu Tisch bringen.

Zwiebelsuppe mit schwarzen Bohnen

Ergibt 6 Portionen

Wenn Sie Zwiebeln mögen, wird Ihnen diese Suppe köstlich munden. Der Rotwein verleiht ihr ein besonders feines Aroma. Falls etwas übrigbleibt, können Sie es in einzelnen Portionen einfrieren und haben dann bei Bedarf ein leckeres Süppchen zum Brot.

750 g (etwa 6) Zwiebeln, in dünne Scheiben geschnitten
1 EL Zucker
1 Tasse Rotwein
2 Tassen gekochte SCHWARZE BOHNEN, *frisch oder aus der Dose*
Pfeffer

Portion: 1 Tasse
Kilokalorien: 115
Fett: 0,8 g
Cholesterin: 0
Natrium: 148 mg

Die Zwiebelscheiben in einer beschichteten Pfanne unter häufigem Rühren 5 Minuten anbraten, danach in einen schweren Topf geben, den Zucker hinzufügen, mit dem Rotwein ablöschen und zugedeckt 20 Minuten ganz sanft köcheln lassen. Ab und zu nachprüfen, daß noch genügend Flüssigkeit vorhanden ist und nichts anbrennt. Sollten die Zwiebeln am Topfboden anbacken, einfach Wasser zugießen, um sie abzulösen.

Dann die Bohnen und 4 Tassen Wasser beifügen und das Ganze zugedeckt weitere 30 Minuten köcheln. Die Suppe zum Schluß mit Pfeffer abschmecken.

Garbure (französische Bohnensuppe mit Kohl)

Ergibt 6 Portionen

Nach alter Art gekocht, braucht diese Suppe 1 ½ Stunden Garzeit. Bei Benutzung eines Drucktopfs jedoch läßt sich diese Zeit auf bloße 10 Minuten bei hohem Druck und weitere 10 Minuten bei abnehmendem Druck verkürzen. Ein solcher Topf ist wirklich eine lohnende Anschaffung!

1 Tasse getrocknete WEISSE *oder* BRAUNE BOHNEN, *eingeweicht (siehe S. 95)*
500 g neue Kartoffeln, geschält und in 2 cm dicke Würfel geschnitten
2 Dosen (je 450 g) geschälte Tomaten in Stücken
6 Knoblauchzehen, in feine Streifchen geschnitten
3 Tassen feingehobelter Weißkohl
½ TL Rosmarin
Salz und Pfeffer nach Geschmack

Portion: 1 Tasse
Kilokalorien: 165
Fett: 0,4 g
Cholesterin: 0
Natrium: 61 mg

Die Bohnen mit 3 Tassen Wasser, Tomaten, Kohl, Knoblauch und Rosmarin zum Kochen bringen und zugedeckt etwa 1 ½ Stunden sanft wallen lassen, bis sie gar sind. Darauf achten, daß die Flüssigkeitsmenge die ganze Zeit über gleich bleibt, und nötigenfalls Wasser nachgießen.

Die Suppe zum Schluß mit Salz und Pfeffer abschmecken.

Schwedische Erbsensuppe

Ergibt 6 Portionen

Diese schwedische Erbsensuppenversion hat einen ganz speziellen Geschmack, der Ihnen zusagen wird.

500 g GELBE ERBSEN, *eingeweicht (siehe S. 95) und abgetropft*
2 kleine Zwiebeln
½ TL Thymian
½ TL Majoran
2 ganze oder ¼ TL gemahlene Nelken
1 Tasse magerer Schinken, in Würfel geschnitten
½ Tasse leichte Kondensmilch (4 % Fett, nach Belieben)
Pfeffer

Portion: ⅙ Rezept
Kilokalorien: 106
Fett: 2,5 g
Cholesterin: 8 mg
Natrium: 291 mg

Die eingeweichten Erbsen mit Zwiebeln, Kräutern und Gewürz in 1 ½ Litern Wasser zum Kochen bringen und 1 Stunde simmern lassen. Alles zusammen im elektrischen Mixer pürieren und in den Topf zurückgeben. Die Schinkenwürfel hinzufügen und die Suppe weitere 15 bis 30 Minuten köcheln. Zum Schluß nach Belieben die Kondensmilch zugießen und die Suppe mit Pfeffer abschmecken.

Grüne Schälerbsensuppe mit Hähnchenbrust

Ergibt 8 Portionen

Wie kommt es, daß Hühnerfleisch im Restaurant immer so zart ist, während es zu Hause meist zäh in der Suppe schwimmt? Weil man Huhn leicht zu lange kocht. Hähnchenbrust braucht wie Fisch nur ein paar Minuten in brodelnder Brühe zu garen.

Vervollständigt wird dieses Gericht nötigenfalls durch Nudeln. Vergessen Sie aber nicht, Hartweizennudeln ohne Ei zu nehmen!

250 g GRÜNE SCHÄLERBSEN
½ TL Knoblauchpulver
½ TL gemahlener Kreuzkümmel (Cumin)
¼ TL gemahlener Ingwer
¼ TL Currypulver
6 Möhren, in 1 cm dicke Scheiben geschnitten
450 g Hähnchenbrust, in 2 cm große Würfel geschnitten
Pfeffer

Portion: 1 Tasse
Kilokalorien: 132
Fett: 3,1 g
Cholesterin: 48 mg
Natrium: 48 mg

Die Erbsen mit Knoblauchpulver, Kreuzkümmel, Ingwer und Curry in einen Topf geben, 6 Tassen Wasser dazugießen und alles zusammen zum Kochen bringen. Die Hitze zurücknehmen und die Erbsen zugedeckt 30 bis 45 Minuten köcheln lassen.

Dann die Möhren hinzufügen und das Ganze weitere 15 Minuten simmern. Zuletzt die Hähnchenbrustwürfel einlegen und etwa 5 Minuten mitkochen, bis sie gar sind. Die Suppe mit Pfeffer abschmecken.

Schälerbsensuppe mit Kartoffeln

Ergibt 8 Portionen

Wer hätte je gedacht, daß dieses altbewährte Leibgericht eine cholesterinsenkende Wirkung hat? Leider wird diese Suppe in Restaurants meist mit reichlich fettem Schweinefleisch zubereitet. Unsere Version hingegen ist gesund und kann durch Zugabe von magerem Schinken zu einer vollen Mahlzeit aufgewertet werden; reichen Sie dazu kräftiges Vollkornbrot. Da die Zubereitung einige Zeit in Anspruch nimmt und die Suppe gut eingefroren werden kann, ist die angegebene Menge ausreichend für zwei Mahlzeiten.

450 g (2 Tassen) SCHÄLERBSEN
1 Tasse feingewürfelte Möhren
1 feingehackte Selleriestange
1 feingehackte Zwiebel
2 EL Tomatenmark
¾ TL Knoblauchpulver
½ TL Majoran
1 Lorbeerblatt
2 mittelgroße Kartoffeln
Pfeffer
¼ Tasse frische Kräuter wie Petersilie, Dill und Basilikum (nach Belieben)

Portion: 1 Tasse
Kilokalorien: 101
Fett: 0,6 g
Cholesterin: 0
Natrium: 13 mg

Die Erbsen in einen großen Topf geben und mit knapp 2 ½ Litern Wasser bedecken. Langsam zum Kochen bringen und dabei abschäumen. Wenn sich kein Schaum mehr bildet, Möhren, Sellerie, Zwiebeln, Tomatenmark, Knoblauch, Majoran und Lorbeerblatt hinzufügen und das Ganze bei leicht geöffnetem Deckel 45 Minuten köcheln lassen.

Währenddessen die Kartoffeln schälen und in gut 1 cm große Würfel schneiden. Nach 45 Minuten in die Suppe schütten und alles zusammen im offenen Topf weitere 30 Minuten leise wallen lassen. Das Lorbeerblatt entfernen, die Suppe mit Pfeffer abschmecken und sofort auftragen oder erst kräftig mit einem Holzlöffel durchrühren, so daß ein Teil der Erbsen zerdrückt wird und die Suppe bindet.

Hülsenfrucht-Dreierlei mit Sellerie und Zitronensaft

Ergibt 4 bis 6 Portionen

Die Griechen würzen fast alles, was sie essen, mit Zitronensaft. Hülsenfruchtgerichte erhalten durch die Zitronensäure ein ungewöhnliches, köstliches Aroma. Wenn Sie nicht alle drei angegebenen Sorten Hülsenfrüchte finden können, ersetzen Sie das, was Ihnen fehlt, durch eine andere Sorte oder verwenden Sie jeweils 1 ½ Tassen von nur zwei Sorten.

1 Tasse eingeweichte oder 1 Dose (200 g) WEISSE BOHNEN, *abgetropft*
1 Tasse eingeweichte oder 1 Dose (200 g) LIMABOHNEN, *abgetropft*
1 Tasse eingeweichte oder 1 Dose (200 g) KICHERERBSEN, *abgetropft*
4 Selleriestangen, feingehackt
1 kleine Zwiebel, gehackt
4 EL Zitronensaft
Pfeffer
¼ Tasse gehackte Kräuter wie Petersilie oder Dill zum verzieren.

Portion: 1 Tasse
Kilokalorien: 119
Fett: 1 g
Cholesterin: 0
Natrium: 127 mg

Die Hülsenfrüchte mit Sellerie und Zwiebeln in 4 Tassen Wasser zum Kochen bringen und im leicht geöffneten Topf köcheln lassen; die eingeweichten benötigen etwa 1 ½ Stunden, während Hülsenfrüchte aus der Dose nur 45 bis 60 Minuten simmern sollten.

Wenn die Hülsenfrüchte weich sind, werden sie im elektrischen Mixer mit dem Zitronensaft zusammen püriert und mit Pfeffer abgeschmeckt. Vor dem Auftragen nach Wunsch frische Kräuter über die fertige Suppe streuen, um etwas Farbe hineinzubringen.

Weiße-Bohnen-Minestrone

Ergibt 6 Portionen

Diese klassische Bohnensuppe hat in Italien Tradition. Servieren Sie sie zu einer Spaghettimahlzeit oder einer anderen italienischen Spezialität mit Meeresfrüchten. Ein Glas Chianti vervollständigt den Genuß!

1 EL Olivenöl
1 Tasse feingehackte Möhren
½ Tasse feingehackte Zwiebeln
½ Tasse feingehackter Sellerie
¾ Tasse eingeweichte oder
1 ½ Tassen gekochte, abgetropfte
WEISSE BOHNEN
2 Tassen (400 g) geschälte Tomaten in Stücken
½ TL getrockneter Oregano
3 Tassen feingehobelter Weißkohl
1 Tasse geschälte, in Würfel geschnittene Kartoffeln
2 Tassen gewürfelte Zucchini
Pfeffer
¼ Tasse frische Petersilie oder Basilikum, gehackt
4 bis 6 EL geriebener Parmesankäse (nach Belieben)

Portion: 1 Tasse (ohne Parmesan)
Kilokalorien: 146
Fett: 2,7 g
Cholesterin: 0
Natrium: 48 mg

In einem großen Topf das Olivenöl erhitzen. Möhren, Zwiebeln und Sellerie im heißen Öl unter ständigem Rühren 2 Minuten anbraten. 6 Tassen Wasser zugießen, die eingeweichten Bohnen, die Tomaten und den Oregano hineingeben und alles 1 Stunde köcheln lassen. Bohnen aus der Dose werden erst jetzt mit dem Kohl zusammen zugefügt und 45 Minuten geköchelt.

Danach werden die Zucchini hineingegeben und 5 Minuten mitgegart. Die Suppe zuletzt mit Pfeffer abschmecken und vor dem Servieren mit Petersilie oder Basilikum und nach Wunsch mit Parmesankäse bestreuen.

Herzhafte Kichererbsensuppe mit Schinken

Ergibt 8 Portionen

Ein schmackhafter Eintopf! Wie bei anderen Hülsenfruchtgerichten können Sie auch hier beispielsweise die Kichererbsen durch andere Erbsen oder durch Bohnen ersetzen. Sie können sogar die verschiedensten Hülsenfrüchte miteinander kombinieren, was bestimmt seinen Reiz hat und gut schmeckt.

1 EL Olivenöl
1 große Zwiebel, feingehackt
2 Möhren, feingeschnitten
1 Selleriestange, feingehackt
2 Knoblauchzehen, zerdrückt
1 Dose (400 g) geschälte Tomaten in Stücken
500 g Kartoffeln, in 2 cm große Würfel geschnitten
½ TL getrocknetes Rosmarin, im Mörser zerstoßen
3 Tassen gekochte KICHERERBSEN, *frisch oder aus der Dose und abgetropft*
350 g magerer geräucherter Schinken, in 1 cm große Würfel geschnitten
Pfeffer
½ Tasse frische Petersilie oder Brunnenkresse, gehackt

Portion: 1 Tasse
Kilokalorien: 253
Fett: 5,5 g
Cholesterin: 15 mg
Natrium: 327 mg

In einem großen Topf das Olivenöl erhitzen. Zwiebeln, Möhren, Sellerie und Knoblauch in das heiße Öl geben und unter ständigem Rühren 2 Minuten anbraten.

Die Tomaten und 4 Tassen Wasser zufügen und alles zusammen zum Kochen bringen. Jetzt Kartoffeln und Rosmarin zugeben und das ganze weitere 30 Minuten köcheln lassen. Danach kommen für nochmals 30 Minuten die Kichererbsen und Schinkenwürfel hinein. Zum Schluß wird die Suppe mit Pfeffer abgeschmeckt und mit Petersilie oder Kresse bestreut.

Portugiesische Kichererbsensuppe

Ergibt 8 Portionen

Der Rotweinessig ist bei dieser Suppe das Tüpfelchen auf dem i und verleiht ihr ein besseres Aroma als Salz.

2 mittelgroße Zwiebeln, gehackt
½ Tasse gehackte grüne Paprikaschote
½ Tasse gehackter Sellerie
1 ½ Tassen gekochte KICHERERBSEN, *frisch oder aus der Dose*
225 g Putenbrust oder magerer geräucherter Schinken, in gut 1 cm große Würfel geschnitten
2 Dosen (je 400 g) geschälte Tomaten in Stücken
1 Lorbeerblatt
500 g frischer oder 300 g aufgetauter TK-Grünkohl
250 g Kartoffeln, mit Schale in gut 1 cm große Würfel geschnitten
1 EL Rotweinessig
Pfeffer

Portion: 1 Tasse
Kilokalorien: 163
Fett: 2 g
Cholesterin: 24 mg
Natrium: 165 mg

Zwiebeln, Paprika, Sellerie, Kirchererbsen und die Putenbrust bzw. den Schinken mit 6 Tassen Wasser und dem Lorbeerblatt in einem großen Topf zum Kochen bringen und alles zusammen bei leicht geöffnetem Deckel 1 Stunde köcheln lassen.

Inzwischen den Grünkohl putzen, von den Stielen befreien, waschen und grobhakken. Grünkohl und Kartoffeln beifügen und die Suppe weitere 20 Minuten kochen. Das Lorbeerblatt entfernen. Die Suppe vor dem Servieren mit dem Essig und reichlich Pfeffer aus der Mühle würzen.

Adzukibohnen mit Hähnchenbrust

Ergibt 8 Portionen

Je nachdem, wie Ihr persönlicher Geschmack ist, werden Sie diese Suppe brennend scharf oder aber gerade richtig finden. Wenn Ihre Geschmacksnerven sich ungern auf Abenteuer einlassen, werden Sie wahrscheinlich weniger Cayennepfeffer und Kräuter verwenden wollen.

1 EL Olivenöl
¾ Tasse feingehackte Zwiebel
¾ Tasse feingehackte rote Paprikaschoten
¾ feingehackter Sellerie
½ Tasse KÖLLN-HAFERKLEIE
¼ bis ½ TL Cayennepfeffer
½ TL getrocknete Kräutermischung
½ TL Knoblauchpulver
6 Tassen fettfreie Hühnerbrühe oder Wasser
1 Lorbeerblatt
4 Tassen gekochte ADZUKIBOHNEN, *frisch oder aus der Dose und abgetropft*
700 g Hähnchen- oder Putenbrust ohne Haut und Knochen, in gut 2 cm große Würfel geschnitten

Portion: 1 Tasse
Kilokalorien: 264
Fett: 7 g
Cholesterin: 71 mg
Natrium: 155 mg

Das Olivenöl in einem großen, schweren Topf erhitzen. In dem heißen Öl Zwiebeln, Paprika und Sellerie unter ständigem Rühren 5 Minuten anbraten.

Haferkleie und Gewürze hinzufügen und unter dauerndem Rühren etwa 3 Minuten mitrösten, bis die Haferkleie auf dem Topfboden einen Film bildet und sich braun färbt.

Brühe oder Wasser zugießen und das Ganze zum Kochen bringen. Das Lorbeerblatt und die Bohnen hineingeben und alles zusammen im offenen Topf 25 Minuten köcheln lassen. Danach kommen die Hähnchen- oder Putenbrustwürfel hinein und werden etwa 5 Minuten mitgekocht, bis sie eben gar sind. Zum Schluß das Lorbeerblatt entfernen und die Suppe sofort zu Tisch bringen.

Rote Bohnensuppe mit Bataten

Ergibt 4 Portionen für den Hauptgang

Diese Suppe ist so nahrhaft, daß sie als vollständige Mahlzeit aufgetragen werden kann, was den Abwasch auf einen Teller pro Person reduziert. Der mildsüße Geschmack der Bohnen und Süßkartoffeln kontrastiert gut mit dem geräucherten Schinken. Probieren Sie das Gericht einmal mit Maisbrot!

1 EL Olivenöl
1 kleine Zwiebel, feingehackt
1 Sellersiestange, feingehackt
1 Möhre, feingehackt
2 Tassen eingeweichte (siehe S. 95) oder 1 Dose (450 g) ROTE BOHNEN, *abgetropft*
500 g Süßkartoffeln (Bataten), geschält und in gut 2 cm große Würfel geschnitten
225 g magerer geräucherter Schinken, in Würfel geschnitten
⅛ TL Muskatblüte
¼ TL abgeriebene Schale von einer unbehandelten Orange
½ Tasse TK-Erbsen, aufgetaut
Pfeffer

Portion: 1 Tasse
Kilokalorien: 477
Fett: 7 g
Cholesterin: 17 mg
Natrium: 718 mg

In einem großen, schweren Topf das Öl erhitzen, Zwiebeln, Sellerie und Möhren hineingeben und unter Rühren 1 Minute anschwitzen. Knapp 1 ½ Liter Wasser zugießen, zum Kochen bringen und jetzt die eingeweichten Trockenbohnen hineingeben, falls diese verwendet werden. 45 Minuten köcheln lassen.

Dosenbohnen werden erst nach Ablauf von 45 Minuten zusammen mit Bataten, Schinken, Muskatblüte und Orangenschale in die Suppe gegeben und bei leicht geöffnetem Deckel etwa 30 Minuten mitgeköchelt, bis die Süßkartoffeln gar sind. Nun noch die Erbsen hinzufügen, 1 Minute heiß werden lassen und die Suppe mit Pfeffer abschmekken.

Pasta e Fagioli

Ergibt 6 Portionen

Ernährungsfachleute führen dieses klassische Gericht, das die alten Italiener liebevoll »pasta fazool« nannten, gern als Paradebeispiel dafür an, wie sich die Aminosäuren der Bohnen und Nudeln zusammen zu einem Eiweiß ergänzen, das ebenso hochwertig ist wie das Protein von Fleisch. Und wir wissen inzwischen, daß Bohnen bei regelmäßigem Verzehr sogar cholesterinsenkend wirken.

1 EL Olivenöl
1 kleine Zwiebel, gehackt
½ Selleriestange, gehackt
1 Knoblauchzehe, zerdrückt
225 g geschälte Tomaten aus der Dose, gehackt
½ TL getrockneter Oregano
2 EL feingehacktes frisches Basilikum (nach Belieben)
1 Dose (400 g) WEISSE BOHNEN, *abgetropft*
1 Tasse Röhrennudeln ohne Ei (Tortiglioni, Penne o. ä.)
Pfeffer

Portion: 1 Tasse
Kilokalorien: 142
Fett: 3 g
Cholesterin: 0
Natrium: 95 mg

In einem mittelgroßen Topf das Olivenöl erhitzen und darin Zwiebel, Möhre, Sellerie und Knoblauch zugedeckt 5 Minuten anbraten. Ein- oder zweimal umrühren und nötigenfalls einen Eßlöffel Wasser zugießen, falls die Gemüse anbacken. Dann den Deckel wieder auflegen und alles zusammen noch etwa 5 Minuten köcheln, bis es weich ist.

Nun die Tomaten sowie Oregano (und Basilikum, wenn vorhanden) beifügen und die Suppe weitere 5 Minuten leise wallen lassen. Dann werden die Bohnen zugegeben und 10 Minuten mitgeköchelt. Nach Wunsch kann die Hälfte der Bohnen an den Topfwänden zerdrückt werden, damit die Suppe sämiger wird. Zuletzt die Nudeln einlegen und 8 bis 10 Minuten mitkochen, bis sie gar sind und die Suppe ziemlich dick ist. Mit Pfeffer abschmecken.

Provenzalische Knoblauchbohnen

Ergibt 8 Portionen

Knoblauchliebhaber behaupten, man könne zwar zuwenig oder genügend Knoblauch verwenden, aber nie zuviel! An diesem Gericht ist genügend davon, aber nicht zuviel, vermindern Sie die Menge also nicht noch. Und um den Genuß voll zu machen, sollten Sie frisches Basilikum gebrauchen, falls Sie es bekommen können, oder im Glas eingemachtes (ohne Öl); getrocknetes Basilikum ist in diesem Fall ungeeignet. Das Rezept für die Suppe stammt aus dem bäuerlichen Frankreich – da sieht man, wie gesund die französische Küche sein kann!

1 EL Olivenöl
1 Zwiebel, feingehackt
6 Knoblauchzehen, zerdrückt
3 Möhren, feingehackt
1 Selleriestange, feingehackt
1 Dose (400 g) geschälte Tomaten in Stücken
½ TL getrockneter Thymian
3 Tassen WEISSE BOHNEN, *eingeweicht (siehe S. 95) oder aus der Dose und abgetropft*
4 EL gehackte schwarze Oliven
300 g TK-Brechbohnen, aufgetaut
2 EL feingehacktes frisches Basilikum (nach Belieben)
Pfeffer

Portion: 1 Tasse
Kilokalorien: 154
Fett: 4 g
Cholesterin: 0
Natrium: 168 mg

In einem großen Topf das Olivenöl erhitzen und darin Zwiebel, Knoblauch, Möhren und Sellerie etwa drei Minuten andünsten, bis sie einigermaßen weich sind. Mit knapp 2 Litern Wasser ablöschen und Tomaten, Thymian und weiße Bohnen hineingeben.

Das Ganze zum Kochen bringen, die Hitze zurücknehmen und alles bei leicht geöffnetem Deckel entweder 2 Stunden, wenn eingeweichte Trockenbohnen verwendet werden, oder 30 Minuten, wenn es sich um Dosenbohnen handelt, ganz sanft köcheln lassen.

Dann Oliven und grüne Bohnen hinzufügen, nach Wunsch auch Basilikum, und die Suppe weitere 30 Minuten simmern. Zuletzt wird sie mit Pfeffer abgeschmeckt und zu Tisch gebracht.

Mulligatawny-Suppe

Ergibt 8 Portionen

Wenn Sie diese klassische Linsensuppe schon einmal in einem indischen Restaurant gegessen haben, werden Sie entzückt sein, sie nun auch des öfteren daheim genießen zu können. Warum nicht gleich die doppelte Menge herstellen und die Hälfte davon für ein andermal einfrieren?

1 EL Olivenöl
1 Möhre, feingehackt
1 Zwiebel, feingehackt
1 Selleriestange, feingehackt
1 rote Paprikaschote, feingehackt
1 EL Currypulver
1 Tasse getrocknete Linsen
225 g geschälte Tomaten aus der Dose
Pfeffer

Portion: 1 Tasse
Kilokalorien: 115
Fett: 2,5 g
Cholesterin: 0
Natrium: 36 mg

In einem mittelgroßen, schweren Topf das Öl erhitzen und darin Möhre, Zwiebel, Sellerie und Paprika unter ständigem Rühren 2 bis 3 Minuten anbraten.

Das Currypulver über das Gemüse stäuben und 30 Sekunden mitrösten. Fügen Sie Linsen, Tomaten und knapp 1 Liter Wasser hinzu. Alles zusammen zum Kochen bringen und bei leicht geöffnetem Deckel etwa 45 Minuten sanft köcheln, bis die Linsen ganz weich sind.

Die Suppe kann, mit Pfeffer abgeschmeckt, gleich so aufgetragen oder erst im Mixer püriert und dann zu Tisch gebracht werden.

Linsen-Kartoffel-Suppe mit Schinken

Ergibt 6 Portionen

Hier wieder ein Eintopf, dessen Zubereitung sehr wenig Zeit in Anspruch nimmt und das Abwaschen nach dem Essen erleichtert.

1 Tasse getrocknete BRAUNE LINSEN
1 kleine Zwiebel, feingehackt
500 g neue Kartoffeln, geschält und in gut 1 cm große Würfel geschnitten
4 Frühlingszwiebeln, in feine Scheibchen geschnitten
1 Tasse gewürfelter magerer Schinken ohne Fett
1 EL Weißweinessig oder Zitronensaft
Pfeffer

Portion: 1 Tasse
Kilokalorien: 173
Fett: 1,5 g
Cholesterin: 21 mg
Natrium: 289 mg

Die Linsen mit der gehackten Zwiebel und den Kartoffeln in 6 Tassen Wasser zum Kochen bringen und auf sanfter Hitze zugedeckt 25 Minuten leise wallen lassen.

Danach die Frühlingszwiebeln und den Schinken zufügen und alles zusammen weitere 5 Minuten simmern. Die Suppe zuletzt mit Essig und Pfeffer abschmecken.

Kartoffelsuppe

Ergibt 4 Portionen

Die Garzeit dieser herzhaften Suppe läßt sich durch die Verwendung eines Dampfdrucktopfs auf 10 Minuten verkürzen. Dadurch wird Zeit gespart, das Aroma erhalten und der Vitaminverlust vermindert.

2 Bund Suppengrün (Sellerie, Lauch, Möhren), kleingeschnitten
2 kleine Zwiebeln, feingewürfelt
2 EL Pflanzenöl
12 bis 14 EL KÖLLN-HAFERKLEIE
1 l fettfreie Gemüsebrühe
500 g Kartoffeln
gehackte frische Petersilie
Pfeffer
8 EL KÖLLN-HAFERFLEKS MIT KLEIE

In dem Pflanzenöl das Suppengrün andünsten. Mit der Brühe ablöschen und Kleie, Kartoffeln sowie Suppengrün zugeben. Alles zusammen bei mittlerer Hitze 20 Minuten kochen. Mit Petersilie und Pfeffer abschmecken. Die Suppe mit Haferfleks bestreut servieren.

Portion: ¼ Rezept
Kilokalorien: 334
Fett: 8 g
Cholesterin: 0
Natrium: 104 mg

Graupensuppe mit Linsen und Putenbrust

Ergibt 8 Portionen

Dieses Gericht ist herzhaft und sättigend; reichen Sie noch einen Salat dazu, und Sie haben eine vollständige Mahlzeit. Streuen Sie zum Schluß etwas feingeschnittene Petersilie darüber, das bringt Farbe hinein. Am besten kochen Sie gleich die doppelte Menge und frieren das, was übrigbleibt, für ein andermal ein.

1 Tasse BRAUNE LINSEN
1 Tasse PERLGRAUPEN
4 Pastinaken oder Möhren, geschabt und in feine Scheibchen geschnitten
2 TL frischer Knoblauch, zerdrückt, oder 1 TL Knoblauchpulver
1 ½ TL Currypulver
2 EL Tomatenmark
500 g Putenbrust, in gut 2 cm große Würfel geschnitten
Pfeffer
1 Tasse feingehackte frische Petersilie oder junge Spinatblätter
½ Tasse Magerjoghurt (nach Belieben)

Portion: 1 Tasse
Kilokalorien: 248
Fett: 3 g
Cholesterin: 48 mg
Natrium: 75 mg

In einem großen Topf Linsen, Gerstengraupen, Pastinaken, Knoblauch, Curry und Tomatenmark mit knapp 3 Litern Wasser zum Kochen bringen und auf milder Hitze offen 45 Minuten sanft köcheln lassen. Sollte die Suppe nach Ablauf dieser Zeit zu dick geworden sein, noch 1 Tasse oder mehr Wasser zugießen und das Ganze weitere 5 Minuten leise brodeln lassen.

Die Putenbrustwürfel hinzufügen und etwa 5 Minuten mitkochen, bis sie gar, aber nicht trocken sind. Die Suppe mit Pfeffer würzen und die Petersilie hineinrühren. Vor dem Servieren nach Wunsch jede Portion mit einem Klecks Joghurt verzieren.

Gerstensuppe mit Schinken und Möhren

Ergibt 6 bis 8 Portionen

Ich verstehe überhaupt nicht, warum mir die Leute immer erzählen, sie hätten keine Zeit dazu, Essen ohne Fertigprodukte zuzubereiten. Dieses Rezept ist ein hervorragendes Beispiel dafür, wie einfach eine sättigende Mahlzeit herzustellen ist und wie wenig zeitaufwendig. Setzen Sie das Essen gleich auf, wenn Sie von der Arbeit nach Hause gekommen sind, und Sie können 45 Minuten lang die Düfte aus der Küche genießen, während Sie sich ausruhen. Mehr ist nicht zu tun. Reichen Sie zur Suppe knuspriges Krustenbrot und ein Glas Weißwein.

8 Tassen fettfreie Hühnerbrühe oder Wasser
1 Tasse PERLGRAUPEN *oder* SPRIESSKORNGERSTE
500 g magerer Schinken ohne Fett, in gut 1 cm große Würfel geschnitten
6 Möhren, in 1 cm dicke Scheiben geschnitten
1 Zwiebel, feingehackt
1 Knoblauchzehe, zerdrückt
Pfeffer
knapp 3 l Wasser

Alle Zutaten in einem großen Topf langsam zum Kochen bringen. Dabei ab und zu mit einem Schaumlöffel den grauen Schaum abheben, der sich an der Oberfläche bildet. Das Ganze dann zugedeckt 45 Minuten sanft köcheln lassen.

Portion: 1 Tasse
Kilokalorien: 192
Fett: 3 g
Cholesterin: 34 mg
Natrium: 663 mg

Schottische Brühe

Ergibt 8 Portionen

Diese Suppe kann zu Beginn einer Mahlzeit aus mehreren Gängen oder als Hauptgericht serviert werden. Sie ist auf jeden Fall herzhaft und belebend.

4 Tassen feingehobelter Weißkohl
2 weiße Rübchen, geschabt und in gut 2 cm große Würfel geschnitten
2 Möhren, geschabt und in gut 2 cm dicke Scheiben geschnitten
1 EL Zucker
4 Knoblauchzehen, zerdrückt
¾ Tasse PERLGRAUPEN
2 Liter fettfreie Hühnerbrühe oder Wasser
300 g TK-Erbsen, aufgetaut
500 g Putenbrust, in gut 2 cm große Würfel geschnitten
Pfeffer
½ Tasse gehackte frische Kräuter wie Petersilie oder Dill

In einem großen Topf Kohl, Rüben, Möhren und Gerstengraupen mit Zucker und Knoblauch in der Brühe zum Kochen bringen. Die Hitze zurücknehmen und alles zusammen 1 ½ Stunden zugedeckt sanft köcheln lassen; verdampfte Flüssigkeit nötigenfalls mit Wasser auffüllen.

Erbsen und Putenfleisch hinzufügen und das Ganze nochmals 10 Minuten simmern. Die Suppe zum Schluß mit Pfeffer und frischen Kräutern abschmecken.

Portion: 1 Tasse
Kilokalorien: 199
Fett: 3,3 g
Cholesterin: 47 mg
Natrium: 95 mg

Rote Bohnensuppe mit Gerste und Pilzen

Ergibt 8 Portionen

So wie es ist, ein wunderbares Suppenrezept, das Sie jedoch für eine Hauptmahlzeit noch mit Hühnerbrust und Gemüsen anreichern können.

1 Tasse getrocknete BRAUNE *oder* WEISSE BOHNEN, *eingeweicht (siehe S. 95), oder*
2 Tassen BOHNEN *aus der Dose, abgetropft*
½ Tasse PERLGRAUPEN
500 g Champignons, in dünne Scheiben geschnitten
1 TL Knoblauchpulver
225 g Tomatensauce ohne Salz
2 Liter fettfreie Hühnerbrühe oder Wasser
Tabasco

Portion: 1 Tasse
Kilokalorien: 126
Fett: 1 g
Cholesterin: 0
Natrium: 14 mg

Alle Zutaten außer Tabasco in einen großen Topf geben, langsam zum Kochen bringen und zugedeckt 2 Stunden köcheln lassen. Bei Verwendung von Dosenbohnen verkürzt sich die Kochzeit auf 1 Stunde. Verdampfte Flüssigkeit stets mit Wasser auffüllen, sonst wird die Suppe zu dick. Zum Schluß mit etwas Tabasco würzen. Übrigens schmeckt die Suppe nach jedem Aufwärmen besser!

Russischer Borschtsch mit Graupen

Ergibt 8 Portionen

Wie immer Sie auch von *Glasnost* denken mögen, diese Suppe werden Sie für den richtigen Beitrag zur kulinarischen Diplomatie halten! Sie nur zu kosten weckt die Vorstellung von einer russischen Familie, die an einem kalten Winterabend um den Tisch herum sitzt und ihren Borschtsch mit einem herzhaften Stück Brot genießt. Wodka ist eine freiwillige Zugabe!

2 Dosen (je 400 g) geschälte Tomaten in Stücken
2 Selleriestangen, feingehackt
6 Tassen feingehobelter Weißkohl
1 Zwiebel, feingehackt
1 Knoblauchzehe, zerdrückt
1 Glas (450 g) rote Bete in Wasser, in Scheiben geschnitten
¼ Tasse Rotweinessig
1 EL Zucker
1 Tasse PERLGRAUPEN
500g Hähnchen- oder Putenbrust ohne Knochen oder magere Geflügelwurstscheiben, in kleine Würfel geschnitten
¼ Tasse gehackte frische Petersilie oder Dill
Pfeffer

Portion: 1 Tasse
Kilokalorien: 252
Fett: 3,3 g
Cholesterin: 47 mg
Natrium: 113 mg

In einem großen Topf Tomaten, Sellerie, Kohl, Zwiebel und rote Rüben samt Saft mit Knoblauch, Essig und Zucker in knapp 1 Liter Wasser zum Kochen bringen. Alles zusammen zugedeckt 30 Minuten sanft köcheln lassen.

Die Gerstengraupen hinzufügen und das Ganze weitere 30 Minuten simmern. Danach kommt das Geflügelfleisch sowie Petersilie oder Dill hinein. Nach nochmals 5 Minuten Köcheln ist die Suppe fertig und wird mit Pfeffer abgeschmeckt.

Lauchsuppe

Ergibt 4 Portionen

Probieren Sie einmal, die Suppe statt mit Milch mit 2 bis 4 Eßlöffeln fettreduzierter Kräuter-Schmelzkäsezubereitung anzureichern.

4 Stangen Lauch
2 EL Diät-Margarine
1 l fettlose Gemüsebrühe
¼ l fettarme Milch (1,5 % Fett)
16 EL KÖLLN-HAFERKLEIE
1 Prise Rosenpaprika
geriebene Muskatnuß
gehackte frische Petersilie

Portion: ¼ Rezept
Kilokalorien: 300
Fett: 8 g
Cholesterin: 3 mg
Natrium: 41 mg

Den Lauch putzen, waschen, in feine Streifen schneiden und in der Margarine andünsten. Gemüsebrühe und Milch angießen. Die Haferkleie darüberstreuen und unterrühren. Die Suppe mit Paprika und Muskat abschmecken und bei mittlerer Hitze 15 bis 20 Minuten kochen. Vor dem Servieren mit gehackter Petersilie bestreuen.

Schottische Lauchsuppe mit Backpflaumen

Ergibt 4 Portionen

Diese Suppe ist ebenfalls nahrhaft und soll eine angenehm besänftigende Wirkung haben, wie man in Schottland sagt.

500 g (etwa 4 mittelgroße) Lauchstangen oder Frühlingszwiebeln
1 Liter fettfreie Hühnerbrühe oder Wasser
1 Prise Piment
½ Tasse KÖLLN-HAFERKLEIE
6 entsteinte Backpflaumen, halbiert
1 Tasse leichte Kondensmilch (4 % Fett)
1 EL gehackte Petersilie

Portion: 1 Tasse
Kilokalorien: 180
Fett: 6,5 g
Cholesterin: 7,5 mg
Natrium: 106 mg

Vom Porreegrün etwa 5 cm abschneiden und wegwerfen. Die Lauchstangen der Länge nach teilen und gründlich unter fließendem Wasser waschen, um Sand und Erde zu entfernen. In gut 2 cm dicke Scheiben hacken.

Den Lauch mit Piment, Haferkleie, Backpflaumen und Brühe in einem mittelgroßen Topf langsam zum Kochen bringen und zugedeckt etwa 30 Minuten simmern, bis er gar ist. Ab und zu mit einem Kochlöffel über den Topfboden rühren, damit die Haferkleie nicht anbackt.

Zuletzt Kondensmilch und Petersilie hinzufügen und die Suppe zu Tisch bringen.

Saure griechische Reissuppe mit Hähnchenbrust

Ergibt 8 Portionen

Die klassische griechische Reissuppe mit Huhn hat ihre Sämigkeit von den Eigelb, mit denen sie gebunden wird. Dank der Reiskleie wird sie nun auch ohne Cholesterin dicksämig und obendrein noch mit löslichen Faserstoffen angereichert. Um die Hühnerbrühe vollkommen zu entfetten, stellen Sie sie am besten über Nacht im Kühlschrank kalt und heben am nächsten Tag das hart gewordene Fett ab. Ich habe immer ein paar Behälter mit Brühe im Kühlschrank stehen, die ich praktisch jederzeit entfetten und weiterverwenden kann.

1 Liter fettfreie Hühnerbrühe
¼ Tasse Langkornreis
½ Tasse REISKLEIE *(ersatzweise* KÖLLN-HAFERKLEIE*)*
4 EL Zitronensaft
225 g Hähnchenbrust, in feine Streifen geschnitten
¼ Tasse gehackte frische Petersilie
2 Frühlingszwiebeln, in dünne Scheibchen geschnitten
Pfeffer

Portion: 1 Tasse
Kilokalorien: 74
Fett: 2,5 g
Cholesterin: 24,6 mg
Natrium: 22 mg

Die Brühe plus knapp 1 Liter Wasser mit Reis, Kleie und Zitronensaft in einem ziemlich großen Topf zum Kochen bringen und alles etwa 15 Minuten simmern, bis der Reis gar ist.

Die Suppe gut mit einem Schneebesen durchschlagen und dann Hühnerfleisch, Petersilie und Frühlingszwiebeln hinzufügen. Mit Pfeffer abschmecken und das Fleisch noch etwa 5 Minuten in der leise brodelnden Suppe garen.

Maissuppe mit Chilischoten

Ergibt 10 Portionen

Wußten Sie schon, daß Chilischoten reichlich Vitamin C enthalten? Für viele Lateinamerikaner sind sie die Hauptquelle dieses Vitamins überhaupt. Mit Apfelgranulat wird die Suppe schön dick und mit löslichen Ballaststoffen angereichert.

2 EL Olivenöl
1 Zwiebel, feingehackt
2 Selleriestangen, feingehackt
½ Tasse APFELGRANULAT *(ersatzweise heiß eingeweichter Apfeltee)*
4 Dosen (je 200 g) Tomatensauce
1 Liter fettfreie Hühnerbrühe oder Wasser
2 Dosen (je 100 g) gehackte grüne Chilischoten
¼ TL Kreuzkümmel (Cumin)
¼ TL Chilipulver
300 g Maiskörner aus der Dose

Portion: 1 Tasse
Kilokalorien: 100
Fett: 4 g
Cholesterin: 0
Natrium: 36 mg

In einem mittelgroßen Topf das Öl erhitzen. Zwiebel und Sellerie ins heiße Öl geben und unter häufigem Rühren 5 Minuten anbraten. Apfelgranulat, Tomatensauce, Brühe oder Wasser, Chilischoten, Kreuzkümmel, Chilipulver und Mais hinzufügen und alles zusammen 10 Minuten sanft köcheln lassen.

Tomatensuppe

Ergibt 4 Portionen

Eine pikante Suppe, die sich durch Zugabe von Magermilch noch verfeinern läßt.

2 Zwiebeln, feingewürfelt
2 EL Olivenöl
2 Dosen (je 800 g) geschälte Tomaten mit Saft
16 EL KÖLLN-HAFERKLEIE
½ TL Rosenpaprika
½ TL Currypulver
Pfeffer
1 TL getrockneter Oregano
1 Döschen Tomatenmark
Petersilie nach Geschmack

Portion: ¼ Rezept
Kilokalorien: 200
Fett: 7 g
Cholesterin: 0
Natrium: 39 mg

Das Olivenöl erhitzen und die Zwiebeln darin anbraten. Mit dem Tomatensaft ablöschen und die geschälten Tomaten zugeben, dann die Haferkleie einstreuen und unterrühren. Aufkochen lassen, mit dem Tomatenmark sämig machen und zuletzt kräftig mit den Gewürzen abschmecken.

Blumenkohlrahmsuppe

Ergibt 4 bis 6 Portionen

Mischen Sie rote Tomaten und weißen Blumenkohl, und Sie erhalten eine hübsch rosarote Suppe, die mit Kleie gedickt und mit Knoblauch gewürzt wird. Im Rezept ist Knoblauchpulver angegeben, aber noch besser schmeckt es mit zwei frischen, durch die Presse gedrückten Knoblauchzehen.

4 Tassen Blumenkohlröschen, frisch oder tiefgefroren
½ Tasse REISKLEIE *(ersatzweise* KÖLLN-HAFERKLEIE*)*
2 EL Tomatenmark
1 TL Knoblauchpulver
1 Tasse leichte Kondensmilch (4 % Fett)
Pfeffer
gehackte frische Petersilie zum Garnieren (nach Belieben)

Portion: 1 Tasse
Kilokalorien: 59
Fett: 3 g
Cholesterin: 5 mg
Natrium: 60 mg

Den Blumenkohl mit 3 Tassen Wasser zum Kochen bringen und zugedeckt 10 bis 20 Minuten köcheln lassen, bis er gar ist.

In ein Sieb schütten und die Brühe auffangen. Die Röschen mit Kleie, Tomatenmark, Knoblauch und Milch zusammen im elektrischen Mixer zu einem glatten dünnen Püree verarbeiten und mit der aufgefangenen Blumenkohlbrühe verdünnen.

Die Suppe wieder erhitzen und noch 5 Minuten köcheln, bis sich die Kleie weitgehend aufgelöst hat. Mit Pfeffer würzen und sofort, nach Belieben mit Petersilie bestreut, zu Tisch bringen.

Brokkolisuppe

Ergibt 4 Portionen

Eine sämige Suppe von frischer Farbe und mildem Geschmack, die bei jedem festlichen Essen Ehre einlegt!

1 kg Brokkoli
300 ml Wasser
700 ml entrahmte Milch (1,5 % Fett)
16 EL KÖLLN-HAFERKLEIE
weißer Pfeffer
1 Prise geriebene Muskatnuß
gehackte frische Petersilie

Portion: ¼ Rezept
Kilokalorien: 220
Fett: 5 g
Cholesterin: 8 mg
Natrium: 106 mg

Den Brokkoli putzen, waschen und die Stiele kreuzweise einschneiden. 15 Minuten in dem Wasser garen, dann mit der Küchenmaschine pürieren. Die Milch zugeben, die Haferkleie einstreuen und unterrühren und alles zusammen nochmals heiß werden lassen. Zum Schluß herzhaft mit den Gewürzen abschmecken.

Spinatrahmsuppe

Ergibt 4 Portionen

Diese Suppe hat ein delikates, mildes Aroma und durch die Reiskleie eine sahnige Konsistenz, die mit anderer Kleie leider nicht so gut erreicht wird. Sie ist fettarm und als Vorspeise eine gute Alternative zu Salat.

1 EL Pflanzenöl
1 kleine Zwiebel, gehackt
¼ Tasse REISKLEIE *(ersatzweise* KÖLLN-HAFERKLEIE*)*
300 g TK-Spinat, aufgetaut, oder 500 g frischer Spinat, geputzt, gewaschen, blanchiert und feingehackt
1 Knoblauchzehe, zerdrückt
⅛ TL geriebene Muskatnuß
½ Tasse leichte Kondensmilch (4 % Fett)
Pfeffer

Portion: 1 Tasse
Kilokalorien: 170
Fett: 5,6 g
Cholesterin: 3,4 mg
Natrium: 118 mg

In einem mittelgroßen, schweren Topf das Öl erhitzen und darin die Zwiebeln 30 Sekunden unter ständigem Rühren anbraten. Mit ¼ Tasse Wasser ablöschen und zugedeckt 4 Minuten sanft köcheln lassen, dabei ab und zu umrühren, damit sie nicht anbrennen.

Nun die Kleie zufügen und 30 Sekunden unterrühren. Danach Spinat, Knoblauch und 4 Tassen Wasser zugeben, alles zusammen langsam zum Kochen bringen und die Hitze wieder zurücknehmen. Mit Muskat würzen und bei leicht geöffnetem Deckel 25 Minuten leise simmern. 5 Minuten abkühlen lassen, dann mit der Milch pürieren. Mit Pfeffer abschmecken und servieren.

Sämige Kohlsuppe mit Apfel

Ergibt 6 Portionen

Die Kombination von Kohl, Apfel und Zwiebel verleiht dieser Suppe ein ganz besonderes Aroma. Und durch Reiskleie bekommt sie eine wunderbar sahnige Konsistenz, während andere Kleiesorten weniger gut binden. Außerdem ist sie sehr leicht herzustellen.

6 Tassen feingehobelter Weißkohl
1 Zwiebel, in feine Scheiben geschnitten
1 Apfel, geschält, entkernt und gehackt
¼ Tasse REISKLEIE *(ersatzweise* KÖLLN-HAFERKLEIE*)*
Pfeffer

Portion: 1 Tasse
Kilokalorien: 43
Fett: 1 g
Cholesterin: 0
Natrium: 15 mg

Kohl, Zwiebel und Apfelstückchen in 6 Tassen Wasser über milder Hitze zugedeckt 1 Stunde köcheln und danach 10 Minuten abkühlen lassen.

Alles in den elektrischen Mixer geben, die Kleie zufügen und etwa 1 Minute lang zu einem dünnen, glatten Püree verarbeiten. Nochmals erwärmen und nach Geschmack mit Pfeffer würzen.

Lachstopf

Ergibt 6 bis 8 Portionen

Wie die meisten Leute meines Jahrgangs habe ich immer gedacht, für Fisch gäbe es nur eine Zubereitungsart: Braten, bis er fast zerfällt. Wie man sich doch irren kann! Hier ein schönes Lachsgericht, das reich an schützenden Ölen ist und außerdem noch die löslichen Faserstoffe der Hülsenfrüchte enthält.

1 EL Olivenöl
1 Zwiebel, feingehackt
1 Selleriestange, feingehackt
2 Möhren, feingehackt
2 Knoblauchzehen, zerdrückt
4 Tassen Tomatensaft
1 Tasse Venusmuschelsaft
1 Tasse Weißwein
1 Lorbeerblatt
2 Tassen gekochte WEISSE BOHNEN *oder* KICHERERBSEN, *frisch oder aus der Dose und abgetropft*
300 g Maiskörner aus der Dose
4 EL gehackte Petersilie
500 g LACHS *ohne Gräten, in gut 2 cm dicke Stücke geschnitten*
Pfeffer

Portion: 1 Tasse
Kilokalorien: 290
Fett: 7,5 g
Cholesterin: 27,5 mg
Natrium: 368 mg

In einem mittelgroßen, schweren Topf das Öl erhitzen und darin Zwiebel, Sellerie, Möhren und Knoblauch 5 Minuten anbraten. Tomaten- und Muschelsaft, Wein und Lorbeerblatt zufügen und alles zusammen zugedeckt 10 Minuten köcheln lassen.

Zuletzt Bohnen, Mais, Petersilie und Lachs zugeben und nochmals etwa 5 Minuten simmern lassen, bis der Lachs gar ist. Mit Pfeffer abschmecken.

Apfelsinenkaltschale

Ergibt 4 Portionen

Zum guten Schluß noch eine erfrischende Suppe für den Sommer. An heißen Tagen reicht sie vielleicht sogar als leichte Hauptmahlzeit, denn Buttermilch und Haferkleie sättigen, ohne zu belasten.

Saft von 4 Apfelsinen (etwa ½ l)
¼ l Buttermilch
2 EL brauner Zucker
14 EL KÖLLN-HAFERKLEIE
6 EL KÖLLN-HAFERFLEKS MIT KLEIE

Portion: ¼ Rezept
Kilokalorien: 160
Fett: 3 g
Cholesterin: 2 mg
Natrium: 39 mg

Den frisch gepreßten Orangensaft mit Buttermilch, braunem Zucker und Haferkleie verrühren und auf 4 Glasschalen verteilen. Kurz vor dem Servieren die Haferfleks darüberstreuen.

Salate

Bunter Salatteller
Japanischer Adzukibohnen-Salat
Linsensalat mit Blumenkohl
Italienischer Linsensalat mit Petersilie
Graupen und Gurken Vinaigrette
Graupensalat mit Möhren
Dreierlei-Bohnen-Salat
Schwarzweißer Salat mit grünen Erbsen
Kichererbsensalat mit Mais und Tomatenpaprika
Kichererbsen mit viererlei Gemüsen
Schwarzweißer Bohnensalat mit gegrilltem Paprika
Bohnen-Waldorfsalat
Thunfischsalat
Makrelen-Mais-Salat
Makrelen und Bohnen Niçoise
Marinierte Sardinen mit roten Rüben
Pikanter Reissalat mit grünen Bohnen und Schinken
Reissalat mit Minze und Tomaten
Russische Kichererbsencreme
Sämige Gurkencreme

Bunter Salatteller

Ergibt 4 Portionen

Dieser Salat ist eine Augenweide und obendrein noch lecker. Mit ein bis zwei Scheiben herzhaftem Roggenbrot ist er fast schon eine volle Mahlzeit.

1 großer Kopf Endiviensalat, in mundgerechte Streifen geschnitten
1 mittelgroße Zucchini, gewürfelt
2 Bund Radieschen, in dünne Scheibchen geschnitten
1 große grüne Paprikaschote, in feine Streifen geschnitten
500 g Magerjoghurt
4 EL Zitronensaft
gehackte frische Petersilie
4 TL Senf
Pfeffer und Paprikapulver nach Geschmack
1 TL Honig (nach Belieben)
1 Prise Salz
10 EL KÖLLN-HAFERFLEKS MIT KLEIE

Portion: ¼ Rezept
Kilokalorien: 180
Fett: 3 g
Cholesterin: 0
Natrium: 170 mg

Endiviensalat, Zucchiniwürfel, Radieschenscheiben und Paprikastreifen bunt gemischt in eine Glasschüssel geben. Aus Joghurt, Zitronensaft, gehackter Petersilie, Senf und Gewürzen eine Marinade rühren und über den Salat gießen. Vorsichtig unterheben. Kurz vor dem Servieren die Haferfleks darüberstreuen.

Japanischer Adzukibohnen-Salat

Ergibt 6 bis 8 Portionen (als Vorspeise)

Wenn Sie Adzukibohnen noch nicht kennen, dürfen Sie sich auf etwas Feines gefaßt machen. Wie wär's, dazu ein *Teriyaki* mit Huhn oder Lachs zu servieren?

3 Tassen frisch gekochte
ADZUKIBOHNEN
2 TL Sesamöl
2 TL Olivenöl
3 EL Reis- oder Weißweinessig
1 EL Sojasauce
⅛ TL abgeriebene Zitronenschale
⅛ TL gemahlener Ingwer
¼ TL Zucker
2 Frühlingszwiebeln, in dünne Scheibchen geschnitten
1 EL schwarze Sesamkörner (nach Belieben)
Kopfsalatblätter

Portion: ⅛ Rezept
Kalorien: 161
Fett: 3 g
Cholesterin: 0
Natrium: 129 mg

Die Bohnen in eine große Schüssel geben.

Aus allen übrigen Zutaten außer den Salatblättern in einer kleineren Schale eine Sauce rühren und gut unter die Bohnen mischen. Die Bohnen zugedeckt mindestens 2 Stunden, am besten jedoch über Nacht in der Marinade ziehen lassen.

Auf Kopfsalatblättern anrichten.

Linsensalat mit Blumenkohl

Ergibt 6 Portionen

Genau das Richtige zu gekühltem pochiertem Lachs – zum Beispiel an einem warmen Sommerabend bei einem Glas Weißwein.

1 Tasse getrocknete LINSEN
1 Blumenkohl, in Röschen zerteilt
4 EL Limetten- oder Zitronensaft
2 EL Olivenöl
½ Tasse gehackte Petersilie
4 Frühlingszwiebeln, in dünne Scheibchen geschnitten
Pfeffer

Portion: ⅙ Rezept
Kilokalorien: 77
Fett: 5 g
Cholesterin: 0
Natrium: 12 mg

Die Linsen knapp mit Wasser bedeckt etwa 25 Minuten kochen, bis sie gar sind. Abgießen, unter kaltem Wasser abschrecken und abtropfen lassen.

Die Blumenkohlröschen ungefähr 5 Minuten kochen, bis sie gar sind, aber noch Biß haben. Große Röschen in kleinere aufbrechen und in einer Schüssel mit den Linsen mischen.

Aus Limetten- oder Zitronensaft, Öl, Petersilie und Frühlingszwiebeln eine Marinade rühren. Mit Pfeffer abschmecken und unter Linsen und Blumenkohl heben. Den Salat vor dem Servieren 2 Stunden kühl stellen.

Italienischer Linsensalat mit Petersilie

Ergibt 6 Portionen

Hier ein schmackhaftes Beispiel dafür, wie man sein Essen mit löslichen Ballaststoffen anreichern kann und zugleich eine Alternative zum normalen Salat hat. Ich reiche diesen Salat gern zu Spaghetti mit einer Sauce aus Meeresfrüchten oder Muscheln.

1 ½ Tassen getrocknete LINSEN
3 Tomaten
2 EL Olivenöl
1 TL Dijon-Senf
2 EL Rotweinessig
½ TL getrockneter Oregano
½ Tasse feingehackte frische Petersilie oder Basilikum
Pfeffer
Kopfsalatblätter

Portion: ⅙ Rezept
Kilokalorien: 163
Fett: 5 g
Cholesterin: 0
Natrium: 50 mg

Die Linsen mit 3 Tassen Wasser bedeckt etwa 20 Minuten kochen, bis sie eben gar sind; nach Möglichkeit nicht zu lange kochen, damit sie nicht breiig werden. Abgießen und mit kaltem Wasser abschrecken.

Die Tomaten halbieren, mit einem Teelöffel von den Kernen befreien und würfeln.

Aus Olivenöl, Senf, Essig und Kräutern eine Sauce rühren und mit Pfeffer abschmecken.

In einer großen Schüssel Linsen, Tomatenwürfel und Salatsauce gründlich vermischen. Den Salat eine halbe Stunde kalt stellen, dann auf Kopfsalatblättern anrichten.

Graupen und Gurken Vinaigrette

Ergibt 6 Portionen

Den allerersten Gurkensalat, den ich als Kind gegessen habe, gab es mit Brathähnchen zusammen, und das ist mir bis auf den heutigen Tag in Erinnerung geblieben. Heute backe ich mein Hähnchen allerdings lieber im Ofen, um den Fettgehalt zu reduzieren, und runde den Salat mit Gerstengraupen ab.

2 Tassen gekochte PERLGRAUPEN
3 mittelgroße Gurken, geschält und halbiert
2 EL Olivenöl
3 EL Weißweinessig
2 EL feingehackter frischer Dill oder 1 TL getrocknete Dillsamen
Pfeffer aus der Mühle

Portion: ⅙ Rezept
Kilokalorien: 294
Fett: 5,5 g
Cholesterin: 0
Natrium: 6 mg

Die Graupen in eine mittelgroße Schüssel geben. Die Gurken mit einem Teelöffel von den Kernen befreien, in Würfel schneiden und unter die Gerste mischen.

Aus Olivenöl, Essig und Dill eine Marinade rühren, über Graupen und Gurken gießen und gut daruntermischen. Den Salat mit Pfeffer abschmecken und zugedeckt 1 Stunde, nach Wunsch auch über Nacht, im Kühlschrank durchziehen lassen.

Graupensalat mit Möhren

Ergibt 6 Portionen

Dieses Gericht ist eine schöne Alternative zu grünem Salat und enthält die löslichen Faserstoffe von Gerste und Möhren. Die Kombination von weichen Graupen im Kontrast zu knackigen rohen Gemüsen ist ein Genuß, der auch Ihnen zusagen wird.

1 Tasse PERLGRAUPEN
2 Möhren, geschabt und gerieben
1 Selleriestange, in feine Streifchen zerteilt
2 Radieschen, in dünne Scheibchen geschnitten
2 Frühlingszwiebeln, in feine Scheibchen geschnitten
1 EL Olivenöl
3 EL Zitronensaft
Pfeffer
streifig geschnittener Salat oder Kohl

Portion: ⅙ Rezept
Kilokalorien: 156
Fett: 3 g
Cholesterin: 0
Natrium: 20 mg

Die Graupen mit 4 Tassen Wasser bedeckt bei leicht geöffnetem Topfdeckel etwa 25 Minuten kochen, bis sie eben gar sind. Abgießen und auf Zimmertemperatur abkühlen lassen. Mit Möhren, Sellerie, Radieschen, Frühlingszwiebeln, Olivenöl und Zitronensaft vermengen und nach Geschmack mit Pfeffer würzen. Auf einem Bett aus streifig geschnittenen Salat- oder Weißkohlblättern anrichten.

Dreierlei-Bohnen-Salat

Ergibt 6 bis 8 Portionen

Was wäre ein kaltes Buffet ohne diesen Salat aus dreierlei Bohnen? Und ein Kochbuch mit dem Ziel einer cholesterinsenkenden Küche wäre sicher unvollständig ohne ein gutes Rezept für ein Gericht, das so reich wie dieses an löslichen Faserstoffen ist. Planen Sie kein Fest? Dann halten Sie ein Gefäß voll Dreierlei-Bohnen-Salat für Ihr Mittagsmahl vorrätig!

2 Tassen gekochte ROTE KIDNEY-, BRAUNE *oder* WACHTELBOHNEN, *frisch oder aus der Dose und abgetropft*
2 Tassen gekochte WEISSE BOHNEN, *frisch oder aus der Dose und abgetropft*
300 g TK-Brechbohnen
1 Glas (100 g) Perlzwiebeln, gehackt
4 EL Mixed Pickles, gehackt
1 EL plus 1 TL Olivenöl
2 TL Dijon-Senf
¼ Tasse Rotweinessig
½ TL Zucker
Pfeffer

Portion: ⅛ Rezept
Kilokalorien: 152
Fett: 3 g
Cholesterin: 0
Natrium: 160 mg

Rote, weiße und grüne Bohnen in eine große Schüssel geben und Perlzwiebeln sowie Pickles daruntermischen.

In einer kleinen Schale Olivenöl, Senf, Essig, Zucker und Pfeffer zu einer Sauce verrühren und gründlich unter die Bohnenmischung mengen. Den Salat vor dem Servieren 1 Stunde kühl stellen, damit sich die verschiedenen Aromen entfalten und mischen können.

Schwarzweißer Salat mit grünen Erbsen

Ergibt 6 Portionen

Dieser Salat leuchtet in allen Regenbogenfarben. Richten Sie ihn auf knackigen Salatblättern an.

2 Tassen gekochter Langkornreis
300 g TK-Erbsen, aufgetaut
2 Tassen gekochte SCHWARZE BOHNEN, *frisch oder aus der Dose und abgetropft*
1 EL Olivenöl
¼ Tasse Tomatenpaprika, gehackt
1 TL Dijon-Senf
2 EL Tomatenketchup
¼ Tasse Rotweinessig
Pfeffer
Salatblätter

In einer großen Schüssel den Reis mit den schwarzen Bohnen mischen.

Olivenöl, Tomatenpaprika, Senf, Ketchup und Essig im elektrischen Mixer zu einer Sauce verarbeiten und mit Pfeffer würzen. Gründlich unter Reis und Bohnen mengen. Den Salat zugedeckt 2 Stunden kalt stellen. Auf Salatblättern anrichten.

Portion: ⅙ Rezept
Kilokalorien: 192
Fett: 3,5 g
Cholesterin: 0
Natrium: 185 mg

Kichererbsensalat mit Mais und Tomatenpaprika

Ergibt 6 Portionen

Ein attraktives, farbenfrohes Gericht mit mexikanischem Flair, dem Sie mit Tabasco beliebig viel Schärfe verleihen können. Mit Brot und etwas Putenbrust ein schönes Abendessen im Sommer!

3 Tassen gekochte KICHERERBSEN, *frisch oder aus der Dose und abgetropft*
300 g Maiskörner aus der Dose
1 Glas (125 g) Tomatenpaprika in Streifen, abgetropft
1 Tasse frische Petersilienblättchen
2 EL Olivenöl
¼ Tasse Weinessig
Tabasco (nach Belieben)
Salatblätter

Portion: ⅙ Rezept
Kilokalorien: 272
Fett: 7 g
Cholesterin: 0
Natrium: 1604 mg

In einer großen Schüssel die Kichererbsen mit dem Mais vermischen. Mit einem Pürierstab oder im elektrischen Mixer aus Tomatenpaprika, Petersilie, Öl, Essig und Tabasco eine glatte Sauce rühren und unter Kichererbsen und Mais heben. Den Salat nach Möglichkeit 1 Stunde durchziehen lassen, damit die Kichererbsen das Aroma der Marinade aufnehmen können. Auf Salatblättern anrichten.

Kichererbsen mit viererlei Gemüsen

Ergibt 4 Portionen

Es erfordert so wenig Zeit und bedeutet doch einen großen Unterschied, einen wirklich köstlichen Salat zuzubereiten. Wenn Salat nur aus schlappem grünem Kopfsalat mit ein paar Tomatenspalten und einer Fertigsauce besteht, kann ich gut verstehen, warum niemand das mag. Hier ein Beispiel dafür, wie aus einer Vielzahl von Gemüsen ein besonderer Salat hergestellt werden kann. Ihrer Phantasie sollen damit aber keine Grenzen gesetzt werden!

2 Tomaten, quer halbiert
2 Möhren, feingehackt
2 Selleriestangen, feingeschnitten
1 grüne Paprikaschote, feingehackt
2 Tassen gekochte KICHERERBSEN, *frisch oder aus der Dose und abgetropft*
1 EL Olivenöl
4 EL Zitronen- oder Limettensaft
1 TL Dijon-Senf
1 TL getrocknete Minze
½ TL Honig
Pfeffer
grüne Blätter (z. B. von Kopfsalat, Endivie, Latuga oder Brunnenkresse)

Portion: ¼ Rezept
Kilokalorien: 200
Fett: 6 g
Cholesterin: 0
Natrium: 198 mg

Die Tomatenhälften mit einem Löffel von den Kernen befreien, dann in kleine Würfel schneiden.

In einer großen Schüssel die Tomatenwürfel mit den übrigen Gemüsesorten und den Kichererbsen mischen.

Aus Öl, Zitronensaft, Senf, Minze und Honig in einer kleinen Schale eine Sauce rühren und über Kichererbsen und Gemüse gießen. Alles gut vermengen und nach Geschmack mit Pfeffer würzen. Den Salat zugedeckt 1 Stunde kalt stellen, dann auf grünen Blättern anrichten.

Schwarzweißer Bohnensalat mit gegrilltem Paprika

Ergibt 6 Portionen

Das Marinieren rundet das Aroma der Bohnen ab, aber wenn Sie nicht viel Zeit haben, können Sie diesen Schritt auch auslassen. Die beiden Bohnensorten können natürlich auch gemischt werden; hübscher ist es jedoch, sie getrennt auf einer Platte anzurichten.

1 ½ Tassen frisch gekochte oder
1 Dose (400 g) SCHWARZE BOHNEN
1 ½ Tassen frisch gekochte oder
1 Dose (400 g) WEISSE BOHNEN
400 g gegrillte Paprikaschoten ohne Haut, in gut 1 cm breite Streifen geschnitten
½ Tasse in feine Scheibchen geschnittene Frühlingszwiebeln
1 Knoblauchzehe oder
¼ TL Knoblauchpulver
6 EL Weißweinessig
1 TL Paprikapulver
1 TL Chilipulver
1 EL Pflanzenöl

Portion: ⅙ Rezept
Kilokalorien: 96
Fett: 3 g
Cholesterin: 0
Natrium: 172 mg

Dosenbohnen abgießen, abspülen und abtropfen lassen. Schwarze und weiße Bohnen in verschiedene Schüsseln geben.

Im elektrischen Mixer oder mit dem Pürierstab aus Paprikastreifen, Frühlingszwiebeln, Knoblauch, Essig, Paprikapulver, Chilipulver und Öl eine glatte Sauce rühren. Jeweils ½ Tasse davon unter die beiden Bohnensorten mischen. Die Bohnen zugedeckt bei Zimmertemperatur mindestens 30 Minuten, besser 2 Stunden durchziehen lassen.

Die Bohnensalate getrennt auf den beiden Seiten einer Platte anrichten und in die Mitte die restliche Salatsauce geben.

Bohnen-Waldorfsalat

Ergibt 4 bis 6 Portionen

Dieses wunderbare klassische Gericht sollten Sie, um die löslichen Faserstoffe von Kichererbsen oder Bohnen bereichert, bei sich zu Hause wiederaufleben lassen!

2 Tassen frisch gekochte KICHERERBSEN, BOHNEN *oder* ERBSEN *(ersatzweise aus der Dose)*
2 rote Delicious-Äpfel, entkernt und mit Schale in gut 1 cm große Würfel geschnitten
1 Tasse gewürfelter Sellerie
¼ Tasse gehackte Walnüsse
¼ Tasse kalorienreduzierte Mayonnaise
2 EL Zitronensaft
grüner Salat

Alle Zutaten außer dem grünen Salat in einer großen Schüssel gründlich miteinander vermengen. Vor dem Anrichten auf Salatblättern zugedeckt 2 Stunden kalt stellen.

Portion: ⅙ Rezept
Kilokalorien: 159
Fett: 4,9 g
Cholesterin: 1,4 mg
Natrium: 56 mg

Thunfischsalat

Ergibt 8 Portionen

Da man Thunfisch wegen seines relativ hohen Quecksilbergehalts nicht zu oft essen sollte, bleibt dieser Salat ein seltener Genuß, der um so besser mundet.

70 g Naturreis
1 Dose Erbsen (Abtropfgewicht 280 g)
1 Dose Mais (Abtropfgewicht 280 g)
1 Dose Thunfisch im eigenen Saft (Abtropfgewicht 150 g)
150 g fettarmer Joghurt (1,5 % Fett)
2 TL Senf
3 EL fettarme Milch (1,5 % Fett)
5 EL Kölln-Haferkleie
Petersilie, Liebstöckel, Paprikaedelsüß und weißer Pfeffer nach Geschmack
80 g Kölln-Haferfleks mit Kleie

Portion: ⅛ Rezept
Kilokalorien: 170
Fett: 3 g
Cholesterin: 1 mg
Natrium: 37 mg

Den Naturreis in reichlich Wasser ohne Salz garen, abgießen und auskühlen lassen. Erbsen, Mais und Thunfisch abtropfen lassen und mischen. Den abgekühlten Naturreis darunterheben. Aus Joghurt, Senf, Milch und Haferkleie eine Sauce rühren, mit den Gewürzen abschmecken und gründlich mit der Reismischung vermengen. Kurz vor dem Servieren die Haferfleks unterrühren.

Makrelen-Mais-Salat

Ergibt 6 Portionen (als Hauptgericht)

Schwer zu entscheiden: Sollten Sie bei den im Rezept angegebenen Makrelen bleiben oder sie gegen Lachs aus der Dose austauschen? Würden Sie den Salat lieber »naturell« genießen oder ein Sandwich damit belegen? Welche Wahl Sie auch immer treffen mögen, das Gericht ist köstlich und wird Ihnen auf jeden Fall gut munden.

2 Dosen (je 425 g) MAKRELEN *in Wasser*
300 g Maiskörner aus der Dose
2 EL feingehackte eingelegte Jalapeño-Pfefferschoten
½ Tasse gehackte rote Paprikaschoten
⅓ Tasse kalorienreduzierte Majonnaise
4 EL Limetten- oder Zitronensaft
¼ Tasse feingehacktes frisches Koriandergrün oder glattblättrige Petersilie
streifig geschnittener Eisbergsalat
Tomatenspalten

Portion: ⅙ Rezept
Kilokalorien: 283
Fett: 12 g
Cholesterin: 61 mg
Natrium: 154 mg

In einer großen Schüssel Makrelen, Mais, Pfefferschoten und roten Paprika vermengen. Aus Mayonnaise, Koriandergrün und Limettensaft in einer kleinen Schale eine Sauce rühren und gut unter den Makrelensalat mischen.

Den Salat zugedeckt 2 Stunden kühl stellen, dann auf Eisbergsalat anrichten und mit Tomatenachteln verzieren.

Makrelen und Bohnen Niçoise

Ergibt 6 bis 8 Portionen

»Summertime and the livin' is easy ...« – genau die richtige Zeit für einen solchen Salat als leichten Hauptgang. Statt der Makrelen können Sie auch Lachs aus der Dose verwenden. Mir schmeckt der Salat am besten zu kräftigem Sauerteigbrot und einem Glas Chardonnay aus Burgund, mit dem ich der untergehenden Sonne zuprosten kann. Als appetitanregende Vorspeise macht er sich ebenfalls gut.

1 Dose (425 g) MAKRELEN *in Wasser*
2 Dosen (je 200 g) WEISSE BOHNEN, *abgetropft*
1 ½ Tassen frische grüne oder TK-Brechbohnen, aufgetaut und abgekocht
2 Tomaten, in gut 2 cm große Würfel geschnitten
1 Gurke, geschält und in gut 2 cm große Würfel geschnitten
2 EL Kapern
¼ TL Knoblauchpulver
½ TL Dijon-Senf
2 EL Olivenöl
¼ Tasse Zitronensaft
Pfeffer
Salatblätter

Portion: ⅛ Rezept
Kilokalorien: 219
Fett: 8 g
Cholesterin: 30 mg
Natrium: 284 mg

Die Makrelen mit weißen und grünen Bohnen, Tomaten und Gurkenwürfeln in eine große Schüssel geben und vermischen.

In einer kleinen Schale aus Kapern, Knoblauchpulver, Senf, Olivenöl und Zitronensaft eine Sauce herstellen und mit Pfeffer abschmecken. Die Sauce über die Makrelen-Bohnen-Mischung gießen und gründlich daruntermengen. Den Salat vor dem Servieren zugedeckt 1 bis 2 Stunden kühl stellen. Auf Kopfsalatblättern anrichten.

Marinierte Sardinen mit roten Rüben

Ergibt 4 bis 6 Portionen

Dieses Gericht ist wahrscheinlich nicht jedermanns Sache, aber wenn Sie zufällig gern Sardinen essen, ist es für Sie mit einer Scheibe knusprigem Roggenbrot bestimmt ein leckeres Mittagessen. Wer keine Sardinen mag, kann das Rezept auch mit Lachs aus der Dose probieren. Beide Fischsorten enthalten die wertvollen EPA-Fischöle, die vor Herzkrankheit schützen.

4 Dosen (je 125 g) SARDINEN *in Wasser (ohne Haut und Gräten)*
1 Glas (450 g) rote Bete in Scheiben, abgetropft
24 Perlzwiebeln, halbiert
¼ Tasse feingehackte Mixed Pickles
2 TL Senf
2 EL fettarme Mayonnaise oder Magerjoghurt
Salatblätter
2 EL gehackter frischer Dill oder Petersilie (nach Belieben)

Portion: ⅙ Rezept
Kilokalorien: 122
Fett: 4 g
Cholesterin: 34 mg
Natrium: 586 mg

Die Sardinen in eine große Schüssel geben und in Stückchen zerkleinern.

Die roten Rüben in kleine Würfelchen schneiden und unter die Sardinen mischen. Perlzwiebeln und Pickles ebenfalls hinzufügen.

In einer kleinen Schale aus Senf und Mayonnaise eine Sauce rühren; wenn sie zu dick sein sollte, mit der Essigbrühe der Perlzwiebeln oder Pickles verdünnen. Die Sauce über Sardinen und rote Bete gießen, untermengen und den Salat 1 Stunde kalt stellen. Auf Salatblättern anrichten und nach Belieben mit gehackten Kräutern bestreuen.

Pikanter Reissalat mit grünen Bohnen und Schinken

Ergibt 6 Portionen

Einen Salat wie diesen bereite ich gern schon frühmorgens zu, ehe ich mich an mein Tagewerk begebe, so daß er zum Mittagessen fertig bereitsteht. Nach Wunsch können Sie Reiskleie mit hineinmengen, falls Sie eine Quelle dafür gefunden haben; sie löst sich bis zum Verzehr des Salates vollkommen auf. Oder Sie streuen kurz vor dem Servieren knusprige Haferkleie darüber, was auch seinen Reiz hat.

2 Tassen gekochter Langkornreis
300 g TK-Brechbohnen, aufgetaut und abgekocht, oder 2 Tassen frisch gekochte grüne Bohnen, in 5 cm lange Stücke geschnitten
225 g oder 1 Tasse gewürfelter magerer geräucherter Schinken ohne Fett
⅓ Tasse Chilisauce
¼ Tasse Rotweinessig
Pfeffer
½ Tasse REISKLEIE *(ersatzweise* KÖLLN-HAFERKLEIE*)*
Salatblätter

Portion: ⅙ Rezept
Kilokalorien: 143
Fett: 2 g
Cholesterin: 17 mg
Natrium: 436 mg

Den Reis in eine große Schüssel geben und mit den grünen Bohnen und dem Schinken vermengen.

Chilisauce und Essig verrühren und mit Pfeffer abschmecken. Mit dieser Sauce den Reissalat anmachen. Vor dem Servieren 2 Stunden zugedeckt kalt stellen.

Kurz vor dem Auftragen die Kleie untermischen, damit sie knusprig bleibt, und den Salat auf Kopfsalatblättern anrichten.

Reissalat mit Minze und Tomaten

Ergibt 6 Portionen

Ein Bissen von diesem etwas abgewandelten orientalischen Gericht, und man sieht förmlich Minaretts am Horizont emporragen. Wir haben den üblichen Bulgur durch weißen Reis ersetzt, aber Sie können ruhig wieder das traditionelle Getreide nehmen, wenn Ihnen an Originalität gelegen ist.

2 Tassen gekochter Langkornreis
2 Tassen feingehackte frische Petersilie
¼ Tasse REISKLEIE *(ersatzweise* KÖLLN-HAFERKLEIE*)*
½ Tasse in feine Scheiben geschnittene Schalotten
½ Tasse gehackte frische Minze oder 2 EL getrocknete Minze
½ TL abgeriebene Zitronenschale
2 EL Olivenöl
¼ Tasse Zitronensaft
Pfeffer nach Geschmack
2 ovale Tomaten, in gut 1 cm dicke Würfel geschnitten
Salatblätter

Den Reis in eine Schüssel geben.

Alle übrigen Zutaten außer Tomaten und Salatblättern im elektrischen Mixer oder mit dem Schneidstab zu einer glatten Sauce pürieren; falls sie zu dicksämig ist, mit etwas Wasser verdünnen. Den Reis mit der Sauce anmachen und 2 Stunden zugedeckt kühl stellen. Kurz vor dem Servieren die Tomatenwürfel unterheben und den Salat auf Kopfsalatblättern anrichten.

Portion: ⅙ Rezept
Kilokalorien: 125
Fett: 5,5 g
Cholesterin: 0
Natrium: 13 mg

Russische Kichererbsencreme

Ergibt etwa 2 Tassen

Jetzt kann Ihnen sogar Ihre Salatsauce wertvolle lösliche Faserstoffe bieten. Die Creme schmeckt, außer zu Salaten, auch gut zu kaltem Fleisch und gekühltem pochiertem Lachs. Schön glatt püriert, verleihen die Kichererbsen der Salatsauce ein besonders volles Aroma.

1 Tasse gekochte KICHERERBSEN, *frisch oder aus der Dose*
⅓ Tasse kalorienreduzierte Mayonnaise
¼ Tasse Tomatenketchup
1 Glas (125 g) Perlzwiebeln samt Flüssigkeit
1 EL Dijon-Senf
¼ Tasse Zitronensaft
Pfeffer

Alle Zutaten mit der Küchenmaschine zu einer glatten Creme verarbeiten und vor dem Servieren 2 Stunden zugedeckt kühlen.

Portion: ¼ Tasse
Kilokalorien: 44
Fett: 3 g
Cholesterin: 3 mg
Natrium: 217 mg

Sämige Gurkencreme

Ergibt etwa 2 Tassen

Diese Salatsauce schmeckt köstlich zu **Falafel** (siehe S. 171).

1 Tasse einfacher Magerjoghurt
½ Gurke, feingehackt
1 TL frisch gepreßter Zitronensaft
1 Knoblauchzehe, zerdrückt
½ TL Salz
½ Tl gemahlener weißer Pfeffer

Alle Zutaten miteinander verrühren, in ein verschließbares Glas füllen und im Kühlschrank aufbewahren. Großzügig für Falafel, aber auch für andere frische Salate verwenden.

Portion: ¼ Tasse
Kilokalorien: 20
Fett: 0,1 g
Cholesterin: 0,1 mg
Natrium: 145 mg

Vegetarische Gerichte

Pilzauflauf
Haferpfannkuchen mit Apfelkompott
Herzhafter Pfannkuchen
Mit Rosinengraupen gefüllte Paprikaschoten
Bohnenschäumchen
Kreolische rote Bohnenküchlein
Linsenplinsen
Weiße Schmorbohnen mit Brokkoli
Chili aus schwarzen Bohnen
Falafel
Graupentopf mit Schälerbsen und Gemüse
Hülsenfrüchte mit Gemüse
Roter Bohnenlaib mit Möhren
Zucchini-Paprika-Pfanne
Orientalische Kasserolle aus Graupen, Linsen und Reis
Griechisches Pastitsio mit Linsen
Nudelpfanne
Hörnchennudeln mit Schwarzaugenbohnen
Bohnen-Auberginen-Curry
Hoppin' John
Bohnen-Enchiladas
Indisches Biriyani aus Kichererbsen und Reis
Schmorgraupen mit Paprika und Tofu
Tortilla-Torte mit schwarzen Bohnen

Pilzauflauf

Ergibt 4 Portionen

Dieses Gericht werden Sie nicht alle Tage essen, da auch magerer Käse immer noch ziemlich viel Fett und damit Cholesterin enthält. Aber ab und zu dürfen Sie sich ruhig einen solchen Leckerbissen gönnen!

500 g frische Champignons, in Scheiben geschnitten
2 bis 3 EL Zitronensaft
1 große Zwiebel, gewürfelt
20 g Diät-Margarine
¼ l fettarme Milch (1,5 % Fett)
2 Eiweiß
16 EL KÖLLN-HAFERKLEIE
1 Bund Petersilie, feingehackt
weißer Pfeffer, Paprika edelsüß und Muskat nach Geschmack
100 g Gouda (30 % i. Tr.)

Portion: ¼ Rezept
Kilokalorien: 257
Fett: 12 g
Cholesterin: 20 mg
Natrium: 83 mg

Den Backofen auf 200 Grad vorheizen. Eine Auflaufform hauchdünn mit etwas zerlassener Margarine ausfetten. Die Champignonscheibchen mit dem Zitronensaft beträufeln.

In einer beschichteten Pfanne die Margarine erhitzen und darin Zwiebeln und Champignons andünsten.

Milch, Eiweiß und Haferkleie verquirlen. Mit der feingehackten Petersilie, weißem Pfeffer, edelsüßem Paprika und geriebener Muskatnuß abschmecken.

Champignons und Zwiebeln in die Auflaufform füllen. Mit der Milchmischung übergießen und mit geriebenem bestreuen. Im heißen Ofen etwa 30 Minuten überbacken.

Haferpfannkuchen mit Apfelkompott

Ergibt 4 Portionen

Apfelpfannkuchen mag wohl jeder gern, und wenn er so angereichert ist wie dieser, avanciert er vielleicht sogar zum Leibgericht!

10 EL KÖLLN-HAFERKLEIE
4 EL Weizenvollkornmehl
¼ l fettarme Milch (1,5 % Fett)
2 Eiweiß
4 EL Magerquark
1 TL Salz
2 bis 3 TL Pflanzenöl
1 Glas (750 g) Apfelmus ohne Zucker

Portion: ¼ Rezept
Kilokalorien: 272
Fett: 5 g
Cholesterin: 1 mg
Natrium: 44 mg

Haferkleie, Weizenmehl, Milch, Eiweiß, Magerquark und Salz mit dem elektrischen Rührgerät gründlich verschlagen.

In einer Pfanne, die nach Möglichkeit beschichtet sein sollte, etwas Öl erhitzen und mit einer Kelle den Teig hineingeben. Kleine Pfannkuchen von jeder Seite 3 bis 4 Minuten knusprig braun backen. Warm stellen, bis alle Pfannkuchen fertig sind, und sofort mit Apfelmus zu Tisch bringen.

Herzhafter Pfannkuchen

Ergibt 4 Portionen

Pfannkuchen kann auch ganz anders sein: ein Eierkuchen, mit feinem Gemüse gefüllt. Da er sehr reichhaltig ist, gibt er eine volle Mahlzeit ab, die durch ein frisches Glas Bier abgerundet wird.

2 kleine Lauchstangen, in feine Scheiben geschnitten
2 kleine rote Paprikaschoten, in feine Ringe geschnitten
2 kleine Zwiebeln, gewürfelt
100 g frische Champignons, in Scheiben geschnitten
2 EL Zitronensaft
250 g Sojasprossen
2 EL Diät-Margarine
¾ l Wasser
4 TL Sojasauce
Pfeffer, Muskat und Liebstöckel nach Geschmack
gehackte frische Petersilie
130 g KÖLLN-HAFERKLEIE
4 EL Weizenvollkornmehl
350 ml fettarme Milch (1,5 % Fett)
2 Eiweiß
1 Prise Salz
2 TL Pflanzenöl

Portion: 1 gefüllter Pfannkuchen
Kilokalorien: 360
Fett: 13 g
Cholesterin: 4,5 mg
Natrium: 98 mg

Die in Scheiben geschnittenen Champignons mit Zitronensaft beträufeln. Die Sojasprossen mit heißem Wasser abspülen.

In einem Topf die Margarine erhitzen und das Gemüse kurz darin andünsten. Mit heißem Wasser aufgießen und mit Sojasauce und Gewürzen abschmecken. Auf kleiner Flamme etwa 15 Minuten garen. Danach 4 Eßlöffel Haferkleie einstreuen und unterrühren.

Aus der restlichen Haferkleie (100 g), dem Weizenmehl, Milch, Eiweiß und einer Prise Salz einen Pfannkuchenteig rühren.

Etwas Öl in einer möglichst beschichteten Pfanne erhitzen und darin nacheinander vier Pfannkuchen jeweils etwa 3 Minuten von jeder Seite goldbraun backen. Auf einen Teller legen, das Gemüse daraufgeben und einschlagen, oder das Gemüse extra dazu reichen.

Mit Rosinengraupen gefüllte Paprikaschoten

Ergibt 6 Stück

Gefüllte Paprikaschoten werden normalerweise mit Rindergehacktem hergestellt und sind dann ausgesprochen fettreich. Gottlob gibt es andere Möglichkeiten. Wenn Sie ein Fleischliebhaber sind, können Sie das nachstehende Rezept leicht abändern und ruhig etwas Schabefleisch mit den Zwiebeln und gehackten Paprikaschoten zusammen anbraten.

1 Tasse PERLGRAUPEN
6 mittelgroße grüne oder rote Paprikaschoten
¼ Tasse gehackte Zwiebeln
¾ Tasse Rosinen
2 EL gehackte frische oder 2 TL getrocknete Minze
¾ TL gemahlener Zimt
2 EL Zitronensaft
Pfeffer

Portion: 1 Stück
Kilokalorien: 193
Fett: 0,8 g
Cholesterin: 0
Natrium: 6 mg

Die Graupen mit 6 bis 8 Tassen Wasser aufsetzen und quellen lassen, bis sie eben gar sind und noch Biß haben. Abgießen und bereitstellen.

Den Backofen auf 180 Grad vorheizen.

Vom Stielende der Paprikaschoten eine etwa 1,5 cm dicke Scheibe abschneiden. Den Stielansatz herauslösen und das verbleibende Fruchtfleisch kleinhacken und für später aufheben. Dann die Paprikaschoten von den Kernen und weißen Rippen befreien.

In einer spezialbeschichteten Pfanne mit hohem Rand die Zwiebeln mit den gehackten Paprikaenden ein paar Minuten unter ständigem Rühren anrösten. Mit ½ Tasse Wasser ablöschen und zugedeckt auf milder Hitze etwa 10 Minuten dünsten, bis das Gemüse gar ist.

Nun die gekochten Graupen, Rosinen, Minze, Zimt und Zitronensaft hinzufügen, ungefähr 1 Minute unter Rühren heiß werden lassen und vom Feuer nehmen. Nach Geschmack mit Pfeffer würzen.

Die ausgehöhlten Paprikaschoten mit der Graupenmasse füllen und so in eine feuerfeste Form setzen, daß sie sich gegenseitig stützen. Die Form etwa 3 cm hoch mit Wasser vollgießen und die Paprikaschoten zugedeckt 45 Minuten bis 1 Stunde backen, bis sie gar sind.

Bohnenschäumchen

Ergibt 6 Portionen

Sie werden sich nur schwer entscheiden können, ob Sie dieses Gericht als Beilage oder als Vorspeise auftragen wollen. Auf jeden Fall ist es delikat und nahrhaft und enthält Zutaten aus allen Nahrungsmittelgruppen. Da es in Deutschland (noch) keine Käseimitate gibt, müssen Sie entweder Verzicht leisten oder das zusätzliche Cholesterin in Kauf nehmen.

1 Dose (450 g) SCHWARZE BOHNEN, *abgetropft*
½ Tasse KÖLLN-HAFERKLEIE
1 Dose (100 g) gehackte grüne Chilischoten
1 Dose (200 g) Tomatensauce
1 Jalapeño-Pfefferschote, feingehackt (nach Belieben)
½ TL gemahlener Kreuzkümmel (Cumin)
½ TL Knoblauchpulver
2 EL Zitronensaft
100 g Edamer (30 % Fett i. Tr.), gerieben
4 Eiweiß
1 Frühlingszwiebel, in feine Scheibchen geschnitten

Portion: 1 Schäumchen
Kilokalorien: 138
Fett: 4,1 g
Cholesterin: 9 mg
Natrium: 187 mg

Den Backofen auf 200 Grad vorheizen.

Alle Zutaten bis auf Eiweiß und Frühlingszwiebeln im elektrischen Mixer oder mit dem Schneidstab pürieren.

Die Eiweiß zu steifem Schnee schlagen und unter das Püree heben. Diese Mischung in 6 feuerfeste Förmchen füllen und 20 Minuten backen. Mit Frühlingszwiebelringen bestreuen und sofort zu Tisch bringen.

Kreolische rote Bohnenküchlein

Ergibt 12 Küchlein von 5 cm Durchmesser

Bei diesem Rezept müssen Bohnen und Gewürze zu einer glatten Masse verarbeitet und zu Bratlingen geformt werden. Wenn Ihnen eine etwas grobere Beschaffenheit lieber ist, hacken Sie die Bohnen, statt sie zu pürieren. Weiter verfahren Sie mit dem Teig wie mit Hamburgern; servieren Sie sie mit Zwiebelringen, Salat, Tomatenscheiben und Ketchup oder Senf auf Burgerbrötchen.

4 Tassen gekochte ROTE BOHNEN, *abgetropft*
4 Frühlingszwiebeln, in dünne Scheibchen geschnitten
½ rote Paprikaschote, gehackt
½ Tasse feingehackte frische Petersilie
¼ TL Cayennepfeffer
Tabasco nach Geschmack
½ TL Thymian
¼ TL Knoblauchpulver
etwa ½ Tasse APFELGRANULAT *(ersatzweise heiß eingeweichter Apfeltee)*

Portion: 1 Küchlein
Kilokalorien: 84
Fett: 0,4 g
Cholesterin: 0
Natrium: 102 mg

Bohnen, Frühlingszwiebeln, Paprika, Kräuter und Gewürze sowie ¼ Tasse des Apfelgranulats im elektrischen Mixer zu einem glatten Püree verarbeiten.

Das restliche Apfelgranulat pulverisieren und in eine kleine Schüssel geben. Die Hände damit bemehlen und aus der Bohnenmasse kleine, etwa 2 cm dicke Küchlein von ungefähr 5 cm Durchmesser formen.

Eine spezialbeschichtete Pfanne zum fettfreien Braten vorsichtig erhitzen und die Küchlein darin von beiden Seiten etwa 5 Minuten knusprig braten.

Linsenplinsen

Ergibt 8 Plinsen von 8 cm Durchmesser

Diese Küchlein stecken voller löslicher Faserstoffe, was Linsen und Kleie zu verdanken ist. Sie enthalten sogar ebensoviel lösliche Faserstoffe wie 2 ½ Tassen Haferkleie. Wenn Sie versäumt haben, Haferkleie-Muffins oder -Müsli zum Frühstück zu essen, können Sie Ihren Tagesbedarf an löslicher Faser beim Mittagessen decken. Servieren Sie die Plinsen auf Vollkornbrötchen oder Muffins. Oder machen Sie »Cheeseburger« daraus, indem Sie sie mit etwas geriebenem Parmesankäse bestreuen und kurz überbacken.

1 Tasse LINSEN, *gewaschen*
1 EL Olivenöl
½ Tasse gehackte Zwiebeln
1 Tasse feingeschnittene Möhren
1 Eiweiß
½ TL Knoblauchpulver
½ Tasse REISKLEIE *(ersatzweise* KÖLLN-HAFERKLEIE*)*
2 EL Tomatenketchup
Pfeffer
feingehackte frische Petersilie zum Verzieren (nach Belieben)

Portion: 1 Stück
Kilokalorien: 122
Fett: 2,6 g
Cholesterin: 0
Natrium: 66 mg

2 Tassen Wasser zum Kochen bringen, die Linsen hineinschütten und zugedeckt etwa 25 Minuten leise wallen lassen, bis sie eben gar sind; sie dürfen nicht matschig sein. In einem Sieb ungefähr 1 Stunde abtropfen lassen.

In einem kleinen, schweren Topf das Olivenöl erhitzen. Zwiebeln und Möhren darin 1 Minute unter ständigem Rühren anbraten. Mit etwas Wasser ablöschen und zugedeckt etwa 10 Minuten dünsten, bis das Gemüse gar ist.

Im elektrischen Mixer oder mit dem Schneidstab Linsen, gekochte Gemüse, Eiweiß, Knoblauch, ¼ Tasse Kleie sowie Ketchup und Pfeffer zu einer glatten Masse verarbeiten.

Die restliche Kleie in eine flache Schale geben. Aus der Linsenmasse 8 Küchlein von etwa 10 cm Durchmesser formen und in der Kleie wälzen. In einer spezialbeschichteten Pfanne ohne Fettzugabe bei milder Hitze etwa 4 Minuten braten, dann mit einem Spachtel wenden und auf der zweiten Seite 3 Minuten braten. Mit Petersilie bestreut zu Tisch bringen.

Weiße Schmorbohnen mit Brokkoli

Ergibt 8 Portionen

Die Minze verleiht diesem nahöstlichen Gericht sein charakteristisches Aroma. Sie können jede Hülsenfruchtart dazu nehmen, aber richtig Pep bekommt die Sache erst, wenn Sie drei Sorten zusammenmischen.

1 EL Olivenöl
1 Zwiebel, feingehackt
2 rote oder grüne Paprikaschoten, geputzt und in feine Ringe geschnitten
250 g frische Champignons, in dünne Scheibchen geschnitten
1 EL frische oder
2 TL getrocknete Minze
3 Tassen gekochte BOHNEN *oder* ERBSEN *verschiedener Art, abgespült und abgetropft*
4 Tassen frischer oder
300 g TK-Brokkoli
Pfeffer oder Tabasco

Portion: ⅙ Rezept
Kilokalorien: 169
Fett: 3,5 g
Cholesterin: 0
Natrium: 25 mg

In einem mittelgroßen, schweren Topf das Olivenöl erhitzen. Darin Zwiebeln und Paprikaringe 5 Minuten unter ständigem Rühren braten. Wenn das Gemüse zu schnell bräunt oder am Topfboden anbackt, mit ein paar Eßlöffeln Wasser ablöschen.

Pilze und Minze zugeben und zugedeckt 5 Minuten mitdünsten; dann die Bohnen oder Erbsen zufügen und alles zusammen weitere 10 Minuten köcheln lassen. Den Brokkoli einlegen, 1 Tasse Wasser zugießen, den Deckel auflegen und das Ganze nochmals etwa 5 Minuten simmern lassen, bis der Brokkoli eben gar ist. Nach Geschmack mit Pfeffer würzen.

Chili aus schwarzen Bohnen

Ergibt 6 Portionen

»Chili« bezieht sich natürlich auf die Chilischoten, denen dieses Gericht sein Aroma verdankt. Ursprünglich kamen in ein Chili überhaupt keine Bohnen – nur Fleisch und Pfefferschoten. Heute sind jedoch Bohnen gefragt. Für dieses Rezept brauchen Sie nicht unbedingt Fleisch, aber Sie können ruhig ein wenig angebräuntes, ganz mageres Rindfleisch oder Putenbrust, in Stücken oder durch den Wolf gedreht, verwenden, wenn Sie wollen. Oder machen Sie es wie wir, und geben Sie gekochte Hörnchennudeln hinein – wir nennen das »Chili-Mac«.

2 rote Paprikaschoten, in dünne Ringe geschnitten
1 EL Olivenöl
1 EL Chilipulver
1 EL gemahlener Kreuzkümmel (Cumin)
½ TL Knoblauchpulver
2 Dosen (je 450 g) SCHWARZE BOHNEN
¼ Tasse Tomatenketchup
Nach Belieben:
½ Tasse feingehacktes Koriandergrün
¼ Tasse gehackte Frühlingszwiebeln
Magerjoghurt
½ Tasse geriebener Parmesankäse

Portion: ⅙ Rezept
Kilokalorien: 130
Fett: 3,5 g
Cholesterin: 0
Natrium: 320 mg

In einem mittelgroßen, schweren Topf die Paprikaringe 2 Minuten im Olivenöl anbraten, dann zugedeckt 5 bis 10 Minuten weichdünsten. Wenn das Gemüse am Topfboden festzubacken beginnt, 1 bis 2 Eßlöffel kaltes Wasser zufügen.

Chilipulver und Kreuzkümmel über die Paprikaringe stäuben und 30 Sekunden unter ständigem Rühren mitrösten. Dann das Knoblauchpulver und die schwarzen Bohnen mit Flüssigkeit zufügen und zugedeckt 30 Minuten köcheln lassen. Den Deckel abnehmen und das Ketchup unterrühren. Wenn der Chili noch zu flüssig sein sollte, im offenen Topf weitere 15 Minuten einkochen lassen.

Nach Belieben mit den vorgeschlagenen Beilagen servieren.

Falafel

Ergibt 18 Bällchen von 3 cm Durchmesser

Falafel sind die Urahnen vegetarischer Knödel und werden überall im Nahen Osten serviert. Statt sie, wie üblich, in Fett schwimmend auszubacken, reduziert dieses Rezept den Fettanteil durch Backen im Ofen. Verwenden Sie die Bällchen als Appetithappen oder füllen Sie sie mit gehackten Tomaten, Salat und **Sämiger Gurkencreme** in aufgeschnittene Fladenbrote (Pita).

2 Tassen gekochte KICHERERBSEN *oder* SCHWARZAUGENBOHNEN, *abgetropft*
¼ Tasse feingemahlene REISKLEIE *(ersatzweise* KÖLLN-HAFERKLEIE*)*
2 Knoblauchzehen, zerdrückt
½ TL gemahlener Koriander
1 TL gemahlener Kreuzkümmel (Cumin)
¼ TL Cayennepfeffer
1 TL getrocknetes oder
2 EL feingehacktes frisches Koriandergrün
(ersatzweise glattblättrige Petersilie)
Pfeffer
Mehl

Sämige Gurkencreme
(Rezept siehe S. 158)

Portion: 1 Bällchen
(ohne Gurkencreme)
Kilokalorien: 22
Fett: 0,2 g
Cholesterin: 0
Natrium: 1 mg

Alle Zutaten bis auf das Mehl im elektrischen Mixer oder mit einer anderen Küchenmaschine zu einem Teig verarbeiten, der noch etwas stückig sein soll.

Den Backofen auf 180 Grad vorheizen.

Mit leicht bemehlten Händen aus der Masse Bällchen von etwa 3 cm Durchmesser formen. Die Bällchen von allen Seiten in einer spezialbeschichteten Pfanne ohne Fett bräunen, dann im heißen Ofen 30 Minuten backen. Mit sämiger Gurkencreme zu Tisch bringen.

Graupentopf mit Schälerbsen und Gemüse

Ergibt 6 Portionen

Dieser Eintopf mit seinen vielen Zutaten ist nahrhaft und lecker, reich an löslichen Faserstoffen und sehr farbenprächtig. Vielleicht wollen Sie noch Hähnchenbruststückchen, gewürfeltes ganz mageres Rindfleisch oder Fisch beifügen. Wenn Ihnen der Sinn nach Fisch steht, geben Sie die Menge, die Ihnen beliebt, für die letzten zehn Minuten Kochzeit hinein.

1/2 Tasse PERLGRAUPEN
½ Tasse GRÜNE SCHÄLERBSEN
1 kleine Zwiebel, feingehackt
1 Knoblauchzehe, zerdrückt
2 Tassen (1 Dose à 400 g) geschälte Tomaten in Stücken
½ TL Selleriesaat
2 Möhren, feingehackt
1 Tasse frische grüne Bohnen, in gut 2 cm lange Stücke gebrochen, oder 300 g TK-Brechbohnen
1 Tasse Maiskörner aus der Dose
1 bis 2 EL Zitronensaft
Pfeffer

Portion: ⅙ Rezept
Kilokalorien: 150
Fett: 0,6 g
Cholesterin: 0
Natrium: 125 mg

Gerstengraupen und Erbsen mit Zwiebeln, Knoblauch, Tomaten und 3 Tassen Wasser zum Kochen bringen. Die Selleriesaat zufügen und alles zusammen zugedeckt 45 Minuten sanft köcheln.

Möhren und frische grüne Bohnen (die TK-Bohnen noch nicht) hineingeben, den Deckel wieder auflegen und das Ganze weitere 15 Minuten wallen lassen. Dann den Mais und gegebenenfalls die tiefgefrorenen Brechbohnen zufügen. Den Eintopf bei geöffnetem Deckel noch 10 bis 15 Minuten simmern lassen, bis Graupen und Erbsen fast die ganze Flüssigkeit aufgesaugt haben. Nach Geschmack mit Zitronensaft und Pfeffer würzen.

Hülsenfrüchte mit Gemüse

Ergibt 8 Portionen

Ein einfacher Eintopf, der sowohl für den Gaumen als auch für die Augen ein Genuß ist.

½ Tasse getrocknete LINSEN
1 Dose (400 g) geschälte Tomaten in Stücken
½ Tasse feingehackte Zwiebeln
½ Tasse feingehackte Paprikaschoten
1 Möhre, feingehackt
1 Selleriestange, feingehackt
1 Dose (400 g) WACHTELBOHNEN
300 g Maiskörner aus der Dose
Pfeffer

Portion: ⅛ Rezept
Kilokalorien: 196
Fett: 0,6 g
Cholesterin: 0
Natrium: 101 mg

In einem großen, schweren Topf Linsen, Erbsen, Tomaten, Zwiebeln, Paprika, Möhre und Sellerie mit 2 Tassen Wasser zum Kochen bringen, dann zugedeckt 25 Minuten leise wallen lassen.

Die Bohnen samt Flüssigkeit und den Mais hinzufügen. Wenn nötig, etwas Wasser zugießen, damit das Gemüse eben bedeckt ist. Zugedeckt weitere 15 Minuten köcheln, bis Linsen und Erbsen weich und zart sind. Mit Pfeffer abschmecken und servieren.

Roter Bohnenlaib mit Möhren

Ergibt 6 bis 8 Portionen

Farbe und Konsistenz machen dieses Gericht zu einem attraktiven, sättigenden Hauptgang.

1 EL Olivenöl
1 Zwiebel, in dünne Scheiben geschnitten
250 g (etwa 3) Möhren, geraspelt
4 Tassen gekochte ROTE KIDNEYBOHNEN *oder* WACHTELBOHNEN, *frisch oder aus der Dose und abgetropft*
½ TL Thymian
1 Prise Piment
Pfeffer
2 Eiweiß

Tomatensauce (siehe S. 271, nach Belieben)

Portion: ⅛ Rezept
Kilokalorien: 149
Fett: 2,3 g
Cholesterin: 0
Natrium: 160 mg

Den Backofen auf 180 Grad vorheizen.

In einer großen Pfanne das Öl erhitzen. Im heißen Öl die Zwiebeln 1 bis 2 Minuten pfannenrühren. Mit 1 Eßlöffel Wasser angießen und nochmals etwa 2 Minuten dünsten, bis sie glasig zu werden beginnen.

Die geraspelten Möhren zugeben und unter häufigem Rühren etwa 2 Minuten dünsten; sie dürfen nicht zu weich werden, sondern müssen noch etwas knackig und im Bohnenlaib zu spüren sein.

Die Hälfte der Bohnen mit den Zwiebeln und Möhren in den elektrischen Mixer geben und mit den Gewürzen und Eiweiß zusammen zu einer glatten Masse verarbeiten. Diese Bohnenmasse mit den restlichen Bohnen vermengen.

Die Masse in eine beschichtete Kastenform von etwa 12 × 25 cm füllen und 45 Minuten backen. Aus dem Ofen nehmen und 15 Minuten ruhen lassen. Portionsweise aus der Form holen und nach Belieben mit **Tomatensauce** servieren.

Orientalische Kasserolle aus Graupen, Linsen und Reis

Ergibt 6 bis 8 Portionen

Die Kombination von Aprikosen und Rosinen mit Linsen und Gerstengraupen, die dem Gericht eine Spur von Süße verleiht, werden Sie nicht alltäglich finden. Knabbern Sie dazu knusprig aufgebackenes Pita-Brot.

1 EL Olivenöl
1 kleine Zwiebel, feingehackt
2 Knoblauchzehen, zerdrückt
1 TL gemahlener Zimt
1 TL Zucker
½ Tasse PERLGRAUPEN
½ Tasse Langkornreis
¼ Tasse gehackte getrocknete Aprikosen
½ Tasse Rosinen
1 ½ TL getrocknete Minze
Pfeffer

Portion: ⅛ Rezept
Kilokalorien: 168
Fett: 2 g
Cholesterin: 0
Natrium: 10 mg

In einem mittelgroßen, schweren Topf das Öl erhitzen. Im heißen Öl Zwiebeln und Knoblauch 2 Minuten anbraten. Zimt und Zucker darüberstäuben, dann 4 Tassen Wasser zugießen. Linsen und Gerstengraupen hineinschütten und zugedeckt 20 Minuten leise köcheln lassen.

Reis, Aprikosen, Rosinen und Minze zufügen, alle Zutaten gut vermengen und zugedeckt nochmals 20 Minuten simmern, bis sie gar sind und die Flüssigkeit aufgesogen haben. Nach Geschmack mit Pfeffer würzen.

Zucchini-Paprika-Pfanne

(Bildtafel I)

Ergibt 4 Portionen

Ein ebenso schmackhaftes wie farbenfrohes Gericht, das sich durch Zugabe von Tomatenmark oder, etwas gehaltvoller, fettreduziertem Schmelzkäse delikat abwandeln läßt.

100 g Naturreis
1 l Wasser
2 kleine Zwiebeln, feingewürfelt
Knoblauch nach Geschmack
4 TL Pflanzenöl
2 kleine Zucchini
2 kleine rote Paprikaschoten, in feine Streifen geschnitten
2 kleine grüne Paprikaschoten, in feine Streifen geschnitten
½ l Gemüsebrühe
4 Tomaten, geschält und kleingeschnitten
16 EL Kölln-Haferkleie
Kräuter nach Belieben (Petersilie, Majoran, Liebstöckel)
Pfeffer

Portion: ¼ Rezept
Kilokalorien: 288
Fett: 10 g
Cholesterin: 0
Natrium: 19 mg

Den gewaschenen Naturreis in dem Wasser garkochen und auf einem Sieb abtropfen lassen.

In einer Pfanne das Öl erhitzen und die Zwiebelwürfelchen darin andünsten. Frischen Knoblauch nach Wunsch durch die Presse auf die Zwiebeln drücken und kurz mitrösten. Zucchini- und Paprikastreifen zugeben und ebenfalls andünsten. Mit der Gemüsebrühe ablöschen, die Tomaten zufügen und alles zusammen bei mittlerer Hitze 25 Minuten köcheln lassen.

Anschließend die Haferkleie einrühren und den gekochten Reis unterheben. Mit Kräutern und Pfeffer abschmecken.

Griechisches Pastitsio mit Linsen

Ergibt 8 Portionen

Das traditionelle Pastitsio enthält jede Menge gesättigtes Fett. Selbst die Griechen essen dieses Gericht nur ab und zu einmal. Hier ist eine gesunde Alternative zum klassischen Rezept.

250 g (etwa 2 Tassen) trockene Makkaroni
1 Tasse LINSEN
1 EL Olivenöl
1 kleine Zwiebel, feingehackt
¼ Tasse Weißwein
½ TL gemahlener Zimt
1 Dose (200 g) Tomatensauce ohne Salz
1 Tasse (2 kleine Dosen) leichte Kondensmilch (4 % Fett)
2 EL KÖLLN-HAFERKLEIE
1 Prise Muskatnuß
100 g Mozzarella (Halbfettstufe), geraspelt

Portion: ⅛ Rezept
Kilokalorien: 214
Fett: 6 g
Cholesterin: 10,5 mg
Natrium: 144 mg

Die Makkaroni in kochendem Wasser 8 bis 10 Minuten garen und abgießen. Kalt abschrecken und für später aufbewahren. Die Linsen etwa 25 Minuten in 4 Tassen Wasser kochen, bis sie eben gar sind. Abgießen und abtropfen lassen.

In einer großen Pfanne das Öl erhitzen. Wenn es heiß ist, die Zwiebeln hineingeben und 2 Minuten anschwitzen. Mit Wein ablöschen und 10 Minuten dünsten, bis der Wein verdampft ist und die Zwiebeln gar sind. Zimt, Tomatensauce und Linsen zufügen und 3 bis 4 Minuten köcheln lassen.

In einem Topf die Milch erhitzen. Haferkleie und Muskatnuß mit dem Schneebesen einrühren und 1 Minute unter ständigem Rühren simmern, dann vom Feuer nehmen. Die Makkaroni gut unter die Milch mengen.

Die Hälfte der Makkaroni auf dem Boden einer quadratischen beschichteten Backform von etwa 24 cm Kantenlänge verteilen. Die Hälfte der Linsenmischung darüberfüllen und glattstreichen. Darauf noch eine Schicht Makkaroni und zuletzt eine Lage Linsen geben. Mit dem geraspelten Mozzarella bedecken. Die Form mit Alufolie verschließen und das Pastitsio 15 Minuten bakken, bis es heiß ist. Zuletzt kurz unter den Grill schieben und überbräunen.

Nudelpfanne

Ergibt 4 Portionen

Ein nahrhaftes Gericht, das schnell zubereitet ist und trotzdem sättigt. Dazu ein Glas Rotwein, und der Abend ist gerettet!

160 g Vollkorn-Bandnudeln
4 TL gekörnte Gemüsebrühe
2 kleine rote Paprikaschoten, streifig geschnitten
2 kleine grüne Paprikaschoten, streifig geschnitten
2 kleine Zucchini, gewürfelt
2 Zwiebeln, gehackt
2 EL Diät-Margarine
¼ l fettfreie Gemüsebrühe
8 EL Kondensmilch (7,5 % Fett)
12 EL KÖLLN-HAFERKLEIE
Pfeffer und Paprikapulver nach Geschmack
gehackte Petersilie
Sojasauce
2 Tomaten, in Spalten geschnitten
frisches Basilikum

Portion: ¼ Rezept
Kilokalorien: 350
Fett: 9 g
Cholesterin: 6 mg
Natrium: 154 mg

Reichlich Wasser für die Nudeln erhitzen und mit der gekörnten Brühe würzen. Die Nudeln einlegen und 6 bis 8 Minuten bißfest garen.
Inzwischen die Zwiebeln in der Margarine anbraten. Das Gemüse hinzufügen, kurz andünsten und mit heißer Gemüsebrühe aufgießen. Kondensmilch und Haferkleie einrühren. Kräftig mit Pfeffer, Paprikapulver, Petersilie und ein paar Spritzern Sojasauce abschmecken.

Die Nudeln abgießen, in eine vorgewärmte Schüssel geben und die Gemüsesauce darüberschöpfen. Mit Tomatenachteln und gehackten frischen Basilikumblättchen anrichten.

Hörnchennudeln mit Schwarzaugenbohnen

Ergibt 6 bis 8 Portionen

Schwarzaugenbohnen enthalten mehr lösliche Faserstoffe als jede andere Hülsenfruchtart. Diese Lieblingsbohne südlicher Breiten läßt sich auch für viele andere Rezepte dieses Buches verwenden.

1 Tasse getrocknete
SCHWARZAUGENBOHNEN
250 g (etwa 2 Tassen) trockene
Hörnchennudeln
2 Dosen (je 170 g) leichte
Kondensmilch (4 % Fett)
¼ Tasse KÖLLN-HAFERKLEIE
1 Prise Muskatnuß
Pfeffer
5 EL geriebener Parmesankäse

Portion: ⅛ Rezept
Kilokalorien: 170
Fett: 3,7 g
Cholesterin: 8,8 mg
Natrium: 131 mg

Die Schwarzaugenbohnen zugedeckt in 4 Tassen Wasser etwa 45 Minuten kochen, bis sie gar sind. Abgießen und abtropfen lassen.

Die Nudeln 8 bis 10 Minuten sprudelnd kochen lassen. Abgießen und kalt abschrecken.

Kondensmilch und Haferkleie mit Muskatnuß und Pfeffer langsam zum Kochen bringen, dabei ständig mit einem Schneebesen durchschlagen, damit die Haferkleie nicht ansetzt. 2 Minuten sanft köcheln lassen. Schwarzaugenbohnen, Nudeln und Käse in diese Sauce geben, gründlich untermischen und 2 Minuten heiß werden lassen.

Bohnen-Auberginen-Curry

Ergibt 4 Portionen

Ich persönlich nehme Auberginen nicht gern als Hauptzutat, weil sie beim Kochen recht weich werden. Hingegen finde ich es wunderbar, wie sie Aromen in sich aufnehmen, zum Beispiel den Curryduft. Die Kombination von Auberginen und Bohnen ist in diesem Gericht wirklich gelungen. Mit Reis zusammen hat man so eine sättigende Mahlzeit, ob mit oder ohne Fleisch als Beilage. Sie können jedoch durchaus zum Schluß ein halbes Pfund Schabefleisch anbräunen und beifügen, um Ihre Fleischeslust zu stillen!

1 Tasse getrocknete WEISSE BOHNEN, *eingeweicht (siehe S. 95) oder*
2 Tassen Dosenbohnen
500 bis 750 g Auberginen, in gut 2 cm große Stücke geschnitten
2 Möhren, geschabt und in 1 cm dicke Scheiben geschnitten
1 Zwiebel, in dünne Scheiben geschnitten
2 TL Currypulver
1 TL gemahlener Kreuzkümmel (Cumin)
1 EL Zitronensaft
Pfeffer

Portion: ¼ Rezept
Kilokalorien: 124
Fett: 0,8 g
Cholesterin: 0
Natrium: 21 mg

Alle Zutaten bis auf Zitronensaft und Pfeffer in einen großen Topf geben. Getrocknete, eingeweichte Bohnen knapp mit Wasser bedecken und zugedeckt langsam 1 ½ bis 2 Stunden kochen, bis alles gar ist. Während des Garens von Zeit zu Zeit prüfen, ob die Bohnen noch mit Flüssigkeit bedeckt sind, da sie andernfalls nicht weich werden.

Dosenbohnen samt Flüssigkeit mit allen anderen Zutaten plus ½ Tasse Wasser aufsetzen und zugedeckt etwa 45 Minuten simmern lassen, bis die Auberginenstücke gar sind.

Die Bohnen-Auberginen-Mischung in ein Sieb schütten, die ablaufende Flüssigkeit auffangen und einkochen, bis nur noch ½ Tasse übrig ist. Diesen Sud mit dem Zitronensaft unter das Gemüse rühren und das Gericht mit Pfeffer abschmecken.

Hoppin' John

Ergibt 6 Portionen

Statt mittags ein Butterbrot zu essen, könnten Sie lieber einmal dieses Gericht auf Salatblättern anrichten und mit gehackten Tomaten garnieren. Geben Sie noch eine fettarme Salatsauce darüber, und servieren Sie frisches Maisbrot dazu.

1 Tasse getrocknete
SCHWARZAUGENBOHNEN
1 kleine Zwiebel, feingehackt
½ TL Cayennepfeffer
100 g kleingewürfelter sehr magerer Schinken ohne Fettrand
1 Lorbeerblatt
1 Tasse Langkornreis

Portion: ⅙ Rezept
Kilokalorien: 131
Fett: 1,4 g
Cholesterin: 10 mg
Natrium: 161 mg

In einem mittelgroßen, schweren Topf Schwarzaugenbohnen, Zwiebel, Cayennepfeffer, Schinken und Lorbeerblatt, knapp mit etwa 3 Tassen Wasser bedeckt, 45 Minuten köcheln lassen, bis die Bohnen gar sind.

Den Reis zufügen und bei aufgelegtem Deckel etwa 15 Minuten quellen lassen, bis er die Flüssigkeit absorbiert hat. Das Lorbeerblatt entfernen und das Gericht servieren.

Bohnen-Enchiladas

Ergibt 6 Portionen

Während Sie diese Enchiladas zubereiten, könnten Sie gleich ein paar Tortilla-Chips herstellen, die beim Warten auf den Hauptgang mit Sauce (*Salsa*) geknabbert werden. Dazu nehmen Sie ein paar Mais-Tortillas, schneiden sie in Stücke, pinseln einen Hauch von Olivenöl auf beide Seiten, streuen, wenn Sie wünschen, etwas Salz darüber und backen die Chips im heißen Ofen bei 180 Grad etwa 10 Minuten lang. Servieren Sie die Enchiladas zu Reis.

½ Tasse gehackte Zwiebeln
225 g Hähnchenbrust, in gut 1 cm große Würfel geschnitten
1 Dose (450 g) SCHWARZE BOHNEN, *abgetropft*
1 Dose (100 g) gehackte grüne Chilischoten
½ Tasse feingehacktes frisches Koriandergrün oder glattblättrige Petersilie
12 Mais- oder 10 Weizenmehl-Tortillas
1 Glas (200 ml) scharfe Taco-Sauce
1 Tasse Tomatensauce ohne Salz
6 EL geriebener Parmesankäse
Magerjoghurt
gehacktes Koriandergrün

Portion: ⅙ Rezept
Kilokalorien: 293
Fett: 7 g
Cholesterin: 39,5 mg
Natrium: 210 mg

Den Backofen auf 180 Grad vorheizen.

In einer spezialbeschichteten Pfanne die Zwiebeln 3 bis 4 Minuten braten, bis sie weich geworden sind.

Hähnchenbrustwürfel, Bohnen sowie Chilischoten zufügen und alles etwa 10 Minuten dünsten, bis das Fleisch gar ist. Die Mischung abkühlen lassen.

Die Tortillas vorsichtig erwärmen, auf einer Seite mit der Füllung belegen und aufrollen. Die fertigen Tortillas mit dem Saum nach unten nebeneinander in eine große feuerfeste Form legen.

Taco- und Tomatensauce miteinander verrühren und über die Tortillas gießen. Mit Parmesankäse bestreuen und 25 bis 30 Minuten backen. Dazu Magerjoghurt und gehackte Korianderblätter servieren.

Indisches Biriyani aus Kichererbsen und Reis

Ergibt 6 Portionen

Wieder einmal ein treffliches Beispiel dafür, wie andere Völker die Aminosäuren von Reis und Bohnen kombinieren und dadurch hochwertiges Eiweiß erhalten. Es kann sowohl als Vorspeise wie auch als Beilage oder vollständige Mahlzeit in den Speiseplan einbezogen werden.

2 kleine Zwiebeln, feingehackt
2 Knoblauchzehen, zerdrückt
1 rote Paprikaschote, feingehackt
¼ TL gemahlener Kardamom
¼ TL Cayennepfeffer
¼ TL gemahlene Nelken
¼ TL gemahlener Koriander
¼ TL gemahlener Ingwer
¼ TL Muskatblüte
½ TL gemahlener Zimt
1 TL gemahlener Kreuzkümmel (Cumin)
1 Tasse Langkornreis
½ Tasse Rosinen
2 Tassen gekochte KICHERERBSEN, *abgetropft*
¼ Tasse Magerjoghurt
feingehacktes frisches Koriandergrün oder glattblättrige Petersilie (nach Belieben)

Portion: ⅙ Rezept
Kilokalorien: 181
Fett: 2 g
Cholesterin: 0
Natrium: 132 mg

Den Backofen auf 180 Grad vorheizen.

In einem antihaftbeschichteten Schmortopf die Zwiebeln mit dem Knoblauch 2 Minuten anbraten. Die Paprikawürfelchen zugeben und zugedeckt 10 Minuten dünsten, dabei nötigenfalls etwa ¼ Tasse Wasser zugießen, um ein Anbrennen zu verhindern.

Gewürze, Kichererbsen sowie 2 Tassen Wasser zugeben und das Ganze zum Kochen bringen. In eine feuerfeste Kasserolle mit Deckel umfüllen und im heißen Ofen 25 Minuten backen. Danach Reis und Kichererbsen mit einer Gabel auflockern und den Joghurt darunterrühren. Nach Belieben mit gehackten Kräutern bestreuen und zu Tisch bringen.

Schmorgraupen mit Paprika und Tofu

Ergibt 4 Portionen

Tofu, eine Art Quark aus Sojamilch, wird in aller Welt, vornehmlich aber in asiatischen Ländern gegessen und ist eine wichtige Proteinquelle. Wenn Sie ihn noch nie gekostet haben, versuchen Sie es einmal mit diesem Rezept; vielleicht ist er nach Ihrem Geschmack und hin und wieder ein guter Fleischersatz. Geräucherter Tofu ist würziger und sagt den Fleischfreunden wahrscheinlich mehr zu; sollten Sie beiden Tofusorten nichts abgewinnen können, dürfen Sie diesem Gericht auch gewürfelte Putenbrust beifügen.

1 EL zerdrückte Knoblauchzehen
2 rote Paprikaschoten, geputzt, entkernt und in feine Ringe geschnitten
2 Tassen gekochte PERLGRAUPEN
2 EL Zitronen- oder Limettensaft
2 Stück Tofu, in gut 1 cm dicke Würfel geschnitten
250 g frischer Spinat, gehackt
Pfeffer

Portion: ¼ Rezept
Kilokalorien: 270
Fett: 5 g
Cholesterin: 0
Natrium: 64 mg

Den Knoblauch in einer beschichteten Pfanne 30 Sekunden anrösten.

Die Paprikaringe zufügen und auf mittlerer Hitze zugedeckt 5 Minuten dünsten. Den Deckel abnehmen und die Gerstengraupen mit dem Zitronensaft zugeben.

5 Minuten im offenen Topf anschmoren, dabei ständig rühren. Tofuwürfel und Spinat hinzufügen und alles zusammen auf sanfter Hitze zugedeckt weitere 5 Minuten köcheln lassen, bis der Spinat zusammengefallen ist. Nach Geschmack mit Pfeffer würzen.

Tortilla-Torte mit schwarzen Bohnen

Ergibt 4 Portionen

Diese Torte mit ihren vielen Schichten eignet sich gut als Hauptgang. Ich serviere sie gern zu Reis mit Zitronenstückchen. Aber auch als appetitanregende Vorspeise ist sie ein Genuß.

4 Tassen gekochte SCHWARZE BOHNEN, *frisch oder aus der Dose und abgetropft*
2 EL Tomatenpaprikastückchen
1 Dose (100 g) gehackte grüne Chilischoten
1 TL Chilipulver oder gemahlener Kreuzkümmel (Cumin)
Tabasco nach Geschmack
8 Mais- oder Weizenmehl-Tortillas ohne Fett
Magerjoghurt, Salsa oder gehackte frische Tomaten

Portion: ¼ Rezept
Kilokalorien: 265
Fett: 4 g
Cholesterin: 0
Natrium: 107 mg

Den Backofen auf 180 Grad vorheizen.

Die schwarzen Bohnen mit Paprika, Chilischoten und Chilipulver oder Cumin zu einem stückigen Püree verarbeiten. Mit Tabasco abschmecken.

Das Püree in einer großen spezialbeschichteten Pfanne unter ständigem Rühren mit einem Holzlöffel 5 Minuten braten, dann vom Feuer nehmen.

Eine Tortilla auf ein Backblech legen und mit der Bohnenmasse bestreichen. Die nächste Tortilla darauflegen, gut andrücken und ebenfalls mit Bohnenmasse bedecken. So fortfahren, bis eine Torte aus 4 Tortillas und 3 Schichten Bohnenfüllung entstanden ist. Eine zweite Torte auf die gleiche Weise herstellen. Jede Torte in Viertel schneiden und danach etwa 10 Minuten backen, bis sie durch und durch heiß geworden ist.

Auf einer Platte mit Joghurt, Salsa oder Tomaten daneben anrichten; diese saucigen Beilagen befeuchten die andernfalls vielleicht zu trockenen Tortenstücke ein wenig.

Fleisch- und Geflügelgerichte

Rollbraten auf Tomatensauce
Rinderschmorbraten in Wein
Pfannengerührtes Rindfleisch
Brasilianische Bohnenkasserolle mit Rindfleisch
Pikante Wachtelbohnen mit Rindfleisch
Porree-Tomaten-Torte
Zucchiniauflauf
Falscher Hase
Festtagshackbraten
Hamburger und Fleischbällchen
Sloppy Joes
Marokkanische Tajine aus Kichererbsen und Rindfleisch
Potaufeu
Spanische Schinkenkasserolle
Schwarzaugenbohnen mit Schinken und Möhren
Ungarisches Sauerkraut mit Bohnen und Schinken
Schinken-Cassoulet
Putenschnitzel mit Brokkoli
Bohnenpfanne mit Putenhack
Putenbratlinge mit Bohnengemüse
Jambalaya

Rollbraten auf Tomatensauce

Ergibt 8 bis 10 Portionen

Diese Zubereitungsweise bietet sich ganz besonders für extrem mageres Rindfleisch an. Nicht zu lange garen, sonst wird der Braten trocken, wie ich selbst ein paarmal erfahren mußte, ehe ich den Dreh heraus hatte.

4 kleine Zwiebeln, in dünne Scheiben geschnitten
¼ Tasse Rotweinessig
2 TL Zucker
4 Möhren, geschabt und in feine Scheiben geschnitten
4 Dosen (je 200 g) Tomatensauce
1 TL Worcestershiresauce
Pfeffer
1 ½ kg sehr magerer Rinderrollbraten, tiefgefroren (nicht auftauen)

Portion: ⅒ Rezept
Kilokalorien: 203
Fett: 7,5 g
Cholesterin: 58 mg
Natrium: 124 mg

Den Backofen auf 180 Grad vorheizen.

In einem großen spezialbeschichteten Schmortopf die Zwiebeln 4 bis 5 Minuten anrösten, dabei gelegentlich rühren. Essig und Zucker hinzufügen und 2 bis 3 Minuten köcheln. Dann Möhren, Tomatensauce und Worcestershiresauce zugeben. Alles zusammen auf milder Hitze zugedeckt 30 Minuten leise wallen lassen.

Diese Sauce in der Fettpfanne des Backofens verteilen. Das Fleisch daraufsetzen, erst 1 Stunde nach Vorschrift im heißen Ofen braten, danach noch 1 ½ Stunden im ausgeschalteten Ofen weiterbräunen lassen. Herausnehmen und vom Netz befreien. In Scheiben oder Würfel schneiden, mit der Sauce vermengen und servieren.

Rinderschmorbraten in Wein

Ergibt 8 Portionen

Meine Mutter hat mir vor langen Jahren einmal den Kniff beigebracht, wie sehr mageres Bratfleisch saftig und zart bleibt. Nehmen Sie Ihren Braten nach Ablauf etwa der halben Garzeit aus dem Topf und schneiden Sie ihn in Scheiben. Lassen Sie die Scheiben dann für den Rest der Garzeit in der Sauce ziehen. Dadurch wird das Fleisch nicht nur zarter, sondern auch schmackhafter, weil es das Aroma der Gemüse und Gewürze annimmt. Mit Salzkartoffeln oder Kartoffelpüree zu Tisch bringen.

4 Zwiebeln, in dünne Scheiben geschnitten
4 Möhren, in dünne Scheiben geschnitten
3 Tassen Rotwein
½ TL Thymian
1 Lorbeerblatt
1 kg sehr mageres Rindfleisch, tiefgefroren
Pfeffer

Portion: ⅛ Rezept
Kilokalorien: 226
Fett: 6 g
Cholesterin: 48 mg
Natrium: 98 mg

Die Zwiebeln 2 Minuten in einem spezialbeschichteten Topf anrösten, danach 10 Minuten zugedeckt dünsten; wenn nötig, etwas Wasser zugießen, damit sie nicht ansetzen.

Möhren, Rotwein, Thymian, Lorbeerblatt und Fleisch zugeben. Alles zusammen zugedeckt etwa 1 ½ Stunden schmoren, bis das Fleisch gar ist; nach etwa 45 Minuten das Fleisch herausnehmen, in Scheiben schneiden und zurücklegen. Am Ende das Lorbeerblatt entfernen.

Den Topfinhalt in ein Sieb geben und abtropfen lassen, die Flüssigkeit auffangen und in einem kleinen Topf auf die Menge von 1 Tasse einkochen lassen. Fleisch, Gemüse und Sauce im Schmortopf nochmals zugedeckt 5 Minuten durch und durch heiß werden lassen. Mit Pfeffer abschmecken.

Pfannengerührtes Rindfleisch

Ergibt 4 Portionen

Als ich ernsthaft die gesättigten Fette in meiner Nahrung zu reduzieren begann, bereitete ich pfannengerührte Gerichte lange Zeit ausschließlich mit Huhn, Fisch und Meeresfrüchten zu. Jetzt verwende ich auch ganz mageres Rindfleisch, das meinen Spielraum an Möglichkeiten erheblich erweitert. Sehr mageres Fleisch muß möglichst schnell und kurz gegart werden, damit es zart und saftig bleibt und sein Aroma voll entfaltet.

500 g sehr mageres Lendensteakfleisch, angefroren
2 EL Sojasauce
½ TL gemahlener Ingwer
½ EL Zucker
½ EL Chilipaste
1 TL Sesamöl
1 TL Olivenöl
1 kleine Zwiebel, feingehackt
1 Knoblauchzehe, zerdrückt
1 Dose (200 g) Wasserkastanien in Scheiben

Portion: ¼ Rezept
Kilokalorien: 197
Fett: 9,5 g
Cholesterin: 48 mg
Natrium: 599 mg

Das Fleisch quer zur Faser in etwa 3 cm große Würfel schneiden und beiseite stellen. (Es läßt sich viel leichter schneiden, wenn es halb gefroren ist.)

In einer kleinen Schüssel Sojasauce, Ingwer, Zucker und Chilipaste verrühren und für später bereithalten.

In einer hochwandigen Pfanne oder einem Wok Sesam- und Olivenöl erhitzen. Wenn das Öl sehr heiß ist und eben zu rauchen beginnt, die Zwiebel hineingeben und 1 Minute pfannenrühren. Knoblauch, Fleisch und Wasserkastanien zufügen und 2 Minuten unter Rühren braten. Die Saucenmischung angießen und alles zusammen nochmals 1 Minute schmoren lassen. Sofort servieren, ehe das Fleisch zäh wird.

Brasilianische Bohnenkasserolle mit Rindfleisch

Ergibt 8 Portionen

Getrocknete Orangenschale verleiht diesem Gericht seinen unverwechselbaren Geschmack. Dazu einen Salat und Reis oder Gerste servieren.

1 Selleriestange, feingehackt
2 Möhren, feingehackt
2 Zwiebeln, feingehackt
3 Knoblauchzehen, zerdrückt
1 kleine Paprikaschote, feingehackt
½ TL abgeriebene Orangenschale
1 Dose (400 g) geschälte Tomaten in Stücken
500 g sehr mageres Rindfleisch, in 2 cm große Stücke geschnitten
4 Tassen gekochte SCHWARZE BOHNEN, *frisch oder aus der Dose und abgetropft*
Pfeffer

Portion: ⅛ Rezept
Kilokalorien: 172
Fett: 3,8 g
Cholesterin: 24 mg
Natrium: 242 mg

In einem antihaftbeschichteten Schmortopf Sellerie, Möhren, Zwiebeln, Knoblauch und Paprika anbraten, dann zugedeckt 5 Minuten unter gelegentlichem Rühren auf milder Hitze dünsten, ohne das Gemüse anbrennen zu lassen.

Orangenschale, Tomaten und das Fleisch zufügen und das Ganze nun zugedeckt 30 Minuten köcheln lassen, dabei ab und zu umrühren. Die schwarzen Bohnen zugeben und alles zusammen im offenen Topf zwischen 15 und 30 Minuten schmoren, bis es eingedickt ist. Nach Geschmack mit Pfeffer würzen.

Pikante Wachtelbohnen mit Rindfleisch

Ergibt 6 Portionen

Ein ungewöhnlicher Gaumenkitzel, das in feine Streifen geschnittene Fleisch! Am leichtesten läßt es sich nach meiner Erfahrung zerkleinern, wenn man es anfrieren läßt und dann wie Möhren mit der Maschine raspelt. Die dünnen Fleischstreifchen sind im Umsehen gar und sollten erst zum Schluß unter das Gemüse gehoben werden.

250 g getrocknete WACHTELBOHNEN, *eingeweicht*
1 EL Olivenöl
½ Tasse gehackte Zwiebeln
1 Knoblauchzehe, zerdrückt
1 Dose (100 g) gehackte grüne Chilischoten
½ TL Kreuzkümmel (Cumin)
1 Jalapeño-Pfefferschote, entkernt und feingehackt
1 Tomate, gehackt
225 g sehr mageres Rinderfilet in feinen Streifen

Portion: ⅙ Rezept
Kilokalorien: 137
Fett: 4,5 g
Cholesterin: 14 mg
Natrium: 95 mg

Die Wachtelbohnen mit allen anderen Zutaten außer dem Fleisch in einen schweren Topf geben und mit Wasser bedeckt zum Kochen bringen, dann zugedeckt auf sanfter Hitze etwa 1 ½ Stunden leise köcheln lassen, bis die Bohnen gar sind. Sie müssen stets mit Wasser bedeckt sein, sonst werden sie nicht richtig weich.

Kurz vor Ende der Garzeit eine spezialbeschichtete Pfanne erhitzen. Das Fleisch hineingeben und unter ständigem Rühren 30 Sekunden lang rasch von allen Seiten bräunen. Unter die fertigen Bohnen heben und sofort servieren.

Porree-Tomaten-Torte

(Bildtafel II)

Ergibt 2 Portionen

Diese herzhafte Torte ist ein feines Gericht für ein Essen zu zweit. Vorweg noch ein Salat oder ein Teller Suppe und zum Nachtisch ein Obstdessert, und Sie sind die/der perfekte Gastgeber!

12 EL KÖLLN-HAFERKLEIE
2 EL Weizenvollkornmehl
1 bis 2 EL Diät-Margarine
1 Prise Salz
4 EL Buttermilch
300 g Porree, geputzt und in Ringe geschnitten
1 EL Sonnenblumenöl
150 g Beefsteakhack
1 Zwiebel, feingehackt
1 Eiweiß
Pfeffer und Kräuter nach Geschmack
4 EL KÖLLN-HAFERFLEKS MIT KLEIE
2 kleine Tomaten, in Scheiben geschnitten
2 TL Sesamsamen
50 g Gouda (30 % F.i.Tr.), gerieben

Portion: ½ Rezept
Kilokalorien: 613
Fett: 26 g
Cholesterin: 65 mg
Natrium: 337 mg

Den Backofen auf 200 Grad vorheizen. Eine Springform von 20 cm Durchmesser bereithalten.

Aus 8 Eßlöffeln Haferkleie, Weizenmehl, Margarine, Salz und Buttermilch schnell einen glatten Teig kneten und kühl stellen.

In einem Topf das Öl erhitzen und den Lauch darin andünsten.

Beefsteakhack, die restlichen 4 Eßlöffel Haferkleie, Zwiebelwürfelchen und Eiweiß zu einem Hackfleischteig verarbeiten und würzig abschmecken.

Den Boden der Springform mit dem Mehlteig auslegen, dabei einen Rand formen. Mit den Haferfleks bestreuen. Die Hälfte des Lauchs darin verteilen. Darüber den Hackfleischteig geben und mit dem restlichen Porree bedecken. Mit den Tomatenscheiben belegen und mit Sesam und geriebenem Gouda bestreuen.

Die Torte im heißen Ofen etwa 35 Minuten überbacken. Heiß oder lauwarm servieren.

Zucchiniauflauf

Ergibt 4 Portionen

Wie die Porree-Tomaten-Torte ist auch dieser Auflauf eine Kalorienbombe und am besten als Wintermahlzeit geeignet, wenn der Körper zur Wärmegewinnung mehr Energie benötigt. Zucchini aus südeuropäischen Treibhäusern sind inzwischen das ganze Jahr über erhältlich.

2 Zwiebeln, feingewürfelt
2 EL Olivenöl
400 g Beefsteakhack
2 große Zucchini, gewürfelt
¼ l fettfreie Gemüsebrühe
150 g Hüttenkäse
50 g fettarmer Joghurt (1,5 % Fett)
2 bis 3 EL Zitronensaft
12 EL KÖLLN-HAFERKLEIE
Basilikum, Petersilie und Thymian nach Geschmack
1 Prise Salz
Pfeffer
frischgepreßter Knoblauch nach Geschmack
4 Tomaten, geschält und in Scheiben geschnitten
8 EL KÖLLN-HAFERFLEKS MIT KLEIE
80 g Parmesankäse, gerieben

Portion: ¼ Rezept
Kilokalorien: 450
Fett: 17 g
Cholesterin: 7,7 mg
Natrium: 358 mg

Den Backofen auf 200 Grad vorheizen.

In einem schweren Topf das Öl erhitzen, das Hackfleisch hineingeben und anbraten. Die Zucchiniwürfel zufügen, kurz andünsten und mit der Brühe aufgießen. Hüttenkäse und Joghurt mit Zitronensaft verrühren und ebenfalls zugeben. Zuletzt die Haferkleie untermengen. Das Gericht mit Kräutern und Gewürzen abschmecken und in eine feuerfeste Form füllen.

Mit den Tomatenscheiben belegen. Haferfleks und Parmesankäse mischen und darüberstreuen. Den Auflauf im heißen Ofen 10 bis 15 Minuten überbacken.

Falscher Hase

Ergibt 4 Portionen

Manche Rezepte für Falschen Hasen oder Hackbraten führen viel mehr Zutaten an und sind sehr zeitaufwendig. Unsere Zubereitungsart geht schnell und spart Zeit und Mühe. Servieren Sie dazu mit Magermilch aufgeschlagenes Kartoffelpüree und eine Gemüsebeilage.

500 g Schabefleisch (Tatar)
½ Tasse KÖLLN-HAFERKLEIE
1 Eiweiß
2 TL Zitronensaft
¼ Tasse Tomatenketchup
2 EL feingehackte Petersilie
¼ Tasse leichte Kondensmilch (4 % Fett)
Pfeffer

Portion: ¼ Rezept
Kilokalorien: 216
Fett: 6 g
Cholesterin: 62 mg
Natrium: 269 mg

Den Backofen auf 180 Grad vorheizen. Entweder eine antihaftbeschichtete Kastenform (etwa 10 × 20 cm groß) bereithalten oder eine Form mit Backpapier auslegen.

Alle Zutaten gut miteinander vermengen und die Masse zu einem Laib formen. Mit Alufolie abdecken und im heißen Ofen 45 Minuten backen. Den Hackbraten vor dem Aufschneiden und Servieren 10 Minuten ruhen lassen.

Festtagshackbraten

Ergibt 4 Portionen

Früher einmal wurde ein Hackbraten nur der Familie vorgesetzt, niemals aber Gästen. Hier nun ein Rezept, das in abgewandelter, fettreduzierter Form dem sehr fettreichen Hackbraten eines feinen Restaurants in Los Angeles nachempfunden ist. Diesen Hackbraten können Sie getrost auch den vornehmsten Gästen servieren. Seine Zubereitung ist etwas zeitaufwendig, aber zu besonderen Anlässen lohnt sich die Mühe. Ich bringe dieses herrliche Gericht gern mit Spinat und Kartoffelpüree zu Tisch.

¾ Tasse feingehackte Zwiebeln
¾ Tasse feingehackte Frühlingszwiebeln
½ Tasse feingehackter Sellerie
½ Tasse feingehackte Möhren
¼ Tasse feingehackte grüne Paprikaschote
¼ Tasse feingehackte rote Paprikaschote
2 TL zerdrückte Knoblauchzehen
1 TL Salz und Pfeffer
½ TL weißer Pfeffer aus der Mühle
½ TL gemahlener Kreuzkümmel (Cumin)
½ TL geriebene Muskatnuß
¼ TL Cayennepfeffer
½ Tasse Tomatenketchup
Ei-Ersatz entsprechend 2 Eiern
½ Tasse leichte Kondensmilch (4 % Fett)
500 g Schabefleisch (Tatar)
500 g Putenbrustfleisch, durch den Wolf gedreht
¾ Tasse KÖLLN-HAFERKLEIE

Portion: ¼ Laib
Kilokalorien: 492
Fett: 14 g
Cholesterin: 120 mg
Natrium: 1068 mg

In einer großen, beschichteten Pfanne das Gemüse ohne Fett dünsten, bis es weich und alle Flüssigkeit verdampft ist. Beiseite stellen und abkühlen lassen. Kräuter und Gewürze abmessen, zusammenmischen und unter das Gemüse rühren. Dann Ketchup, Ei-Ersatz und Milch verrühren und dazugeben, das Hackfleisch daruntermengen und zuletzt die Haferkleie hineinkneten. Aus der Masse 1 bis 2 Laibe formen, auf ein beschichtetes oder mit Backpapier ausgelegtes Blech legen und im 180 Grad heißen Ofen 55 Minuten backen.

Sauce zum Festtagshackbraten

8 mittelgroße Schalotten, feingehackt
1 EL zerriebener Thymian
3 Lorbeerblätter
½ TL zerstoßener schwarzer Pfeffer
2 Tassen trockener Weißwein
2 Tassen entfettete Hühnerbrühe
2 Tassen entfettete Rinderbrühe

Portion: ⅛ Rezept (ohne Kartoffel)
Kilokalorien: 52
Fett: 0,1 g
Cholesterin: 0,25 mg
Natrium: 197 mg

Die Schalotten mit den Kräutern und Gewürzen zusammen in einer beschichteten Pfanne ohne Fett weichschwitzen. Mit Wein ablöschen und auf großer Hitze stark einkochen lassen. Rinder- und Hühnerbrühe zugießen und die Flüssigkeit wieder auf höchster Heizstufe auf 2 Tassen Sauce einkochen lassen. Sollte sie noch zu dünnflüssig sein, eine Kartoffel ganz fein reiben, hineinrühren und gut aufkochen lassen.

Spinat

Portion: 1 Tasse
Kilokalorien: 12
Fett: 0,2 g
Cholesterin: 0
Natrium: 44 mg

Pro Person etwa 250 g Spinat waschen, verlesen rechnen, kurz trockenschütteln, in einen großen Topf geben und ohne Zusatz von Wasser auf mittlerer Hitze zugedeckt etwa 2 Minuten garen. Durch diese Art des Dünstens bleiben die tiefgrüne Farbe und der feine Geschmack erhalten.

Kartoffelpüree

Portion: 1 Kartoffel
Kilokalorien: 116 (ohne Margarine)
Fett: 0,2 g
Cholesterin: 0
Natrium: 7 mg

Pro Person 1 große Kartoffel rechnen; mit kaltem Wasser, das nach Wunsch mit etwas Salz gewürzt werden kann, aufsetzen und in 15 bis 20 Minuten garkochen. Abgießen, zerstampfen und mit Magermilch zu einem lockeren Püree aufschlagen. Eventuell mit einem Stich Diät-Margarine verfeinern.

Hamburger und Fleischbällchen

Ergibt 4 Hamburger oder 24 Fleischbällchen

500 g Schabefleisch (Tatar)
½ Tasse KÖLLN-HAFERKLEIE
1 Eiweiß
½ TL Worcestershiresauce
¼ TL Knoblauchpulver
Pfeffer

Für Hamburger und Fleischbällchen wird das Schabefleisch einfach mit Knoblauch und Pfeffer gewürzt und zu flachen Frikadellen oder kleinen Bällchen geformt, die entweder gebraten oder in Sauce eingelegt werden. Sie können darüber hinaus natürlich auch Zutaten untermengen, die eine cholesterinsenkende Wirkung haben.

Hamburger

Portion: 1 Hamburger
Kilokalorien: 226
Fett: 6 g
Cholesterin: 58 mg
Natrium: 111 g

Alle oben genannten Zutaten gut miteinander vermengen und 4 flache Frikadellen daraus formen. In einer spezialbeschichteten Pfanne ohne Fett 3 Minuten auf jeder Seite braten – keinesfalls länger, da das magere Fleisch sonst trocken und pappig wird. Aus dem gleichen Grund die Hamburger auch nicht grillen.

Fleischbällchen

Portion: 3 Bällchen
Kilokalorien: 136
Fett: 3 g
Cholesterin: 29 mg
Natrium: 72 mg

Alle oben angeführten Zutaten gründlich vermengen und zu 24 Bällchen von knapp 3 cm Durchmesser formen.

2 Tassen Tomatensauce ohne Salz zum Kochen bringen. Die Fleischbällchen hineinlegen und 2 Minuten darin köcheln lassen, dann umdrehen und weitere 2 Minuten garen. Nicht zu lange kochen, da sie sonst trocken werden. Sofort servieren, nach Belieben mit Spaghetti.

Sloppy Joes

Ergibt 4 Portionen

Sloppy Joe heißt soviel wie »schlabberiger Hans« und ist ein Genuß, der jedem Amerikaner aus seiner Kindheit unvergeßlich in Erinnerung bleibt.

1 Zwiebel, feingehackt
1 Paprikaschote, feingehackt
2 TL Chilipulver
½ TL Knoblauchpulver
2 Tassen Tomatensauce ohne Salz
500 g Schabefleisch (Tatar)
4 Burgerbrötchen oder Muffins, halbiert und geröstet

Portion: ¼ Rezept
Kilokalorien: 330
Fett: 3,8 g
Cholesterin: 62 mg
Natrium: 474 mg

Zwiebeln und Paprika in einer beschichteten Pfanne ohne Zugabe von Fett unter ständigem Rühren 5 Minuten anbraten. Wenn das Gemüse anzusetzen beginnt, mit ein paar Löffeln Wasser angießen und gardünsten.

Chili- und Knoblauchpulver sowie Tomatensauce zugeben und 1 Minute köcheln. Das Schabefleisch in die Sauce rühren und unter dauerndem Rühren 2 Minuten darin ziehen lassen. Es soll nur seine rote Farbe verlieren und durch und durch heiß werden. Nicht zu lange garen!

Auf 4 Teller jeweils 2 geröstete Brötchenhälften legen, mit der Fleischmasse füllen und sofort servieren.

Marokkanische Tajine aus Kichererbsen und Rindfleisch

Ergibt 4 Portionen

Machen Sie sich nichts daraus, wenn Sie noch nie das Wort »Tajine« gehört haben. In Marokko wird damit ein flaches Tongefäß mit spitz zulaufendem hohem Deckel bezeichnet, in dem Fleisch und Gemüse besonders schonend gegart werden und ihren Saft behalten. Ich kannte es auch nicht, bis Michele Urvater mit diesem Rezept herausrückte. Wahrscheinlich ist unser Gericht durch die gute Fleischqualität erheblich besser als das marokkanische Original. Wie alle Schmorgerichte braucht auch die Tajine ihre Zeit, bis sich das richtige Aroma entfaltet hat und das Fleisch zart ist.

1 mittelgroße Zwiebel, feingehackt
1 TL gemahlener Ingwer
1 TL gemahlener Koriander
1 TL gemahlener Zimt
2 Äpfel, geschält, entkernt und feingehackt
500 g sehr mageres Rindfleisch
1 EL Honig
1 EL Tomatenmark
1 Tasse entsteinte Backpflaumen
2 Tassen gekochte KICHERERBSEN, *frisch oder aus der Dose und abgetropft*
Pfeffer

Portion: ¼ Rezept
Kilokalorien: 422
Fett: 6,2 g
Cholesterin: 50 mg
Natrium: 591 mg

In einem spezialbeschichteten Schmortopf die Zwiebelstückchen 2 Minuten rösten. Mit den Gewürzen vermischen, mit ½ Tasse Wasser ablöschen und etwa 5 Minuten dünsten, bis sie weich sind. Äpfel und Fleisch zugeben und alles zusammen ungefähr 1 ½ Stunden zugedeckt schmoren, bis das Fleisch gar ist. (Es sollte dann in Konsistenz und Geschmack an Kalbfleisch erinnern.)

Honig, Tomatenmark, Backplaumen und Kichererbsen hinzufügen und 30 Minuten mitschmoren. Mit Pfeffer abschmecken. Das Fleisch wird noch zarter und der Geschmack noch besser, wenn der Schmortopf schon am Vortag hergestellt und zum Verzehr nur 45 Minuten auf kleinster Hitze erwärmt wird.

Potaufeu

Ergibt 6 Portionen

Hierbei handelt es sich im Grunde um ein Kochfleischgericht nach französischer Art. Die Franzosen bereiten es allerdings mit einer Menge Schweinefleisch und anderen fetten Fleischsorten zu. Unsere Version hingegen enthält nur ganz mageres Fleisch und dazu weiße Bohnen, die cholesterinsenkend wirken.

3 Möhren, geschabt und in gut 1 cm dicke Scheiben geschnitten
2 weiße Rübchen, geschält und in gut 2 cm große Stücke geschnitten.
2 Tassen feingehobelter Weißkohl
2 Zwiebeln, geachtelt
1 Lauchstange, gewaschen und in gut 2 cm dicke Abschnitte zerteilt
½ TL getrockneter Thymian
1 Dose (400 g) geschälte Tomaten in Stücken
250 g sehr mageres Rindfleisch, in gut 2 cm dicke Stücke geschnitten
2 Tassen gekochte WEISSE BOHNEN *oder* ERBSEN, *frisch oder aus der Dose und abgetropft*
500 g Hähnchenbrust
Pfeffer
½ Tasse gehackte frische Kräuter wie Dill oder Petersilie (nach Belieben)

Portion: ⅙ Rezept
Kilokalorien: 352
Fett: 6,3 g
Cholesterin: 84 mg
Natrium: 301 mg

Alle Zutaten außer Bohnen, Hähnchenbrust, Pfeffer und frischen Kräutern mit knapp 1 ½ Litern Wasser in einem großen Topf langsam zum Kochen bringen, dabei mit dem Schaumlöffel von dem gräulich-weißen Schaum befreien, der sich an der Oberfläche bildet. Dann zugedeckt 1 Stunde ganz leise wallen lassen; nötigenfalls Wasser zugießen, um die Flüssigkeitsmenge konstant zu halten.

Bohnen und Hähnchenbrust zufügen und alles zusammen weitere 10 Minuten köcheln. Nach Geschmack mit Pfeffer würzen und nach Belieben frische Kräuter hineinrühren.

Spanische Schinkenkasserolle

Ergibt 6 bis 8 Portionen

Eintöpfe solcher Art sind leicht herzustellen und hinterlassen wenig Abwasch. Dieses Rezept können Sie gut abwandeln und statt des Schinkens Hühnerfleisch oder Fisch nehmen.

1 Zwiebel, feingehackt
2 Möhren, feingehackt
1 Selleriestange, feingehackt
2 Frühlingszwiebeln, in feine Scheibchen geschnitten
1 Knoblauchzehe, zerdrückt
½ Tasse feingewürfelte Tomatenpaprika
225 g ganz magerer Schinken ohne Fettrand, in gut 1 cm große Würfel geschnitten
¼ TL Safran
½ Tasse LINSEN
½ Tasse PERLGRAUPEN
½ Tasse trockener Weißwein
500 g Kartoffeln, geschält und in gut 2 cm dicke Würfel geschnitten
Pfeffer

Portion: ⅛ Rezept
Kilokalorien: 168
Fett: 1,7 g
Cholesterin: 15 mg
Natrium: 125 mg

Den Backofen auf 180 Grad vorheizen.

In einer großen beschichteten Pfanne mit hohem Rand, vorzugsweise in einem Wok, Zwiebeln, Möhren, Sellerie, Frühlingszwiebeln und Knoblauch unter häufigem Rühren 2 bis 3 Minuten ohne Fett anrösten. Tomatenpaprika, Schinken und Safran zugeben und 1 Minute mitbraten. Alles in eine feuerfeste, auch für den Herdplattengebrauch geeignete Kasserolle mit Deckel umfüllen und Linsen, Gerstengraupen sowie Weißwein und 3 Tassen Wasser zufügen. Zum Schluß die Kartoffelwürfel hineinmengen, mit Pfeffer abschmecken und das Ganze zum Kochen bringen.

Die Kasserolle mit aufgelegtem Deckel in den Ofen stellen. Das Gericht 45 bis 60 Minuten backen, bis Kartoffeln, Linsen und Graupen die ganze Flüssigkeit in sich aufgenommen haben und gar sind.

Schwarzaugenbohnen mit Schinken und Möhren

Ergibt 4 bis 6 Portionen

Ein echter Eintopf aus Bohnen, Schinken und Möhren. Bei mir zu Hause gibt es eine wundervolle Alternative zum Schinken – mit Putenbrustfleisch hergestellte Würstchen, die kaum ein Gramm Fett enthalten. Unser Metzger macht eigens für uns auf Bestellung eine größere Menge, die wir dann einfrieren. Vielleicht können Sie Ihren Metzger ebenfalls veranlassen, vollkommen magere Wurst aus Putenbrust für Sie herzustellen und dabei sein ganzes Geschick im Würzen und Räuchern zu zeigen. Wir genießen mittlerweile ohne Reue Frankfurter, Bratwürste und vieles mehr. Der Versuch lohnt sich!

4 Tassen gekochte SCHWARZAUGENBOHNEN, *frisch oder aus der Dose (2 Dosen je 450 g) und abgetropft*
1 TL getrockneter Salbei
1 Dose (200 g) Tomatensauce ohne Salz
½ TL Knoblauchpulver
4 Möhren, geschabt und gerieben
225 g magerer geräucherter Schinken ohne Fettrand oder hausgemachte Putenwurst, gewürfelt
2 EL Olivenöl
Pfeffer

Portion: ⅙ Rezept
Kilokalorien: 246
Fett: 7,5 g
Cholesterin: 20 mg
Natrium: 461 mg

Den Backofen auf 180 Grad vorheizen.

Alle Zutaten gründlich miteinander vermengen und in eine feuerfeste Form von etwa 20 × 30 cm Größe füllen. Zugedeckt 30 Minuten backen.

Ungarisches Sauerkraut mit Bohnen und Schinken

Ergibt 8 Portionen

Ungarische Schmortöpfe erhalten durch Paprika ihr unvergleichliches Aroma. Im Rezept ist Schinken angegeben, der jedoch gut durch Lachs ersetzt werden kann. Wenn Sie sich dafür entscheiden, geben Sie den Fisch für die letzten zehn Minuten Garzeit hinein. Dazu passen Hartweizennudeln ohne Ei.

1 EL Olivenöl
2 Zwiebeln, feingehackt
2 EL Paprika edelsüß
1 EL Kümmel
1 kg Sauerkraut, abgetropft
500 g magerer Schinken ohne Fettrand, in gut 1 cm dicke Würfel geschnitten
4 Tassen gekochte WEISSE BOHNEN, *frisch oder aus der Dose und abgetropft*
2 EL feingehackter frischer oder 2 TL getrockneter Dill
Pfeffer

Portion: ⅛ Rezept
Kilokalorien: 233
Fett: 5,2 g
Cholesterin: 30 mg
Natrium: 277 mg

In einem mittelgroßen Topf das Öl erhitzen. Im sehr heißen Öl die Zwiebeln zugedeckt 5 Minuten andünsten, dabei gelegentlich rühren, damit sie nicht ansetzen.

Den Topf vom Feuer nehmen und Paprikapulver sowie Kümmel unter die Zwiebeln mischen. Den Topf wieder auf die Herdplatte stellen und nun Sauerkraut, Schinken und Bohnen hineingeben. Alles zusammen zugedeckt 30 Minuten köcheln, dabei ab und zu umrühren. Den Dill unterrühren und das Gericht mit Pfeffer abschmecken.

Schinken-Cassoulet

Ergibt 8 Portionen

Das traditionelle Cassoulet trieft nur so von Gänse- und Entenschmalz sowie Hammelfett. Wir können uns das herrliche Aroma völlig ohne diese Fette einfach dadurch sichern, daß wir die Bohnen lange genug kochen und Schinken verwenden.

2 EL Olivenöl
4 Knoblauchzehen, zerdrückt
1 große Zwiebel, feingehackt
2 Möhren, feingehackt
1 Dose (400 g) geschältte Tomaten in Stücken
1 TL Thymian
225 g magerer geräucherter Schinken ohne Fettrand, in gut 1 cm dicke Würfel geschnitten
Pfeffer
500 g getrocknete WEISSE *oder* LIMABOHNEN, *eingeweicht und abgetropft*
½ Tasse **Kräuterwürzige Panade** *(siehe S. 274)*

Portion: ⅛ Rezept
Kilokalorien: 205
Fett: 5,5 g
Cholesterin: 14 mg
Natrium: 344 mg

Den Backofen auf 180 Grad vorheizen.

In einer feuerfesten Kasserolle (die auch für den Herdplattengebrauch geeignet sein muß) das Olivenöl erhitzen und im heißen Öl Knoblauch, Zwiebeln und Möhren 3 bis 4 Minuten andünsten. Tomaten, Thymian und Schinkenwürfel zugeben und 1 Minute mitrösten; nach Geschmack mit Pfeffer würzen. Die Bohnen untermischen und soviel Wasser zugießen, daß sie eben bedeckt sind. Zum Kochen bringen und mit aufgelegtem Deckel in den Ofen stellen.

1 ½ Stunden backen. Dann den Deckel abnehmen, das Cassoulet mit der Panade bestreuen und noch 30 bis 60 Minuten backen, bis die Bohnen die ganze Flüssigkeit aufgesogen haben und die Oberfläche knusprig gebräunt ist.

Putenschnitzel mit Brokkoligemüse

Ergibt 4 Portionen

Diese Zusammenstellung ist schon fast ein Sonntagsmenü und verdient es, auf einer festlich gedeckten Tafel zu prangen. Reichen Sie dazu einen kühlen Weißwein und hinterher ein erfrischendes Dessert.

500 g Putenschnitzel
1 Prise Salz
Pfeffer und Paprikapulver nach Geschmack
1 kg Brokkoli, in Röschen zerteilt
2 große Zwiebeln, gewürfelt
2 Knoblauchzehen, zerdrückt
2 EL Diät-Margarine
¼ l fettfreie Gemüsebrühe
6 EL KÖLLN-HAFERKLEIE
2 EL gehackte Mandeln
8 EL KÖLLN-HAFERFLEKS MIT KLEIE
1 bis 2 EL Zitronensaft
weißer Pfeffer nach Geschmack

Portion: ¼ Rezept
Kilokalorien: 370
Fett: 11 g
Cholesterin: 75 mg
Natrium: 210 mg

Die Brokkolistiele kreuzweise einschneiden. In einem schweren Topf die Margarine erhitzen und Zwiebelwürfel und Knoblauch darin andünsten. Die Brokkoliröschen zufügen und die heiße Gemüsebrühe angießen. Das Gemüse 10 bis 15 Minuten garen und warm stellen.

Haferfleks und Mandeln ohne Fett goldbraun rösten. Die Brühe etwas einkochen lassen, dann die Haferkleie einrühren. Mit Zitronensaft, weißem Pfeffer und etwas Paprika abschmecken. Den Brokkoli mit dieser Sauce begießen und mit den gerösteten Haferfleks und Mandeln bestreuen.

Inzwischen die Putenschnitzel unter kaltem Wasser abspülen, trockentupfen, mit wenig Salz, Pfeffer und Paprika würzen und unter dem Grill in wenigen Minuten garen.

Putenschnitzel und Brokkoli auf vorgewärmten Tellern anrichten.

Bohnenpfanne mit Putenhack

Ergibt 6 Portionen

Kosten Sie das nächste Mal statt Ihrer gewohnten Spaghetti mit Hackfleischsauce dieses Gericht! Mit etwas Parmesankäse überbacken ist es eine reine Wonne.

1 EL Olivenöl
1 Zwiebel, feingehackt
4 Möhren, feingehackt
500 g Putenbrust, durch den Wolf gedreht
½ Tasse Tomatensauce ohne Salz
½ TL Oregano
2 Tassen gekochte ROTE *oder* WEISSE BOHNEN, ERBSEN *oder* KICHERERBSEN, *frisch oder aus der Dose und abgetropft*
Pfeffer
½ Tasse gehackte Petersilie

Portion: ⅙ Rezept
Kilokalorien: 233
Fett: 6,6 g
Cholesterin: 68 mg
Natrium: 341 mg

In einer großen Pfanne das Öl erhitzen und darin Zwiebeln und Möhren 5 Minuten unter ständigem Rühren braten. Das Putenhackfleisch zugeben und pfannenrühren, bis es fein zerkrümelt ist und seine rosige Farbe verloren hat. Tomatensauce, Oregano und Bohnen zufügen und das Gericht mit Pfeffer abschmecken. Noch etwa 1 Minute unter Rühren weiterbraten, bis alle Zutaten durch und durch heiß geworden sind. Mit der Petersilie würzen und sofort servieren.

Putenbratlinge mit Bohnengemüse

Ergibt 6 Portionen

Frikadellen lassen sich aus Putenhack ebensogut zubereiten wie aus Rindsgehacktem, und sie haben den Vorteil, entschieden magerer zu sein. Mit diesem Gericht haben Sie eine deftige, sättigende Mahlzeit, die Sie getrost auch Gästen vorsetzen können. Putenhack können Sie sich vom Metzger herstellen lassen, oder Sie zerkleinern frisches Putenschnitzelfleisch selbst mit einer entsprechenden Küchenmaschine.

500 g Putenhackfleisch
10 EL KÖLLN-HAFERKLEIE
3 Eiweiß
6 kleine Zwiebeln, gehackt
1 Prise Salz
Pfeffer und edelsüßer Paprika nach Geschmack
2 EL Pflanzenöl
900 g frische oder TK-Prinzeßbohnen
3 Knoblauchzehen, durch die Presse gedrückt
3/8 l fettfreie Gemüsebrühe
Bohnenkraut nach Geschmack

Portion: 1/6 Rezept
Kilokalorien: 328
Fett: 12 g
Cholesterin: 50 mg
Natrium: 599 mg

Aus dem Putenhackfleisch, etwa 4 Eßlöffel Haferkleie, dem Eiweiß und 3 kleingewürfelten Zwiebeln einen Hackfleischteig bereiten und mit Salz, Pfeffer und edelsüßem Paprikapulver abschmecken.

In einem Topf 1 Eßlöffel Öl erhitzen und die restlichen 3 Zwiebeln mit dem Knoblauch darin anrösten. Mit der Gemüsebrühe aufgießen, die Bohnen hineingeben und in etwa 15 Minuten bißfest garen.

Inzwischen aus dem Fleischteig kleine flache Bratlinge formen. In einer beschichteten Pfanne den noch übrigen Eßlöffel Öl erhitzen und die Bratlinge darin von beiden Seiten knusprig braten.

Die Bohnen aus der Brühe heben. Die restlichen 6 Eßlöffel Haferkleie in die Brühe rühren, nach Geschmack mit etwas Pfeffer und Bohnenkraut würzen und über die Bohnen geben. Mit den Putenbratlingen auf einer Platte anrichten und sogleich servieren.

Jambalaya

Ergibt 8 Portionen

Die Küche des amerikanischen Bundesstaates Louisiana hat sich nicht umsonst einen Namen gemacht. Eines ihrer Preisgerichte ist Jambalaya und wird mit viel fetter Wurst gemacht. Wir ersetzen sie in diesem Rezept durch Hähnchenbrust, wodurch das Fett reduziert, das ganze Aroma jedoch erhalten wird. Je schärfer gewürzt das Jambalaya ist, um so besser. Ein gutes Jambalaya muß noch ein wenig breiig sein; scheuen Sie sich nicht, es mit einem Stück Brot vom Teller aufzustippen.

1 EL Olivenöl
2 Zwiebeln, feingehackt
2 Paprikaschoten, möglichst rot, feingehackt
4 Selleriestangen, feingehackt
2 TL getrockneter Thymian
½ TL Salbei
½ bis 1 TL Cayennepfeffer
1 Lorbeerblatt
4 Dosen (je 200 g) Tomatensauce ohne Salz
750 g Hähnchenbrust ohne Haut und Knochen, in gut 1 cm große Würfel geschnitten
2 Tassen Parboiled Langkornreis
½ Tasse REISKLEIE *(ersatzweise* KÖLLN-HAFERKLEIE*)*
2 Frühlingszwiebeln, in feine Scheibchen geschnitten (nach Belieben)

Portion: ⅛ Rezept
Kilokalorien: 256
Fett: 7,5 g
Cholesterin: 75 mg
Natrium: 96 mg

In einem großen, schweren Topf das Olivenöl erhitzen und darin Zwiebeln, Paprika und Sellerie etwa 1 Minute unter Rühren braten. Mit ein paar Eßlöffeln Wasser ablöschen und unter gelegentlichem Rühren auf milder Hitze zugedeckt 8 bis 10 Minuten dünsten, bis das Gemüse weich ist.

Thymian, Salbei, Cayennepfeffer, Lorbeerblatt sowie Tomatensauce zufügen und 2 Minuten köcheln lassen. Dann die Hähnchenbrustwürfel, den Reis, die Kleie und 4 Tassen Wasser zugeben. Das Ganze zum Kochen bringen, umrühren, zudecken und etwa 20 Minuten leise wallen lassen, bis der Reis gar ist.

Vom Feuer nehmen, alles noch einmal gründlich vermengen und zugedeckt 10 Minuten ruhen lassen. Das Lorbeerblatt entfernen. Das Jambalaya in einer Schüssel anrichten, nach Belieben mit Frühlingszwiebeln bestreuen und servieren.

Variante: Das Jambalaya kann nach Wunsch auch als vegetarisches Hauptgericht aufgetragen werden. In diesem Fall wird die Hähnchenbrust gegen 3 Tassen gekochte rote oder Wachtelbohnen ausgetauscht. Schwarze Bohnen eignen sich nicht so gut, da sie die schönen Farben des Gerichts verderben.

Fischgerichte

Pochierter Lachs mit grüner Sauce
Pochierte Lachsschnitzel
Lachs-Teriyaki
Lachs-Bouillabaisse
Cajun-Lachs
Lachsspieße vom Grill
Graupenpilaf mit Lachs
Gefüllte Lachsschnitzel
Marinierter warmer Lachs
Lachsterrine mit Hülsenfrüchten
Skandinavischer Lachstopf mit Reis
Eingelegte Makrele
Kartoffelpie mit Sardinen
Blaubarsch Parmigiana
Fischgratin
Gegrillter Blaubarsch mit pikanter Sauce
Fisch-Paella

Pochierter Lachs mit grüner Sauce

Ergibt 2 Portionen

Zum Pochieren können Sie Wasser, eine Mischung aus Wasser und trockenem Weißwein oder noch besser eine *Courtbouillon*, einen Fischsud der unten beschriebenen Art, verwenden. Die meisten Vorbereitungen können im voraus erledigt werden, so daß zum Schluß nur noch der Lachs in der Brühe garziehen muß; Ihre Gäste werden dann den Eindruck gewinnen, daß Sie zu den wenigen Gastgebern gehören, die keine Hektik verbreiten. Das Rezept ist nur für ein kleines Essen zu zweit bei Kerzenschimmer berechnet, läßt sich jedoch leicht einer doppelten oder dreifachen Zahl von Gästen anpassen.

2 Scheiben LACHS, *2 bis 3 cm dick*

Courtbouillon:
knapp 1 Liter Wasser
Saft von ½ Zitrone
2 kleine Möhren, in dünne Scheibchen geschnitten
1 kleine Zwiebel, in Scheiben geschnitten
2 Lorbeerblätter
6 Pfefferkörner
1 TL Salz (nach Belieben)

Grüne Sauce:
¼ Tasse einfacher Magerjoghurt
1 ½ EL fettreduzierte Mayonnaise
¼ TL Salz (nach Belieben)
½ TL Weißweinessig
1 Frühlingszwiebel, feingehackt
5 EL gehackter frischer oder
2 EL getrockneter Dill
Petersilie und Zitronenachtel

Portion: 140 g Lachs mit
2 Eßlöffeln grüner Sauce
Kilokalorien: 341
Fett: 14,5 g
Cholesterin: 83,5 mg
Natrium: 214 mg

Den Backofen auf 180 Grad vorheizen. Alle Zutaten für den Fischsud (die Courtbouillon) in eine feuerfeste, herdplattengeeignete Kasserolle geben, zum Kochen bringen und 10 Minuten leise wallen lassen. Die noch übrige halbe Zitrone (unbehandelt) in feine Scheiben schneiden. Den Lachs einlegen und mit dem Sud begießen. Mit den Zitronenscheiben belegen und mit Wachspapier abgedeckt im heißen Ofen 20 Minuten garziehen lassen.

Jetzt die grüne Sauce zubereiten, wenn sie nicht schon fertig bereitsteht. Dazu einfach alle Zutaten im elektrischen Mixer auf höchster Stufe miteinander verrühren; das Gerät ab und zu ausschalten und an den Gefäßwänden hochgespritzte Sauce mit dem Teigschaber wieder nach unten schieben. Frischer Dill ist übrigens um vieles besser als getrockneter! Das Rezept ergibt 4 Portionen Sauce.

Pochierte Lachsschnitzel

Ergibt 6 Portionen

Vielen Leuten schmeckt kalter Lachs als Mittagsimbiß ausgezeichnet, aber sie kämen nie auf die Idee, ihn sich zu Hause selbst zuzubereiten und für diese Gelegenheit im Kühlschrank aufzuheben. Dabei ist das Pochieren eine der einfachsten und narrensichersten Garmethoden für Fisch. Dieses Gericht kann im voraus hergestellt werden. Dazu knackigen grünen Salat und Brot servieren.

6 Scheiben LACHS *von je etwa 170 g Gewicht, frisch oder tiefgefroren*
½ Tasse trockener Weißwein
½ TL Dillsamen

Sauce *(oder 2 Tassen* **Russische Kichererbsencreme,** *siehe S. 158):*
⅓ Tasse kalorienreduzierte Mayonnaise
½ Tasse gewürfelter Tofu
¼ Tasse Weißweinessig
¼ Tasse feingehackter frischer oder 2 EL getrockneter Dill

Portion: 1 Scheibe
Kilokalorien: 389
Fett: 17,5 g
Cholesterin: 85 mg
Natrium: 205 mg

Die Lachsschnitzel in einem breiten Topf auslegen. Weißwein und Dillsaat zufügen und so viel Wasser zugießen, daß der Lachs eben mit Flüssigkeit bedeckt ist. Langsam zum Kochen bringen und 2 Minuten leise wallen lassen. Vom Feuer nehmen und die Lachsschnitzel im Sud auf Zimmertemperatur abkühlen lassen; dadurch bleiben sie saftig. Wenn sie erkaltet sind, aus dem Sud heben und auf einer Platte zugedeckt 1 Stunde kühl stellen.

Inzwischen Mayonnaise, Tofu, Essig und Dill im elektrischen Mixer zu einer vollkommen glatten Sauce verrühren; sollte sie zu dick sein, mit Wasser auf die gewünschte Konsistenz verdünnen. Den gut gekühlten Lachs damit servieren.

Lachs-Teriyaki

Ergibt 4 Portionen

Von allen Meeresfischen ist und bleibt Lachs mein Lieblingsfisch. Wie habe ich mich gefreut, als ich erfuhr, daß Lachs der Fisch mit dem höchsten Gehalt an Omega-3-Fischölen ist! Bei vielen der Rezepte in diesem Buch kann er jedoch problemlos gegen Makrelen, Seelachs oder eine andere Fischsorte ausgetauscht werden. Dieses Lachsgericht ist ganz einfach und doch so köstlich, daß Sie es voller Stolz Gästen vorsetzen können. Marinieren Sie den Fisch nur lange genug, ehe Sie ihn grillen.

500 g LACHSFILET

Marinade:
⅔ Tasse natriumarme Sojasauce
¼ Tasse Cream-Sherry
1 EL brauner Zucker
½ TL feingehackter frischer Ingwer
1 große Knoblauchzehe, zerdrückt
Saft von 1 Zitrone

Portion: 100 g Lachs mit ¼ der Marinademenge
Kilokalorien: 281
Fett: 9 g
Cholesterin: 58 mg
Natrium: 148 mg

Die Marinadezutaten gründlich miteinander vermischen und die Lachsstücke so hineinlegen, daß sie von der Marinade bedeckt sind. Zugedeckt 2 bis 3 Stunden im Kühlschrank durchziehen lassen. Abgießen und von jeder Seite 3 Minuten grillen.

Mit gedämpftem Reis und pfannengerührtem Bambus- und Bohnensprossen zu Tisch bringen.

Lachs-Bouillabaisse

Ergibt 4 nahrhafte Portionen

Bouillabaisse mag ich nur zu gern, und wie ich bemerkt habe, hat jedes Restaurant ein eigenes Rezept dafür. Aber nie habe ich bei dieser herrlichen Suppe erlebt, daß sie mit Lachs zubereitet wurde. Hier also die Art und Weise, wie ich sie zu Hause herstelle, und dazu das Rezept für eine *Rouille,* die ich kurz vor dem Servieren in die Bouillabaisse zu rühren pflege. Sie gibt der Suppe meines Erachtens den letzten Schliff. Reichen Sie zur Bouillabaisse knuspriges französisches Weißbrot und Rotwein.

500 g LACHSFILET, *in Stücke geschnitten*
250 g Garnelen, Hummerkrabben, Krabben oder alle drei gemischt
8 Venus- oder Miesmuscheln
1 EL Olivenöl
2 Lauchstangen, davon nur der weiße Teil, gehackt
1 mittelgroße Zwiebel, gehackt
2 Knoblauchzehen, grobgehackt
1 große Tomate, in Achtel geschnitten
Wasser oder Fischsud
Bouquet garni (Suppengrün aus Thymian, Lorbeerblatt, Petersilie, Sellerie und Rosmarin)
1 Prise Safran
Salz, Pfeffer und Cayennepfeffer nach Geschmack

Portion: ¼ Rezept
Kilokalorien: 391
Fett: 14 g
Cholesterin: 95 mg
Natrium: 219 mg

In einem großen Topf das Olivenöl erhitzen, die Gemüse hineingeben und solange anschwitzen, bis die Zwiebeln glasig geworden sind. Genug Wasser oder Sud zum Bedekken zugießen, das Suppengrün beifügen und alles zusammen 5 Minuten köcheln. Danach Lachs und Garnelen zugeben und 5 Minuten mitgaren. Zuletzt die Muscheln einlegen; sie brauchen etwa 5 Minuten, bis sich die Schalen öffnen.

Mit einer herzhaften Prise Safran würzen und mit Salz, Pfeffer sowie Cayennepfeffer abschmecken. Und das wär's auch schon! Dieses Gericht sollte nie im voraus fertiggestellt, sondern stets frisch gekocht und sofort serviert werden, damit Fisch, Meeresfrüchte und Gemüse noch Biß haben, statt zu zerfallen. Die Rouille kann entweder kurz vor dem Auftragen in die Suppe gerührt oder zur Selbstbedienung in einer Schüssel auf den Tisch gestellt werden.

Rouille:
2 Knoblauchzehen
1 kleine rote Pfefferschote
1 EL KÖLLN-HAFERKLEIE *oder*
APFELGRANULAT
2 EL Bouillon
1 EL Olivenöl
½ TL Paprika edelsüß
1 EL Tomatenmark

Portion: 2 Eßlöffel
Kilokalorien: 67
Fett: 5 g
Cholesterin: 0
Natrium: 3 mg

Alle Zutaten mit der Küchenmaschine zu einer glatten Sauce verrühren.

Cajun-Lachs

Ergibt 6 Portionen

Als Chefkoch Paul Prudhomme in New Orleans mit seiner Cajun-Küche großen Erfolg hatte, wurde rotfleischiger Fisch knapp, den er auf delikate Art zu »schwärzen« wußte. Wie er selbst sagt, eignen sich aber auch andere Fischsorten für diese Zubereitungsmethode. Ich finde Lachs besonders gut. Stellen Sie sich Ihre eigene Gewürzmischung zum Räuchern her, und halten Sie sie für dieses und andere Gerichte vorrätig.

6 LACHSFILETS *von je etwa*
100 g Gewicht
2 EL Diät-Margarine

Cajun-Räuchergewürzmischung:
1 EL Paprika edelsüß
1 TL Knoblauchpulver
1 TL Cayennepfeffer
¾ TL schwarzer Pfeffer
½ TL fein zerstoßener Thymian
½ TL Oregano
½ TL getrocknetes Basilikum
1 TL Zwiebelpulver
2 TL Salz (nach Belieben)

Portion: 100 g
Kilokalorien: 243
Fett: 10 g
Cholesterin: 47 g
Natrium: mit Salz 505 mg
ohne Salz 139 mg

Alle Cajun-Gewürze miteinander mischen und damit die Lachsfilets großzügig bestreuen. Den gewürzten Lachs mit einem kleinen Stich Margarine in eine *sehr* heiße (rauchende) Eisenpfanne legen. 2 Minuten ankohlen lassen, dann wenden und mit einem weiteren Stückchen Margarine wieder 2 Minuten schwärzen. So schmeckt der Fisch äußerst pikant und paßt gut zu einem frischen Bier.

Einen Nachteil hat diese Methode des Schwärzens: Es entwickelt sich eine Menge Rauch, wenn Margarine und Fisch mit der glühendheißen Pfanne in Berührung kommen. Ich stelle die Pfanne immer direkt auf glühende Holzkohle draußen auf dem Grill. Im Haus hält man den Rauch nicht aus.

Lachsspieße vom Grill

Ergibt 4 Portionen

Grillen schafft immer eine festliche Atmosphäre. Dieses Gericht ist besonders farbenprächtig. Servieren Sie dazu eine reichliche Menge gedämpften Reis und eine schöne Flasche spritzigen Weißwein.

2 ½ EL Zitronensaft (von 1 großen Zitrone)
1 ½ EL Limettensaft (von 1 Limette)
¼ Tasse Olivenöl
2 EL feingehackte Zwiebeln
1 Knoblauchzehe, zerdrückt
1 EL zerstoßene rote Pfefferschoten
1 TL Rosmarin
500 g LACHS, *in Stücke geschnitten*
1 grüne Paprikaschote, in 4 cm große Stücke geschnitten
1 rote Paprikaschote, in 4 cm große Stücke geschnitten
8 große Champignons

Portion: ¼ Rezept
Kilokalorien: 334
Fett: 22 g
Cholesterin: 59 mg
Natrium: 135 mg

Zitronensaft, Öl, Zwiebeln, Knoblauch, Pfefferschote und Rosmarin in einem Deckelgefäß gründlich miteinander vermischen. In diese Marinade die Lachsstücke nebst Paprikastücken und Pilzen einlegen und im Kühlschrank 2 Stunden durchziehen lassen. Lachs-, Paprikastücke und Pilze abwechselnd auf Spieße schieben und von jeder Seite 3 Minuten auf Holzkohle oder im Backofen grillen. Nicht zu lange garen; sofort servieren.

Graupenpilaf mit Lachs

Ergibt 6 Portionen

Die Gerstengraupen sorgen bei diesem Pilaf für zusätzliche lösliche Faserstoffe. Der Lachs liefert schützende Öle. Und der Essig gibt dem Gericht Pep. Im Rezept ist zwar Reis- oder Weißweinessig angegeben, aber Sie können ruhig mit anderen Essigsorten experimentieren, zum Beispiel mit Balsamessig.

1 EL Olivenöl
1 Zwiebel, feingehackt
1 Möhre, feingehackt
1 Selleriestange, feingehackt
2 Dosen (je 180 g) LACHS, *abgetropft*
1 Tasse PERLGRAUPEN
¼ Tasse Weißwein- oder Reisessig
1 EL getrocknete oder 3 EL feingehackte frische Petersilie bzw. Koriandergrün

Portion: ⅙ Rezept
Kilokalorien: 248
Fett: 10 g
Cholesterin: 28 mg
Natrium: 332 mg

Den Backofen auf 180 Grad vorheizen.

In einer feuerfesten, herdplattengeeigneten Kasserolle das Olivenöl erhitzen und darin Zwiebel-, Möhren- und Selleriestückchen unter ständigem Rühren 2 bis 3 Minuten anrösten.

Den Lachs hinzufügen und durch Rühren zerkleinern, dann Gerstengraupen, Essig, Kräuter und 2 Tassen Wasser zugeben. Alles zusammen zum Kochen bringen, abdecken, in den Ofen stellen und etwa 45 Minuten backen, bis die Graupen die ganze Flüssigkeit aufgesaugt haben und eben gar sind. Vor dem Servieren mit einer Gabel auflokkern.

Gefüllte Lachsschnitzel

Ergibt 6 Portionen

Wo soll ich anfangen, wenn ich die Vorteile dieser Zubereitungsart aufzählen will? Vielleicht mit Punkt eins: Das Rezept ist absolut narrensicher: es kann einfach nichts schiefgehen. Zweitens: Das Gericht erfordert wenig Zubereitungszeit. Drittens: Sie können die Portionen schon im voraus fertigstellen, falls Ihnen nach der Arbeit die nötige Zeit dazu fehlt oder Ihre Gäste schon warten. Viertens: Sie brauchen weder Töpfe noch Pfannen zu spülen, sondern nur hinterher die Alufolie wegzuwerfen. Fünftens, und das ist wahrscheinlich das Wichtigste: Dieses Gericht ist ein Gedicht!

6 Scheiben LACHS *von je etwa 170 g Gewicht*
4 Selleriestangen
1 Pastinake, geschabt
2 Möhren, geschabt (oder 4 Möhren, falls keine Pastinaken erhältlich sind)
½ Tasse Weißwein
2 TL Zucker
Pfeffer

Portion: 1 Scheibe
Kilokalorien: 418
Fett: 13 g
Cholesterin: 80 mg
Natrium: 267 mg

Den Backofen auf 190 Grad vorheizen.

Jede Lachsscheibe auf ein mit einem Tropfen Olivenöl eingepinseltes Stück Alufolie von etwa 25 × 25 cm Größe legen und beiseite stellen.

Sellerie, Pastinake und Möhren in etwa 5 cm lange und 5 mm dicke Streifen schneiden. In Weißwein mit Zucker auf mittlerer Hitze zugedeckt ungefähr 10 bis 15 Minuten weichdünsten.

Ein wenig von dieser Mischung über die Lachsscheiben löffeln und Pfeffer darüberstreuen. Die vier Ecken der Alufolie in der Mitte über jeder Lachsscheibe zusammenziehen und zudrehen; der Fisch sollte ganz davon eingehüllt sein. Die Päckchen auf ein Blech legen und 30 Minuten backen.

Vor dem Servieren den Folienmantel öffnen, so daß die Fischstücke mit Gemüse und Sud zu sehen sind.

Marinierter warmer Lachs

Ergibt 6 Portionen

Hier die Variante einer spanischen **Seviche,** bei der zweierlei geändert wurde: Erstens wird die echte Seviche mit Miesmuscheln hergestellt, während wir Lachs nehmen, und zweitens werden die Muscheln sogleich in Essigmarinade gekocht, wohingegen wir den Lachs zuvor ein paar Stunden marinieren, dann im Ofen in der Marinade garziehen lassen und mit dem Sud warm servieren. Wenn Sie kein frisches Koriandergrün bekommen können, ersetzen Sie es durch ein anderes frisches Kraut wie etwa glattblättrige Petersilie, obwohl der Originalgeschmack dadurch verändert wird. Ich reiche dazu gern mit Kräutern überbackene Kirschtomaten.

6 g Scheiben frischer LACHS *von je etwa 170 g Gewicht*
½ Zwiebel, feingehackt
1 Knoblauchzehe, zerdrückt
½ Tasse feingehacktes frisches Koriandergrün
¼ Tasse Zitronensaft
¼ Tasse Limettensaft
1 EL Olivenöl
Cayennepfeffer nach Geschmack

Portion: ⅙ Rezept
Kilokalorien: 328
Fett: 15 g
Cholesterin: 80 mg
Natrium: 244 mg

Die Lachsscheiben in eine feuerfeste Dekkelform legen. Zwiebel, Knoblauch, Koriandergrün, Zitronen- und Limettensaft sowie Olivenöl mischen, mit Cayennepfeffer abschmecken und über den Lachs gießen. Im Kühlschrank zugedeckt mindestens 6 Stunden, am besten jedoch über Nacht durchziehen lassen.

Den Backofen auf 180 Grad vorheizen. Den Lachs in der Form mit aufgelegtem Deckel hineinstellen und 15 bis 20 Minuten backen, bis er eben gar ist. Mit dem Sud zu Tisch bringen.

Lachsterrine mit Hülsenfrüchten

Ergibt 8 Portionen

Dieses Eintopfgericht ist äußerst gesund. Es enthält sowohl die schützenden Öle vom Lachs als auch die löslichen Faserstoffe von Linsen und Erbsen. Abgerundet wird das Mahl durch diverse Gemüse. Wenn Sie wünschen, können Sie mit dem Gemüse noch ein paar Kartoffelstücke beifügen. Servieren Sie die Lachsterrine mit knusprigem Brot, und Sie haben aus jeder Nahrungsmittelgruppe etwas.

½ Tasse getrocknete LINSEN
½ Tasse getrocknete GRÜNE SCHÄLERBSEN
1 Dose (400 g) geschälte Tomaten in Stücken
½ Tasse feingehackte Zwiebeln
½ Tasse feingehackte Paprikaschote
1 Möhre, feingehackt
1 Selleriestange, feingehackt
500 g LACHS, *in Stücke geschnitten*
1 Dose (450 g) WACHTELBOHNEN
300 g Maiskörner aus der Dose
Pfeffer

Portion: ⅛ Rezept
Kilokalorien: 243
Fett: 4 g
Cholesterin: 30 mg
Natrium: 342 mg

In einem großen Topf Linsen, Erbsen, Tomaten, Paprika-, Möhren- und Selleriewürfel mit 2 Tassen Wasser zum Kochen bringen und zugedeckt 25 Minuten köcheln lassen.

Danach den Lachs, die Wachtelbohnen samt Flüssigkeit und die Maiskörner zugeben. Falls nötig, soviel Wasser zugießen, daß der Topfinhalt eben bedeckt ist. Alles zusammen bei aufgelegtem Deckel noch etwa 15 Minuten simmern, bis Linsen und Erbsen weich sind. Nach Geschmack mit Pfeffer würzen und servieren.

Skandinavischer Lachstopf mit Reis

Ergibt 8 Portionen

Es ist wohl keine Frage, daß Lachs mein Lieblingsfisch ist. Einer der Gründe dafür ist seine vielseitige Verwendbarkeit, wie dieses skandinavische Gericht treffend beweist.

1 Flasche (knapp ¼ l) Venusmuschelsaft
½ Tasse Weißwein
¼ Tasse feingehackte Pastinake
½ Tasse feingehackte Möhren
1 Zwiebel, feingehackt
¼ Tasse Langkornreis
300 g TK-Spinat, aufgetaut
¼ Tasse REISKLEIE *(ersatzweise* KÖLLN-HAFERKLEIE*)*
2 Dosen (je 200 g) LACHS *in Wasser, abgetropft*
¼ Tasse feingehackter frischer Dill oder Petersilie

Portion: ⅙ Rezept
Kilokalorien: 182
Fett: 6 g
Cholesterin: 28 mg
Natrium: 131 mg

In einem mittelgroßen, schweren Topf Muschelsaft, Weißwein, 2 Tassen Wasser, Pastinaken-, Möhren- und Zwiebelwürfel, Reis und Spinat zum Kochen bringen und zugedeckt 10 Minuten leise wallen lassen.

Kleie, Lachs und Dill zufügen und alles alles zusammen weitere 5 Minuten köcheln.

Eingelegte Makrele

Ergibt 6 Portionen

Makrelen sind sehr reich an Omega-3-Fischölen, und wer diese Fischsorte gern mag, wird an diesem Gericht seine Freude haben, das heiß zu Kartoffeln oder Reis serviert wird oder gekühlt mit frischen Kräutern garniert auf den Tisch kommt. Wem Makrelen nicht so sehr behagen, kann statt dessen Dosenlachs verwenden.

2 Dosen (je 425 g) Makrelen in Wasser, abgetropft
1 Dose (200 g) Tomatensauce ohne Salz
1 Glas (280 g) Perlzwiebeln, abgetropft
2 EL Reis- oder Weißweinessig
1 TL Senf
1 Prise Muskatnuß und/oder
1 Prise Muskatblüte

Portion: ⅙ Rezept
Kilokalorien: 246
Fett: 16 g
Cholesterin: 92 mg
Natrium: 809 mg

Den Backofen auf 180 Grad vorheizen.

Die Makrelen in Stückchen zerpflücken und in einer 20 × 20 cm großen Backform verteilen.

In einer Schüssel Tomatensauce, Perlzwiebeln, Essig, Senf und Gewürze miteinander verrühren und mit dem Fisch vermengen. Das Ganze 15 Minuten backen, bis es durch und durch heiß ist. Heiß, zimmerwarm oder eisgekühlt servieren.

Kartoffelpie mit Sardinen

Ergibt 6 Portionen

Ein abgewandeltes Schäfergericht, das sich ebenfalls statt mit Sardinen mit Dosenlachs herstellen läßt.

750 g Kartoffeln
¼ Tasse leichte Kondensmilch (4 % Fett)
Pfeffer
½ Tasse feingehackte frische Petersilie oder Dill
1 EL Olivenöl
1 Zwiebel, in dünne Scheiben geschnitten
3 kleine rote oder grüne Paprikaschoten, in feine Ringe geschnitten
zerstoßene rote Pfefferschote (nach Belieben)
3 Dosen (je 125 g) SARDINEN *in Wasser, abgetropft*

Portion: ⅙ Rezept
Kilokalorien: 210
Fett: 6 g
Cholesterin: 38 mg
Natrium: 280 mg

Die Kartoffeln schälen, in gut 2 cm dicke Würfel schneiden und mit Wasser bedeckt 20 bis 25 Minuten garkochen. Abgießen und mit der Kondensmilch zu Püree stampfen. Nach Geschmack mit Pfeffer und Petersilie oder Dill würzen.

Den Backofen auf 180 Grad vorheizen.

In einer großen Pfanne das Olivenöl erhitzen und darin Zwiebeln und Paprikaringe unter ständigem Rühren 3 bis 4 Minuten anbraten. Mit ½ Tasse Wasser ablöschen und zugedeckt 10 Minuten dünsten, bis beides weich ist. Dann bei geöffnetem Deckel auf mittlerer Hitze etwa 5 Minuten einkochen lassen, bis die Flüssigkeit verdampft ist. Nach Belieben mit zerstoßenem roten Pfeffer abschmecken. Die Sardinen zufügen und in kleine Stücke zerteilen.

Mit dieser Mischung den Boden einer etwa 25 × 25 cm großen feuerfesten Form bedecken. Darauf löffelweise das Kartoffelpüree verteilen. Das Gericht 30 Minuten im heißen Ofen backen.

Fischgratin

Ergibt 2 Portionen

Dieses Rezept läßt sich natürlich auch auf vier oder sechs Personen zuschneiden, aber vielleicht ist es ja das Richtige für ein Candlelight-Dinner zu zweit!

125 g Naturreis
1 Prise Salz
250 g Rotbarschfilet
Saft von 1 Zitrone
¼ l fettfreie Gemüsebrühe
6 bis 7 EL Kölln-Haferkleie
1 bis 2 EL mittelscharfer Senf
Petersilie, Dill, weißer Pfeffer und Liebstöckel nach Geschmack

Portion: ½ Rezept
Kilokalorien: 450
Fett: 8 g
Cholesterin: 45 mg
Natrium: 357 mg

Den Backofen auf 200 Grad vorheizen. Den Naturreis in Wasser bißfest ausquellen lassen. Das Rotbarschfilet säubern und mit Zitronensaft beträufeln.

Für die Sauce in einem Topf die Gemüsebrühe erhitzen und die Haferkleie einrühren. Nach Geschmack mit Senf, Petersilie, Dill, weißem Pfeffer und Liebstöckel würzen.

Reis und Fisch in eine feuerfeste Form geben, mit der Senfsauce übergießen und im heißen Ofen 10 bis 15 Minuten überbacken.

Blaubarsch Parmigiana

Ergibt 4 Portionen

Falls Sie keinen Blaubarsch mögen (oder bekommen), können Sie ihn getrost gegen Lachs oder eine andere Fischsorte austauschen. Durch die Haferkleie bekommt der Fisch eine schöne knusprige Kruste. Ich serviere dazu gern ein paar Nudeln und eine kleine Portion Salat.

2 Tassen Tomatensauce ohne Salz, mit ½ TL Oregano gewürzt
750 g BLAUBARSCHFILET *in etwa 2 cm dicken Scheiben (möglichst frisch)*
¼ Tasse KÖLLN-HAFERKLEIE
1 Eiweiß, mit 2 EL Wasser verschlagen
1 Tasse HAFERFLOCKEN
1 EL Olivenöl
3 EL Parmesankäse

Portion: ¼ Rezept
Kilokalorien: 245
Fett: 11 g
Cholesterin: 77 mg
Natrium: 352 mg

Den Backofen auf 180 Grad vorheizen.

Die gewürzte Tomatensauce in eine feuerfeste Form gießen und bereithalten.

Das Blaubarschfilet in 4 Portionen teilen. Die Filetstücke zuerst in der Haferkleie, dann im Eiweiß wälzen und zuletzt rundum mit Haferflocken panieren.

In einer großen Pfanne das Öl auf höchster Heizstufe stark erhitzen. Die Blaubarschfilets mit der Hautseite nach oben hineingeben und 1 ½ Minuten braten, dann mit einem Spachtel wenden und noch 1 Minute von der anderen Seite braten. Den gebratenen Fisch mit der Hautseite nach unten in die feuerfeste Form auf die Tomatensauce legen. Je nach Dicke 10 bis 15 Minuten backen. Zum Schluß mit dem Parmesankäse bestreuen und nochmals 5 Minuten überbacken.

Gegrillter Blaubarsch mit pikanter Sauce

Ergibt 4 Portionen

Die würzige Sauce mit dem rohen Gemüse bildet einen reizvollen Kontrast zum milden, weichen Fisch. Farbiger wird das Gericht, wenn Sie rote und grüne Paprikaschote mischen. Sollten Sie keinen Blaubarsch bekommen können, nehmen Sie einfach Lachs!

750 g BLAUBARSCHFILETS, *frisch oder gefroren und aufgetaut*
1 EL Olivenöl
2 EL Weinessig
½ Tasse feingehackte frische Petersilie
1 rote oder grüne Paprikaschote, geputzt, entkernt und feingehackt
2 Frühlingszwiebeln, in dünne Scheibchen geschnitten
Pfeffer

Portion: ¼ Rezept
Kilokalorien: 303
Fett: 9 g
Cholesterin: 75 mg
Natrium: 178 mg

Den Grill vorheizen.

Die Fischfilets je nach Dicke 6 bis 9 Minuten grillen; keinesfalls zu lange garen.

Währenddessen aus Öl, Essig, Petersilie, Paprika und Frühlingszwiebeln im elektrischen Mixer eine Sauce herstellen und mit Pfeffer abschmecken.

Wenn die Filets gar sind, werden sie mit jeweils ¼ der Sauce begossen und sofort serviert.

Fisch-Paella

Ergibt 6 bis 8 Portionen

Viele spanische Restaurants verdanken ihren Ruhm dem Paella-Rezept ihres Hauses. Das Gericht ist in aller Welt beliebt. Hier eine Variation des gleichen Themas, bei der das übliche Hühnerfleisch durch Blaubarsch oder Lachs ersetzt wird. Die Kleie macht diese Paella sämig. Trinken Sie dazu ein Glas spanischen Wein, wenn Sie mögen!

1 Zwiebel, feingehackt
1 Knoblauchzehe, zerdrückt
1 rote oder grüne Paprikaschote, feingehackt
½ Tasse gehackter Tomatenpaprika
½ Tasse Weißwein
1 ½ Tassen Langkornreis
⅛ bis ¼ TL Safranfäden
1 Dose (200 g) Tomatensauce ohne Salz
½ Tasse feingemahlene REISKLEIE *(ersatzweise* KÖLLN-HAFERKLEIE*)*
300 g TK-Erbsen
750 g BLAUBARSCHFILET *oder* LACHS *ohne Gräten, in gut 2 cm große Stücke geschnitten*
Pfeffer

Portion: ⅛ Rezept
Kilokalorien: 237
Fett: 5 g
Cholesterin: 80 mg
Natrium: 133 mg

In einer spezialbeschichteten Pfanne Zwiebeln, Knoblauch und Paprika ohne Fettzugabe unter ständigem Rühren 3 Minuten anbraten. Tomatenpaprika und Wein zufügen und das Ganze weitere 3 Minuten köcheln.

Jetzt den Reis einstreuen, Safran und Tomatensauce sowie 2 Tassen Wasser zugeben. Alles zusammen zum Kochen bringen und zugedeckt 15 Minuten leise wallen lassen.

Kleie, Erbsen und Fischstücke unterrühren und mit Pfeffer würzen. Zugedeckt nochmals etwa 5 Minuten simmern, bis der Fisch eben gar und der Reis weich ist.

Beilagen

Bohnen und Gemüse
Doppelt geschmorte Bohnen
Bohnen- oder Gemüsepfannkuchen
Schnell gebackene Bohnen
Pikant gebackene Bohnen
Wachtelbohnen-Kasserolle mit Artischockenherzen
Wachtelbohnen mit Mais
Limabohnenpüree mit Möhren
Püree aus dicken Bohnen mit Knoblauch
Skandinavische weiße Bohnen mit Reis
Gebackenes Mais- oder Kichererbsenpüree
Kichererbsencreme mit Knoblauch und Thymian
Küchlein aus schwarzen Bohnen
Schwarzweißer Bohnenreis
Kreolischer roter Bohnenreis
Geschmorte rote Kidneybohnen mit Kohl
Pfannengerührte rote Bohnen
Rote Bohnen mit Knoblauch und Ingwer
Kidneybohnen-Barbecue
Schälerbsen-Kartoffel-Püree
Erbspüreepudding
Französische Bohnenkasserolle
Bunter Bohnentopf mit Sommerkürbis
Gemüsepudding mit Bohnen
Persischer Reis mit Linsen
Schwedische Linsen süßsauer
Süßsaure Linsen

Reis- und Haferkleie
Artischocken-Risotto mit Hähnchenbrust
Pilzrisotto
Risotto Milanese
Indischer Reispilaf
Reisküchlein mit Karotten
Gekühltes rotes Gemüsepüree
Mais-Haferkleie-Küchlein mit Frühlingszwiebeln
Möhren-Kartoffel-Puffer

Gerste
Graupen mit jungen grünen Erbsen
Chinesische pfannengerührte Gerstengraupen
Würzige Pilzgerste

Doppelt geschmorte Bohnen

Ergibt 4 bis 6 Portionen

Doppelt geschmorte Bohnen sind ein absolutes Muß in der mexikanischen Küche. Herkömmlicherweise werden sie unter Verwendung von Schmalz hergestellt. Bei unserem Grundrezept wird statt dessen Olivenöl genommen. Noch mehr verbessern läßt es sich durch die folgenden Zutaten: zwei große zerdrückte Knoblauchzehen; eine feingehackte scharfe Jalapeño-Pfefferschote; ein bis zwei Spritzer Tabasco und einen Teelöffel Salz (falls Sie keine natriumarme Diät einhalten müssen). Knoblauch und/oder Pfefferschote sollten Sie mit der Zwiebel zusammen anrösten.

2 EL Olivenöl
1 kleine und etwa ¼ Tasse feingehackte Zwiebel
2 Dosen (je 400 g) ROTE BOHNEN
Limettensaft (nach Belieben)
feingehacktes frisches Koriandergrün (nach Belieben)

Portion: ⅙ Rezept
Kilokalorien: 160
Fett: 2,9 g
Cholesterin: 0
Natrium: 494 mg

In einem schweren Topf das Olivenöl erhitzen und die Zwiebeln darin 2 bis 3 Minuten anbraten.

1 Dose Bohnen abgießen, abtropfen lassen und mit der anderen Dose Bohnen samt Flüssigkeit zu den Zwiebeln geben. Den Herd auf höchste Stufe schalten und die Bohnen nun mit einem Holzlöffel zerdrükken, bis sie grob zerkleinert sind.

Dann werden sie auf milder Hitze unter fortwährendem Rühren mit dem Holzlöffel etwa 5 bis 10 Minuten sanft geschmort, bis ein grobes Püree entstanden ist, das am Topfboden anzusetzen beginnt.

Sogleich servieren, nach Belieben mit Limettensaft beträufelt und mit Koriandergrün bestreut.

Bohnen- oder Gemüsepfannkuchen

Ergibt 12 Pfannkuchen

2 Tassen gekochte KICHERERBSEN, BOHNEN, ERBSEN *oder* LINSEN, *frisch oder aus der Dose*
2 Frühlingszwiebeln, feingehackt
⅓ Tasse gehackte rote Paprikaschote
6 EL Mehl
1 TL Kreuzkümmel (Cumin) oder ein beliebiges anderes Gewürz
2 Eiweiß
Olivenöl

Portion: 1 Pfannkuchen
Kilokalorien: 57
Fett: 0,3 g
Cholesterin: 0
Natrium: 147 mg

Den Backofen auf 120 Grad vorheizen.

Die Kichererbsen (oder anderen Hülsenfrüchte) mit den Frühlingszwiebeln, Paprikawürfelchen sowie Mehl und Kreuzkümmel im elektrischen Mixer pürieren. ⅓ Tasse Wasser zugießen, so daß ein ziemlich dickflüssiger Teig entsteht.

Die Eiweiß zu steifem Schnee schlagen und darunterheben.

Eine große spezialbeschichtete Pfanne hauchdünn mit Öl auspinseln und erhitzen. Den Teig löffelweise (jeweils etwa ¼ Tasse) hineingeben und mit dem Rücken eines Holzlöffels zu 3 mm dicken Pfannkuchen flachdrücken. Auf jeder Seite 3 bis 4 Minuten backen.

Die Pfannkuchen im Ofen warmhalten, bis sie alle fertig sind und aufgetragen werden.

Schnell gebackene Bohnen

Ergibt etwa 6 Portionen

Für gebackene Bohnen gibt es die unterschiedlichsten Rezepte. In Boston werden sie in einem Keramikgefäß gebacken und aufgetragen, im Westen der Vereinigten Staaten am Lagerfeuer zubereitet. Gebackene Bohnen aus der Dose haben im Grunde kein Aroma und sind oft mit Schweineschmalz hergestellt. Bei unserem Rezept entfaltet sich das ganze herrliche Aroma, ohne daß gesättigte Fette im Spiel wären. Erforderlich sind große oder kleine weiße Bohnenkerne, die Sie auch mischen können.

¼ Tasse brauner Zucker
2 EL Melasse
3 EL Dijon-Senf
⅓ Tasse Tomatenketchup
1 TL Knoblauchpulver
Pfeffer
6 Tassen frisch gekochte oder
3 Tassen WEISSE BOHNEN *aus der Dose, abgetropft*

Portion: ⅙ Rezept
Kilokalorien: 313
Fett: 1,6 g
Cholesterin: 0
Natrium: 260 mg

Den Backofen auf 180 Grad vorheizen.

In einer Schüssel Zucker, Melasse, Senf, Ketchup und Knoblauchpulver verrühren und mit Pfeffer abschmecken. Die Bohnen daruntermengen und die Masse in eine feuerfeste Form umfüllen. Zugedeckt 30 Minuten, dann ohne Deckel weitere 15 Minuten backen.

Pikant gebackene Bohnen

Ergibt 8 Portionen

Wenn es einmal richtig kalt ist und der Wind heult, werden Sie vielleicht gern gebackene Bohnen auf die herkömmliche Art herstellen wollen. Hier ein Großmutter-Rezept, bei dessen Zubereitung das Haus von Düften durchzogen wird, die viele schöne Erinnerungen wecken.

2 Tassen (500 g) MUNGBOHNEN *oder* WEISSE BOHNEN, *eingeweicht (siehe S. 95) und abgetropft*
2 Tassen entfettete Hühnerbrühe oder Wasser
1 mittelgroße Zwiebel, feingehackt
125 g magerer Schinken ohne Fettrand, gewürfelt
4 Knoblauchzehen, zerdrückt
½ TL gemahlener Kreuzkümmel (Cumin)
¼ TL gemahlene Nelken
¼ TL Muskatblüte
Pfeffer
¼ Tasse Rübenkraut

Portion: ⅛ Rezept
Kilokalorien: 115
Fett: 1 g
Cholesterin: 7 mg
Natrium: 175 mg

Den Backofen auf 160 Grad vorheizen.

In einer 3 bis 5 Liter fassenden feuerfesten Kasserolle, die auch für den Herdplattengebrauch geeignet sein muß, alle Zutaten gründlich miteinander vermischen. 4 Tassen Wasser unterrühren, alles zusammen erst auf dem Herd zum Kochen bringen und dann zugedeckt 6 Stunden im Ofen backen.

Dann die Backofenhitze auf 180 Grad erhöhen. Von der Kasserolle den Deckel abnehmen und die Bohnen in der offenen Form nochmals 45 bis 60 Minuten backen, bis sie die gesamte Flüssigkeit aufgesogen haben und sich an der Oberfläche eine dünne Kruste gebildet hat.

Wachtelbohnen-Kasserolle mit Artischockenherzen

Ergibt 4 bis 6 Portionen

2 Dosen (je 400 g) WACHTELBOHNEN
1 Dose (400 g) Artischockenherzen, abgetropft und gehackt
1/8 TL Cayennepfeffer
1/8 TL gemahlene Nelken
1/2 TL gemahlener Kreuzkümmel (Cumin)
2 EL Chilisauce

Portion: 1/4 Rezept
Kilokalorien: 259
Fett: 0,7 g
Cholesterin: 0
Natrium: 80 mg

Den Backofen auf 180 Grad vorheizen.

1 Dose Bohnen samt Flüssigkeit in eine etwa 24 × 24 cm große Backform entleeren. Den Inhalt der anderen Dose abgießen, abtropfen lassen und grobhacken. Gehackte Bohnen und Artischockenherzen mit den Gewürzen und der Chilisauce gründlich unter die Bohnen in der Backform mischen.

Das Gericht im heißen Ofen offen 30 Minuten backen.

Wachtelbohnen mit Mais

Ergibt 4 bis 6 Portionen

Succotash, wie dieses Gericht aus Bohnen und Mais in den Vereinigten Staaten genannt wird, stammt von den amerikanischen Indianern, von denen es die Siedler übernommen haben. Diese Version enthält durch Zugabe von Apfelgranulat, das die Sauce bindet und eine Spur Süße hineinbringt, reichlich lösliche Faserstoffe. Probieren Sie dazu ganz magere Schinkensteaks!

4 EL APFELGRANULAT *(ersatzweise heiß eingeweichter Apfeltee)*
½ Tasse leichte Kondensmilch (4 % Fett)
2 EL Tomatenketchup
Pfeffer
2 Tassen gekochte WACHTELBOHNEN, *frisch oder aus der Dose und abgetropft*
1 Tasse Maiskörner
¼ Tasse Perlzwiebeln

Portion: ⅙ Rezept
Kilokalorien: 105
Fett: 1,8 g
Cholesterin: 3,9 mg
Natrium: 94 mg

In einem mittelgroßen, schweren Topf das Apfelgranulat mit der Kondensmilch, ¼ Tasse Wasser und dem Ketchup langsam zum Kochen bringen, dabei ständig mit einem Schneebesen durchschlagen. Nach Geschmack mit Pfeffer würzen.

Bohnen, Maiskörner und Perlzwiebeln zufügen. Alles zusammen im offenen Topf etwa 15 Minuten köcheln lassen, bis sich die verschiedenen Aromen vermischt haben und die Sauce eingedickt ist.

Limabohnenpüree mit Möhren

Ergibt 4 bis 6 Portionen

Limabohnen, große weiße Bohnenkerne, können Sie in den Lebensmittelabteilungen gutsortierter Kaufhäuser finden, entweder getrocknet oder in Dosen abgepackt. Falls sie nicht erhältlich sind, ersetzen Sie sie durch normale weiße Bohnen. Bei Verwendung von Dosenbohnen darauf achten, daß sie nicht mit Schmalz oder ähnlichem versetzt sind. Dieses Gericht ist eine interessante und feine Beilage, die mit ihrer cremigen Beschaffenheit gut zu Putenfleisch oder Schinken paßt.

1 EL Pflanzenöl
1 Tasse feingehackte Möhren
½ Tasse gehackte Zwiebeln
1 Tasse getrocknete LIMABOHNEN *(oder kleine* WEISSE BOHNEN*), eingeweicht (siehe S. 95) und abgetropft*
etwa ¾ Tasse leichte Kondensmilch (4 % Fett)
¼ TL geriebene Muskatnuß
Pfeffer

Portion: ⅙ Rezept
Kilokalorien: 110,5
Fett: 5 g
Cholesterin: 5,2 mg
Natrium: 79 g

In einem mittelgroßen schweren Topf das Öl erhitzen. Darin die Möhren- und Zwiebelwürfelchen 1 Minute unter häufigem Rühren anbraten. Limabohnen, 2 Tassen Wasser, ½ Tasse von der Kondensmilch sowie Muskatnuß zufügen. Alles zusammen zum Kochen bringen, dann auf kleinster Heizstufe bei halb geöffnetem Deckel 45 bis 50 Minuten leise wallen lassen, bis die Bohnen gar sind. Dabei kann es passieren, daß die Milch gerinnt und dem Ganzen ein seltsames Aussehen verleiht, was aber nach dem Pürieren nicht mehr ins Gewicht fällt.

Die Bohnen während des Garens ab und zu umrühren, damit sie nicht anbacken; sollte die Flüssigkeit zu rasch verdampfen, die noch übrige ¼ Tasse Milch zugießen. Wenn die Bohnen weich sind, werden sie mit einem Holzlöffel zerdrückt; wer einen glatten Brei bevorzugt, püriert sie im elektrischen Mixer. Nach Geschmack mit Pfeffer würzen.

Püree aus dicken Bohnen mit Knoblauch

Ergibt 4 bis 6 Portionen

Dicke Bohnen sind nicht überall beliebt, dabei haben sie ein kräftiges, herzhaftes Aroma, das durch Wein, Knoblauch und Thymian abgerundet wird. Verwenden Sie einen guten Tafelwein statt Kochwein für dieses Gericht, sonst bekommt es einen herben, unangenehmen Geschmack.

1 Glas DICKE BOHNEN
(Abtropfgewicht 500 g)
4 Knoblauchzehen, feingehackt
1 TL getrockneter Thymian
2 Tassen trockener feiner Rotwein, z. B. Burgunder
Pfeffer

Portion: ⅙ Rezept
Kilokalorien: 304
Fett: 0,7 g
Cholesterin: 0
Natrium: 5 mg

Die dicken Bohnen samt Flüssigkeit mit Knoblauch, Thymian, Rotwein und 2 Tassen Wasser zum Kochen bringen und bei leicht geöffnetem Deckel etwa 45 Minuten sanft köcheln lassen, bis sie nahezu die ganze Flüssigkeit absorbiert haben.

Die Bohnen nun am Topfrand zu einem Püree zerdrücken. Wer die etwas harten Hülsen nicht mag oder verträgt, dreht die Bohnen durch den Wolf oder püriert sie mit dem Schneidstab. Zum Schluß werden sie mit Pfeffer abgeschmeckt.

Skandinavische weiße Bohnen mit Reis

Ergibt 8 Portionen

Bohnen mit Reis kombiniert liefern hochwertiges Eiweiß. Durch Mischung von zwei bis vier Hülsenfruchtsorten gewinnt das Gericht an Geschmack und Textur. Und frische Kräuter verleihen ihm ein wunderbares Aroma; verwenden Sie nach Möglichkeit frischen statt getrockneten Dill.

1 Tasse Langkornreis
2 Tassen gekochte WEISSE *oder* ROTE BOHNEN, *frisch oder aus der Dose und abgetropft*
2 EL Zitronensaft
4 EL feingehackter frischer oder
1 EL getrockneter Dill
Pfeffer

Portion: ⅛ Rezept
Kilokalorien: 133
Fett: 0,5 g
Cholesterin: 0
Natrium: 0,5 mg

Reis, Bohnen, Zitronensaft und 2 Tassen Wasser in einem großen Topf zum Kochen bringen. Zugedeckt 20 Minuten sanft köcheln lassen, dann den Dill unterrühren und das Gericht mit Pfeffer abschmecken.

Gebackenes Mais- oder Kichererbsenpüree

Ergibt 6 reichliche Portionen

Bei diesem Gericht vereinen sich Haferkleie und Kichererbsen mit bester Wirkung, denn sie decken den Tagesbedarf an löslichen Faserstoffen. Wie Sie bemerken werden, ist die Haferkleie-Sauce zuerst sehr dick, aber sie wird durch den Spinat und anschließend durch das Backen wieder dünner. Das Püree eignet sich gut als Beilage, kann jedoch durchaus mit gewürfeltem Schinken oder Putenbrust zu einem Hauptgericht aufgewertet werden.

¼ Tasse leichte Kondensmilch (4 % Fett)
¾ Tasse feingemahlene HAFERKLEIE
2 TL gemahlener Kreuzkümmel (Cumin)
2 TL Chilipulver
300 g TK-Spinat, aufgetaut
½ Tasse gehackte Paprikaschote
2 Frühlingszwiebeln, in dünne Scheibchen geschnitten
1 Dose (450 g bzw. 2 Tassen) KICHERERBSEN *oder Hominy (amerik. Maisgrießbrei)*

Portion: ⅙ Rezept
Kilokalorien: 140
Fett: 2,9 g
Cholesterin: 2,6 mg
Natrium: 352 mg

Den Backofen auf 190 Grad vorheizen.

In einem schweren Topf die Kondensmilch mit der Haferkleie sowie 1 ¾ Tassen Wasser langsam unter ständigem Rühren mit einem Holzlöffel zum Kochen bringen. Wenn die Sauce sämig geworden ist, Kreuzkümmel, Chilipulver und Spinat gründlich untermischen. Dadurch wird die Sauce sehr dickbreiig, was sich durch das Backen im Ofen jedoch wieder ändert.

Paprikawürfelchen, Frühlingszwiebeln und schließlich die Kichererbsen oder den Maisbrei hineinrühren und die Masse in eine flache Backform füllen. 15 Minuten backen, bis das Gericht durch und durch heiß ist.

Kichererbsencreme mit Knoblauch und Thymian

Ergibt 6 bis 8 Portionen

Hier eine willkommene Alternative zu Kartoffelpüree, als Beilage zu praktisch jedem Hauptgang geeignet.

1 Zwiebel, feingehackt
2 Möhren, feingehackt
6 Knoblauchzehen, zerdrückt
3 Dosen (je 400 g) KICHERERBSEN, *abgetropft*
1 TL getrockneter Thymian
Magermilch
Pfeffer

Portion: ⅛ Rezept
Kilokalorien: 17
Fett: 0,5 g
Cholesterin: 0
Natrium: 11 mg

In einem beschichteten Topf Zwiebeln, Möhren und Knoblauch ohne Fett anrösten, dann zugedeckt 3 bis 4 Minuten sanft dünsten, bis die Zwiebeln weich zu werden beginnen.

Kichererbsen, ½ Tasse Wasser sowie Thymian zufügen. Alles zusammen zugedeckt weitere 20 Minuten köcheln lassen. Im elektrischen Mixer oder mit dem Schneidstab pürieren. Sollte die Mischung zu dick sein, mit etwas Magermilch verdünnen. Nach Geschmack mit Pfeffer würzen.

Küchlein aus schwarzen Bohnen

Ergibt 6 Portionen

Schwarze Bohnen haben ein ganz eigenes Aroma, das sich bei diesem Gericht besonders gut entfaltet. Sie können die Küchlein als Beilage servieren, wie ich, oder auch als Hauptgang, wenn Sie Appetit auf eine vegetarische Mahlzeit haben. Ich würze sie gern scharf mit viel Tabasco und Chilipulver, was sich für ein Hauptgericht aus Bohnenküchlein nicht unbedingt empfiehlt.

1 Tasse gehackte frische Tomaten
1 Dose (100 g) gehackte grüne Chilischoten
¼ Tasse feingehacktes frisches Koriandergrün oder glattblättrige Petersilie
1 EL Zitronensaft
Tabasco
2 Tassen gekochte SCHWARZE BOHNEN, *frisch oder aus der Dose und abgetropft*
¼ Tasse HAFERKLEIE
1 TL gemahlener Kreuzkümmel (Cumin)
1 TL Chilipulver
1 Frühlingszwiebel, in Scheibchen geschnitten
Pfeffer
1 bis 2 EL Olivenöl
zusätzliche HAFERKLEIE
Magerjoghurt

Portion: ⅙ Rezept
Kilokalorien: 86,4
Fett: 4,5 g
Cholesterin: 0
Natrium: 167 mg

In einer kleinen Schüssel Tomaten, gehackte Chilischoten, Koriandergrün und Zitronensaft miteinander verrühren. Mit Tabasco abschmecken und bis zum Gebrauch kühl stellen.

Die schwarzen Bohnen im elektrischen Mixer oder mit dem Schneidstab pürieren. Haferkleie, Kreuzkümmel, Chilipulver und Frühlingszwiebeln daruntermengen. Nach Geschmack mit Pfeffer würzen. Aus der Masse kleine Küchlein von etwa 5 cm Durchmesser formen.

In einer großen, nach Möglichkeit antihaftbeschichteten Pfanne das Olivenöl erhitzen. Jedes Küchlein zuerst in Haferkleie wälzen, dann von beiden Seiten 2 bis 3 Minuten braunbraten. Mit der gekühlten scharfen Tomatensauce und Magerjoghurt zu Tisch bringen.

Schwarzweißer Bohnenreis

Ergibt 4 bis 6 Portionen

An diesem Rezept zeigt sich wieder, wie durch Kombination von verschiedenen Nahrungsmitteln auch ohne Fleisch hochwertiges Eiweiß gewonnen werden kann. Bohnen und Reis sind in vielen Teilen der Welt Grundbestandteil der Nahrung. Wenn Sie jedoch nicht ohne Fleisch auskommen können, runden Sie das Gericht mit gewürfeltem geräuchertem Schinken oder Putenfleisch ab.

1 EL Olivenöl
½ kleine Zwiebel, feingehackt
1 grüne Paprikaschote, feingehackt
1 Selleriestange, feingehackt
¼ TL Knoblauchpulver
½ TL Thymian
1 Tasse Parboiled Langkornreis
2 Tassen gekochte SCHWARZE BOHNEN, *frisch oder aus der Dose und abgetropft*
¼ Tasse gehackte frische oder 4 TL getrocknete Petersilie
Pfeffer

Portion: ⅙ Rezept
Kilokalorien: 105
Fett: 3,5 g
Cholesterin: 0
Natrium: 375 mg

In einem mittelgroßen, schweren Topf das Olivenöl erhitzen. Im heißen Öl Zwiebeln, Paprikawürfelchen und Sellerie 1 Minute pfannenrühren, dann zugedeckt 3 bis 4 Minuten dünsten, bis das Gemüse weicher geworden ist. Knoblauchpulver sowie Thymian zufügen und den Reis einstreuen. 2 Tassen Wasser zugießen und das Ganze zum Kochen bringen. Zugedeckt 10 Minuten sanft wallen lassen.

Die schwarzen Bohnen unterrühren und alles zusammen weitere 10 Minuten köcheln, bis der Reis gar ist. Die Petersilie unterheben und das Gericht mit Pfeffer abschmecken.

Kreolischer roter Bohnenreis

Ergibt 4 bis 6 Portionen

Dieses Gericht ist ein Grundbestandteil der Küche von Louisiana, besonders der Gegend um New Orleans. Es eignet sich gut als Beilage zu **Cajun-Lachs** (siehe Seite 217).

2 EL Olivenöl
2 Frühlingszwiebeln, in dünne Scheibchen geschnitten
1 grüne Paprikaschote, feingehackt
1 Selleriestange, feingehackt
½ TL Knoblauchpulver
½ TL getrockneter Thymian
¼ TL Cayennepfeffer
1 Dose (450 g) ROTE KIDNEYBOHNEN *samt Flüssigkeit*
1 Tasse Langkornreis

Portion: ⅙ Rezept
Kilokalorien: 151
Fett: 5 g
Cholesterin: 0
Natrium: 223 mg

In einem mittelgroßen schweren Topf das Öl erhitzen, Frühlingszwiebeln, Paprika und Sellerie hineingeben und 2 bis 3 Minuten andünsten.

Knoblauch, Thymian sowie Cayennepfeffer zufügen und 10 Sekunden mitrösten. Dann die roten Bohnen samt Flüssigkeit zugeben und den Reis einstreuen. Mit 1 ½ Tassen Wasser aufgießen. Alles zusammen zugedeckt 20 Minuten sanft köcheln lassen. Den Deckel abnehmen und den Topfinhalt mit einer Gabel auflockern.

Geschmorte rote Kidneybohnen mit Kohl

Ergibt 8 Portionen

Die Schmorbohnen lassen sich vielseitig verwenden, als Beilage, als Hauptgang oder auch als Vorspeise anstelle von Salat. Für ein Hauptgericht werden Sie vielleicht ein wenig gewürfelten mageren Schinken unterheben wollen. Auf jeden Fall ist das Gericht eine wahre Gaumenfreude!

1 Dose (450 g) geschälte Tomaten in Stücken
1 ½ TL Kümmel
½ mittelgroßer Weißkohl, gehobelt
250 g frische Champignons, in Scheiben geschnitten
2 Dosen (je 400 g) oder 4 Tassen frisch gekochte ROTE KIDNEYBOHNEN, *abgetropft*
Pfeffer

Portion: ⅛ Rezept
Kilokalorien: 159
Fett: 0,8 g
Cholesterin: 0
Natrium: 78 mg

In einem großen schweren Topf die gehackten Tomaten mit dem Kümmel zum Kochen bringen. Kohl und Pilze zugeben und alles zusammen zugedeckt unter gelegentlichem Rühren etwa 30 Minuten köcheln lassen. Der Kohl sollte gar sein, aber noch Biß haben. Die Bohnen zufügen und im offenen Topf 15 Minuten heiß werden lassen. Das Gericht mit Pfeffer abschmecken.

Pfannengerührte rote Bohnen

Ergibt 4 Portionen

Rote Kidneybohnen sind im amerikanischen Louisiana eine beliebte Küchenzutat, während Wasserkastanien in der chinesischen Küche gern zu Pfannenrührgerichten genommen werden. Die knackigen Wasserkastanien bilden einen schönen Kontrast zu den weichen, etwas mehligen Bohnen. Und das Sesamöl verleiht dem Gericht ein spezielles Aroma.

1 EL Sojasauce
½ TL gemahlener Ingwer
½ TL Zucker
2 TL Sesamöl
1 TL Olivenöl
1 Dose (200 g) Wasserkastanien in Scheiben
1 Knoblauchzehe, zerdrückt
1 Dose (450 g) oder 2 Tassen frisch gekochte ROTE KIDNEYBOHNEN, *abgetropft*
2 Frühlingszwiebeln, in feine Scheibchen geschnitten

Portion: ¼ Rezept
Kilokalorien: 167
Fett: 3,9 g
Cholesterin: 0
Natrium: 68 mg

In einer kleinen Schüssel Sojasauce, Ingwer und Zucker gründlich mit dem Schneebesen verschlagen.

Sesam- und Olivenöl in einer großen, möglichst antihaftbeschichteten Pfanne auf großer Flamme erhitzen. Im sehr heißen Öl die Wasserkastanien mit dem Knoblauch unter ständigem Rühren 30 Sekunden braten. Die gut abgetropften Bohnen zufügen und 1 bis 2 Minuten pfannenrühren, bis sie durch und durch heiß sind. Die Frühlingszwiebeln unterheben und die Saucenmischung zugießen. Alles zusammen noch eine letzte Minute köcheln.

Rote Bohnen mit Knoblauch und Ingwer

Ergibt 6 Portionen

Bei dieser Zubereitungsart saugen sich die Bohnen mit dem Aroma von Knoblauch und Ingwer voll. Frischer Ingwer ist getrocknetem vorzuziehen, aber für einen echten Gaumenkitzel sollten Sie für dieses und andere Rezepte kandierten Ingwer nehmen.

1 EL Olivenöl
1 EL zerdrückter frischer Knoblauch
1 EL feingehackter frischer oder 2 TL gemahlener Ingwer
½ Tasse Chilisauce
4 Tassen gekochte ROTE KIDNEYBOHNEN, *frisch oder aus der Dose und abgetropft*
Pfeffer

Portion: ⅙ Rezept
Kilokalorien: 197
Fett: 2,9 g
Cholesterin: 0
Natrium: 182 mg

In einem mittelgroßen, schweren Topf das Öl erhitzen. Wenn es sehr heiß ist, Knoblauch und Ingwer beifügen. Zugedeckt 3 Minuten ganz sanft dünsten, dabei aufpassen, daß der Knoblauch nicht anbrennt.

Chilisauce und Bohnen zugeben. Alles zusammen zugedeckt 30 Minuten leise köcheln lassen. Zum Schluß nach Geschmack mit Pfeffer würzen.

Kidneybohnen-Barbecue

Ergibt 6 Portionen

Dieses Gericht gibt Ihnen einen kleinen Geschmack vom Wilden Westen, insbesondere, wenn Sie gegrillte Hamburger (aus Schabefleisch) dazu essen, deren rauchiges Aroma an Lagerfeuerromantik erinnert.

1 kleine Zwiebel, feingehackt
1 Tasse Tomatenketchup
2 EL Worcestershiresauce
2 TL Zucker
2 EL Rotwein- oder Obstessig
2 Dosen (je 450 g) ROTE KIDNEYBOHNEN, *abgetropft*

Portion: ⅙ Rezept
Kilokalorien: 188
Fett: 0,6 g
Cholesterin: 0
Natrium: 566 mg

In einem schweren Topf Zwiebel, Ketchup, ¼ Tasse Wasser, Worcestershiresauce, Zucker und Essig zum Kochen bringen und 5 Minuten sanft köcheln. Die roten Bohnen zufügen und im offenen Topf etwa 10 Minuten durch und durch heiß werden lassen.

Schälerbsen-Kartoffel-Püree

Ergibt 6 Portionen

Erbsen und Kartoffeln ergeben zusammen eine besonders gehaltvolle, sättigende Suppe, die als erster Gang oder mit einem Butterbrot als Hauptmahlzeit gegessen werden kann.

1 Tasse GRÜNE SCHÄLERBSEN
500 g Kartoffeln, geschält und halbiert
1 Knoblauchzehe
1 EL Olivenöl
½ TL Rosmarin
Pfeffer
½ Tasse feingehackte frische Petersilie (nach Belieben)

Portion: ⅙ Rezept
Kilokalorien: 131
Fett: 2,5 g
Cholesterin: 0
Natrium: 7 mg

In einem schweren Topf Erbsen und Kartoffeln mit Knoblauch, Öl, Rosmarin und 3 Tassen Wasser zum Kochen bringen. Zugedeckt etwa 45 Minuten leise wallen lassen, bis die Erbsen gar sind. Ab und zu nachsehen, ob noch genügend Flüssigkeit vorhanden ist.

Die Suppe im elektrischen Mixer oder mit dem Schneidstab pürieren. Pfeffer und, nach Belieben, Petersilie unterrühren.

Erbspüreepudding

Ergibt 8 Portionen

»Erbspudding heiß, Erbspudding kalt, Erbspudding neun Tage alt«, das singen in Amerika die Kinder, aber wer weiß überhaupt noch, was Erbspüreepudding ist? Nichts weiter als pürierte Schälerbsen, mit Eiweiß gebunden und im Ofen gebacken, ein Gericht, das heißt oder kalt gleich gut schmeckt. Es wird sogar besser, wenn es eine Weile im Kühlschrank gestanden hat. Würzen Sie es nach Geschmack. Ich garantiere Ihnen, daß es keine neun Tage alt wird!

500 g GRÜNE SCHÄLERBSEN
1 Möhre, feingehackt
1 Zwiebel, feingehackt
1 Selleriestange, feingehackt
2 Eiweiß
1 TL getrocknete Kräuter oder Gewürze nach Geschmack (z. B. Majoran, Thymian, Minze, Dill und/oder Petersilie)
Pfeffer

Portion: ⅛ Rezept
Kilokalorien: 77,5
Fett: 0,3 g
Cholesterin: 0
Natrium: 22 mg

Die Erbsen mit Möhren-, Zwiebel- und Selleriewürfelchen in einen großen Topf geben. Mit 8 Tassen Wasser bedecken, zum Kochen bringen und zugedeckt 45 Minuten ganz sanft sieden lassen.

Den Backofen auf 180 Grad vorheizen.

Erbsen und Gemüse in ein Sieb schütten und ablaufen lassen, dabei die Flüssigkeit auffangen und für ein andermal im Kühlschrank aufheben. Im elektrischen Mixer oder mit dem Schneidstab pürieren und die Eiweiß unterziehen. Die Masse mit Pfeffer und nach Belieben mit Kräutern abschmekken. In einer beschichteten Form, die nicht ausgefettet zu werden braucht, 45 Minuten backen.

Französische Bohnenkasserolle

Ergibt 8 Portionen

Im Grunde kann für alle Hülsenfruchtrezepte in diesem Buch eine ebensolche Kombination aus Bohnen und Erbsen verwendet werden wie hier. Je mehr Sorten, um so reizvoller sind Beschaffenheit, Geschmack und Aussehen des Gerichts.

2 Dosen (400 plus 200 g) KICHERERBSEN
2 Dosen (400 plus 200 g) ROTE KIDNEYBOHNEN
2 Dosen (400 plus 200 g) WEISSE BOHNEN
1 Dose (200 g) Tomatensauce ohne Salz
½ TL Knoblauchpulver
½ TL Thymian
2 EL Olivenöl
½ Tasse feingehacktes frisches Basilikum oder Petersilie
Pfeffer

Portion: ⅛ Rezept
Kilokalorien: 265
Fett: 9 g
Cholesterin: 0
Natrium: 130 mg

Den Backofen auf 180 Grad vorheizen.

Alle Hülsenfrüchte abgießen und abspülen. Mit den Oliven vermischt in eine etwa 20 × 30 cm große beschichtete Backform geben.

In einer kleinen Schüssel Tomatensauce, Knoblauchpulver, Thymian, Olivenöl und Basilikum gut miteinander verrühren. Mit Pfeffer abschmecken. Die Sauce unter die Bohnen mengen und das Gericht ohne Abdeckung 20 Minuten backen.

Bunter Bohnentopf mit Sommerkürbis

Ergibt 6 Portionen

Gemüse aller Art liefert schon einiges an löslichen Faserstoffen und erhebliche Mengen Ballaststoffe. Beachtlich erhöht jedoch wird der Gehalt eines Gerichts an löslichen Faserstoffen durch die Zugabe von Hülsenfrüchten.

1 EL Olivenöl
1 Zwiebel, feingehackt
1 rote Pfefferschote, feingehackt
1 Tasse gekochte KICHERERBSEN, *abgetropft*
1 Tasse gekochte ROTE KIDNEYBOHNEN, *abgetropft*
1 Tasse gekochte WEISSE BOHNEN, *abgetropft*
1 Dose (200 g) Tomatensauce ohne Salz
½ TL Selleriesaat
1 kleine Zucchini, in 2 cm große Würfel geschnitten
1 kleiner gelber Sommerkürbis, in 2 cm große Würfel geschnitten.
Pfeffer

Portion: ⅙ Rezept
Kilokalorien: 148
Fett: 5 g
Cholesterin: 0
Natrium: 290 mg

In einem schweren Topf das Olivenöl erhitzen und darin Zwiebel und Pfefferschote 3 bis 4 Minuten anrösten. Die Hülsenfrüchte samt Tomatensauce und Selleriesaat zufügen. Zugedeckt 15 Minuten sanft sieden lassen.

Zucchini- und Kürbisstückchen unterrühren und alles zusammen zugedeckt weitere 5 Minuten leise köcheln, bis die Kürbisfrüchte eben gar sind. Nach Geschmack mit Pfeffer würzen.

Gemüsepudding mit Bohnen

Ergibt 6 bis 8 Portionen

Dieses Rezept hat auch dem verwöhntesten Gaumen etwas zu bieten!

1 EL Olivenöl
½ Tasse gehackte Zwiebeln
2 Tassen gekochte WACHTELBOHNEN, *frisch oder aus der Dose und abgetropft*
½ Tasse Tomatensauce ohne Salz
½ Tasse KÖLLN-HAFERKLEIE
300 g TK-Gemüsemischung, aufgetaut
3 Eiweiß

Portion: ⅛ Rezept
Kilokalorien: 128
Fett: 3 g
Cholesterin: 0
Natrium: 39 mg

Den Backofen auf 180 Grad vorheizen. Eine etwa 12 × 25 cm große antihaftbeschichtete Kastenform bereitstellen.

In einer Pfanne das Öl erhitzen. Wenn es heiß ist, die Hitze zurücknehmen und die Zwiebeln im heißen Öl etwa 5 Minuten andünsten, bis sie glasig geworden sind; dabei fortwährend rühren, damit sie nicht anbrennen.

Die Zwiebeln mit Bohnen, Tomatensauce und Haferkleie zusammen im elektrischen Mixer oder mit dem Schneidstab zu einem glatten Püree verarbeiten. Das Püree in eine Schüssel geben und mit dem Mischgemüse vermengen.

Die Eiweiß zu steifem Schnee schlagen und darunterheben. Die Masse in die Kastenform füllen und 1 Stunde backen. Portionsweise aus der Form holen.

Persischer Reis mit Linsen

Ergibt 6 bis 8 Portionen

Bei diesem Gericht quillt der Reis so lange vor sich hin, daß er am Topfboden eine schöne Kruste bildet, die dem Ganzen ein wunderbar volles Aroma verleiht. Die Mühe, den Topf hinterher säubern zu müssen, lohnt sich!

1 EL Olivenöl
½ Tasse LINSEN
2 Möhren, feingehackt
1 Tasse Langkornreis
¼ TL Safran
½ TL Honig
Pfeffer

Portion: ⅛ Rezept
Kilokalorien: 66
Fett: 1,9 g
Cholesterin: 0
Natrium: 10 mg

Das Öl auf dem Boden eines mittelgroßen Topfes verteilen. Linsen, Möhren, Reis, Safran, Honig und 3 Tassen Wasser hineingeben. Mit Pfeffer würzen.

Ganz langsam zum Kochen bringen und zugedeckt leise wallen lassen, bis der Reis die gesamte Flüssigkeit aufgesogen hat; das dauert etwa 35 Minuten. Das Gericht kann jetzt gegessen werden, sofern keine Kruste gewünscht wird, die folgendermaßen zubereitet wird:

Reis und Linsen mit einem feuchten Tuch abdecken und bei aufgelegtem Deckel ganz langsam und sanft 30 Minuten oder länger weiterquellen lassen, bis am Topfboden eine Kruste entstanden ist. Serviert wird der obere, weiche Reis mit der in Körner aufgebrochenen gebackenen Unterschicht, zusammen ein Genuß für Zunge und Gaumen.

Schwedische Linsen süßsauer

Ergibt 6 Portionen

Schmackhafte Gerichte müssen nicht unbedingt elaborate Schöpfungen sein. Diese einfache Beilage paßt gut zu einer ganzen Reihe von Fisch- oder Fleischvorspeisen.

1 Tasse LINSEN
2 EL brauner Zucker
2 EL Weißweinessig
Pfeffer

Portion: 1/6 Rezept
Kilokalorien: 53
Fett: 0,5 g
Cholesterin: 0
Natrium: 12 mg

Die Linsen mit 3 Tassen Wasser in einem schweren Topf zum Kochen bringen und zugedeckt etwa 30 Minuten leise wallen lassen, bis sie gar sind. Ab und zu nachsehen, ob noch genügend Flüssigkeit vorhanden ist.

Inzwischen den Essig erhitzen und den Zucker darin auflösen. Die Mischung unter die fertig gegarten Linsen rühren und alles zusammen nochmals 5 Minuten simmern. Nach Geschmack mit Pfeffer würzen.

Süßsaure Linsen

Ergibt 8 bis 10 Portionen

Haben Sie vor, ein Picknick oder eine Gartenparty zu veranstalten? Dieses Gericht ist genau das Richtige für Geselligkeiten im Freien.

500 g getrocknete LINSEN
¼ Tasse Weißweinessig
1 Tasse Tomatensaft
1 Gewürzgurke, feingeschnitten
1 Selleriestange, feingeschnitten
1 TL Zucker
1 TL Senf
2 EL Worcestershiresauce
½ Tasse feingehackte Petersilie

Portion: ⅛ Rezept
Kilokalorien: 63
Fett: 0,5 g
Cholesterin: 0
Natrium: 147 mg

Die Linsen waschen und in einem großen Topf mit Wasser bedeckt zum Kochen bringen. Bei leicht geöffnetem Deckel etwa 25 Minuten köcheln, bis sie eben gar sind. Darauf achtgeben, daß sie während des Garens stets mit Flüssigkeit bedeckt sind. Abgießen, abtropfen lassen und in eine große Schüssel geben.

Alle übrigen Zutaten im elektrischen Mixer oder mit dem Schneidstab zu einer glatten Sauce verarbeiten. Diese Sauce unter die noch warmen Linsen mengen. Die Linsen bei Zimmertemperatur zugedeckt 2 Stunden durchziehen lassen.

Artischocken-Risotto mit Hähnchenbrust

Ergibt 4 bis 6 Portionen

Reiskleie macht dieses köstliche Gericht schön sämig. Haferkleie hat leider nicht die gleiche Bindefähigkeit, aber sie dickt die Flüssigkeit doch immerhin. Geriebener Parmesankäse verfeinert den Geschmack natürlich, nur erhöht er auch den Fett- und Cholesteringehalt ein wenig.

1 EL Olivenöl
½ Tasse feine Zwiebelringe
1 Tasse gehackte Artischockenherzen aus der Dose
1 Dose (400 g) geschälte Tomaten in Stücken
1 Tasse Parboiled Langkornreis
350 g Hähnchenbrust ohne Haut und Knochen, in etwa 2 cm große Würfel geschnitten
½ Tasse feingemahlene REISKLEIE *(ersatzweise* KÖLLN-HAFERKLEIE*)*
Pfeffer
geriebener Parmesankäse (nach Belieben)

Portion: ⅙ Rezept
Kilokalorien: 194
Fett: 6,5 g
Cholesterin: 49 mg
Natrium: 101 mg

In einem schweren Topf das Olivenöl erhitzen und die Zwiebelringe darin 2 bis 3 Minuten unter ständigem Rühren anbraten. Artischockenherzen, Tomaten, Reis und 2 Tassen Wasser hinzufügen. Alles zusammen zugedeckt 10 Minuten köcheln.

Die Hähnchenbrustwürfel beifügen und 5 Minuten mitkochen, dann die Kleie unterrühren und 2 Minuten quellen lassen. Das Gericht mit Pfeffer abschmecken und nach Belieben mit etwas Parmesankäse bestreuen.

Pilzrisotto

Ergibt 4 bis 6 Portionen

Wenn Sie es nicht kennen, werden Sie sich wundern, wie sahnig so ein Risotto ist. Diese Sahnigkeit entsteht durch das langsame Ausquellen von Rundkornreis unter ständigem Rühren, das etwa 35 Minuten in Anspruch nimmt. Mit diesem Rezept machen wir es uns etwas einfacher, denn wir verwenden den gebräuchlicheren Langkornreis, wodurch das dauernde Rühren entfällt. Die mit Parmesankäse vermischte Reiskleie gibt dem Gericht schließlich seine wunderbar cremige Beschaffenheit, die durch Haferkleie allerdings nicht ganz erreicht wird.

1 TL Olivenöl
250 g frische Champignons, geputzt, gewaschen und feingehackt
1 Tasse Parboiled Langkornreis
¼ Tasse feingemahlene REISKLEIE *(ersatzweise* KÖLLN-HAFERKLEIE*)*
¼ Tasse geriebener Parmesankäse
Pfeffer

Portion: ⅙ Rezept
Kilokalorien: 69
Fett: 4 g
Cholesterin: 2,5 mg
Natrium: 40 mg

In einem schweren Topf das Olivenöl erhitzen. Die Pilze mit 2 Eßlöffeln Wasser hineingeben und zugedeckt 10 Minuten sanft dünsten.

Den Reis einstreuen und 2 ½ Tassen Wasser zugießen. Zugedeckt 15 bis 20 Minuten auf milder Hitze quellen lassen, bis er eben gar ist. Kleie und Parmesankäse unterrühren und ungefähr 1 Minute heiß werden lassen. Mit Pfeffer abschmecken und sofort servieren, damit das Risotto nicht austrocknet und klebrig wird.

Risotto Milanese

Ergibt 4 Portionen

Ein klassisches Risotto, das eigentlich mit Rundkornreis hergestellt wird, der dem Gericht durch langsames Quellen seine typische Cremigkeit verleiht. Wir nehmen statt dessen Langkornreis, den wir durch Zugabe von Reiskleie so sämig machen wie das Original.

1 TL Olivenöl
¼ Tasse feingehackte Zwiebeln
⅛ TL Safran
1 Tasse Parboiled Langkornreis
⅓ Tasse REISKLEIE *(ersatzweise* KÖLLN-HAFERKLEIE*)*
Pfeffer
¼ Tasse geriebener Parmesankäse

Portion: ¼ Rezept
Kilokalorien: 94
Fett: 5,5 g
Cholesterin: 4 mg
Natrium: 59 mg

In einem schweren Topf das Olivenöl erhitzen und darin die Zwiebeln 1 Minute anrösten. Reis, Safran und 2 ½ Tassen Wasser zufügen, zum Kochen bringen und zugedeckt etwa 17 Minuten leise quellen lassen, bis der Reis eben gar ist.

Die Kleie unterrühren und etwa 1 Minute heiß werden lassen. Nach Geschmack mit Pfeffer würzen, auf einer Platte anrichten und den Parmesankäse dazu reichen.

Indischer Reispilaf

Ergibt 6 Portionen

Mit seinem Hauch von Süße und dem leichten Currygeschmack ist dieses Gericht eine schmackhafte Beilage zu gegrilltem Lachs oder Rindfleisch.

1 TL Olivenöl
1 kleine Zwiebel, feingehackt
1 TL Zucker
1 TL Currypulver
1 Tasse Parboiled Langkornreis
¼ Tasse REISKLEIE *(ersatzweise* KÖLLN-HAFERKLEIE*)*
½ Tasse Rosinen
Pfeffer

Portion: ⅙ Rezept
Kilokalorien: 86
Fett: 1,2 g
Cholesterin: 0
Natrium: 7 mg

In einem schweren Topf das Öl erhitzen, die Zwiebeln hineingeben und unter Rühren 2 bis 3 Minuten anbraten, Zucker und Curry hinzufügen und 30 Sekunden mitrösten.

Reis und Kleie mit 2 ½ Tassen Wasser zugeben, zum Kochen bringen und zugedeckt auf milder Hitze 12 Minuten garen.

Die Rosinen unterheben und alles zusammen weitere 3 bis 5 Minuten simmern lassen, bis der Reis eben zart ist. Den Pilaf mit Pfeffer abschmecken, mit einer Gabel auflockern und zu Tisch bringen.

Reisküchlein mit Karotten

Ergibt 4 Portionen von je 2 Küchlein

Reiskleie enthält noch erheblich mehr lösliche Faserstoffe als Haferkleie, ist jedoch hierzulande bisher kaum zu bekommen. Das kann sich bei wachsender Nachfrage schnell ändern. Dieses cholesterinsenkende Gericht können Sie mit etwas Magerjoghurt zusammen als Appetitanreger servieren, oder Sie reichen es als Beilage anstelle von Kartoffeln.

½ Tasse REISKLEIE *(ersatzweise* KÖLLN-HAFERKLEIE*)*
2 Tassen fertig gegarter Langkornreis
1 Tasse geriebene Möhren
2 Frühlingszwiebeln, in dünne Scheibchen geschnitten
½ TL Currypulver
2 Eiweiß

Portion: 2 Küchlein
Kilokalorien: 149
Fett: 1,3 g
Cholesterin: 0
Natrium: 35 mg

Im elektrischen Mixer zuerst die Kleie zu Mehl zermahlen. Den gekochten Reis, Möhren, Frühlingszwiebeln, Curry und Eiweiß sowie ½ Tasse Wasser hinzufügen. Alles zusammen zu einer festen Masse verarbeiten.

Daraus mit befeuchteten Händen 8 Küchlein formen und in einer spezialbeschichteten Pfanne ohne Fett von beiden Seiten etwa 4 Minuten braten.

Gekühltes rotes Gemüsepüree

Ergibt 6 Portionen

Probieren Sie diese kalte Köstlichkeit einmal im Sommer. Ein Putenbrust-Sandwich dazu, und Sie haben eine vollständige Mahlzeit, ohne sich in der Küche in Schweiß bringen zu müssen.

1 Tasse REISKLEIE *(ersatzweise* KÖLLN-HAFERKLEIE*)*
2 Frühlingszwiebeln
1 rote oder grüne Paprikaschote, gehackt
1 Gurke, geschält und feingewürfelt
¼ Tasse Rotweinessig
3 Dosen (je 200 g) V-8-Gemüsesaft
2 Tassen Tomatensaft
¼ TL Knoblauchpulver
Pfeffer

Portion: ⅙ Rezept
Kilokalorien: 57
Fett: 1,2 g
Cholesterin: 0
Natrium: 317 mg

Alle Zutaten im elektrischen Mixer oder mit dem Schneidstab zu einem glatten Püree verarbeiten. Zugedeckt kalt stellen, am besten über Nacht.

Mais-Haferkleie-Küchlein mit Frühlingszwiebeln

Ergibt 4 Portionen (8 bis 10 Küchlein)

Hier etwas für ein besonderes Frühstück oder ein leckeres Mittagessen. Auch als Beilage eignen sich die Küchlein gut. Ich selbst mache sie gern zur Grundlage einer Hauptmahlzeit, indem ich sie mit dicken Scheiben von ganz magerem Schinken und einer Portion Gemüse serviere.

½ Tasse Maismehl oder -grieß
½ Tasse KÖLLN-HAFERKLEIE
1 TL Backpulver
2 Frühlingszwiebeln, in dünne Scheibchen geschnitten
Tabasco
2 Eiweiß
1 bis 2 EL Olivenöl

Portion: 2 Küchlein
Kilokalorien: 152
Fett: 5,2 g
Cholesterin: 0
Natrium: 44 mg

Maismehl oder -grieß und Haferkleie mit dem Backpulver vermischen und die Frühlingszwiebeln untermengen.

1 Tasse Wasser zum Kochen bringen und unter die Maismischung rühren. Nach Geschmack mit Tabasco würzen.

Die Eiweiß zu steifem Schnee schlagen und darunterheben.

Eine beschichtete Pfanne für fettfreies Braten verwenden oder in einer normalen Eisenpfanne 1 Eßlöffel Öl erhitzen. Den Teig löffelweise (jeweils etwa ¼ Tasse) in die heiße Pfanne geben und die Küchlein von jeder Seite 2 Minuten backen. Falls nötig, auch das restliche Mehl zum Braten nehmen.

Möhren-Kartoffel-Puffer

Ergibt 6 Portionen (12 bis 14 Küchlein)

Herkömmliche Kartoffelpuffer sind im allgemeinen sehr fettig. Dieses Rezept hingegen erfordert nur ein bis zwei Eßlöffel Öl, das sich durch Verwendung einer beschichteten Pfanne (z. B. Teflon) und längeres Backen auf milder Hitze noch mehr reduzieren läßt.

4 Möhren, geschabt und gerieben
2 mittelgroße Kartoffeln, geschält und gerieben
2 Eiweiß
½ Tasse KÖLLN-HAFERKLEIE
Salz und Pfeffer nach Geschmack
1 bis 2 EL Olivenöl

Portion: 2 Puffer
Kilokalorien: 132
Fett: 5,3 g
Cholesterin: 0
Natrium: 36 mg

Den Backofen auf 120 Grad heizen.

In einer großen Schüssel die geriebenen Möhren und Kartoffeln mit Eiweiß und Haferkleie vermengen. Mit Salz und Pfeffer abschmecken.

1 Eßlöffel Öl in einer großen Pfanne (möglichst antihaftbeschichtet) erhitzen. Während es sich erwärmt, aus der Möhren-Kartoffelmasse kleine Puffer (von jeweils etwa ⅓ Tasse der Gesamtmenge) formen und leicht ausdrücken.

Die Puffer auf milder Hitze auf der einen Seite 5 Minuten braten, dann mit einem Spachtel wenden, flachdrücken und nun von dieser Seite etwa 10 Minuten braun braten. Weiter so verfahren, bis der Teig aufgebraucht ist. Bei Herstellung mehrerer Pfannenfüllungen die fertigen Puffer im heißen Ofen warm halten.

Graupen mit jungen grünen Erbsen

Ergibt 6 bis 8 Portionen

Auch der Fettgehalt dieses Gerichts läßt sich durch den Gebrauch eines spezialbeschichteten Topfs, der das Olivenöl überflüssig macht, erheblich reduzieren. Die Zwiebeln werden besser weich, wenn Sie sie im geschlossenen Topf dünsten. Das gilt auch für andere Rezepte.

1 EL Olivenöl
1 Zwiebel, feingehackt
1 Tasse PERLGRAUPEN
300 g TK-Erbsen, aufgetaut
Pfeffer
6 EL geriebener Parmesankäse

Portion: ⅛ Rezept
Kilokalorien: 145
Fett: 3,2 g
Cholesterin: 3 mg
Natrium: 76 mg

In einem schweren Topf das Olivenöl erhitzen, die Zwiebelstückchen zufügen und zugedeckt etwa 5 Minuten dünsten, bis sie ganz weich sind. Sollten sie anzubrennen beginnen, ein paar Teelöffel Wasser angießen.

Die Gerstengraupen zugeben und 30 Sekunden unter Rühren anrösten. Mit 2 ½ Tassen ablöschen und bei etwas geöffnetem Deckel 20 Minuten sanft köcheln lassen. Die Erbsen unterheben, das Gericht mit Pfeffer abschmecken und nochmals 5 Minuten simmern, bis die Graupen eben gar sind, dann den Parmesankäse unterrühren. Sofort servieren.

Chinesische pfannengerührte Gerstengraupen

Ergibt 4 Portionen

Die Chinesen braten im allgemeinen nur Reis, der vom letzten Mahl übriggeblieben ist. Statt Reis kann jedoch auch jedes andere Getreide verwendet werden, insbesondere Reste. Hier ein Rezept für die Verwertung von übriggebliebenen Gerstengraupen. Pfannengerührte Graupen eignen sich gut als Beilage wie auch als Hauptgericht.

1 EL Olivenöl
3 Tassen fertig gekochte PERLGRAUPEN
1 Tasse TK-Erbsen, aufgetaut
225 g ganz magerer Schinken ohne Fettrand, in gut 1 cm große Würfel geschnitten
3 Eiweiß
2 Frühlingszwiebeln, in feine Scheibchen geschnitten
2 EL natriumarme Sojasauce
3 EL Reis- oder Weißweinessig
Pfeffer

Portion: ¼ Rezept
Kilokalorien: 344
Fett: 7,2 g
Cholesterin: 27 mg
Natrium: 611 mg

In einer großen Pfanne das Öl auf höchster Heizstufe stark erhitzen. Graupen, Erbsen und Schinkenwürfel hineingeben und 1 Minute pfannenrühren. Eiweiß, Frühlingszwiebeln, Sojasauce und Essig zufügen und 1 bis 2 Minuten rühren, bis das Eiweiß zu langen weißen Fäden gestockt ist und alles durch und durch heiß ist. Nach Geschmack mit Pfeffer würzen und sofort servieren.

Würzige Pilzgerste

Ergibt 6 Portionen

Vielen von uns fällt keine vernünftige Beilage ein, wenn es an die Planung eines Essens geht. Hier eine wunderbare Idee, die allseits Anklang finden wird.

15 g getrocknete Pilze
2 EL Olivenöl
1 Paprikaschote, feingehackt
4 Knoblauchzehen, zerdrückt
250 bis 300 g frische Champignons, feingehackt
1 Tasse PERLGRAUPEN *oder* SPRIESSKORNGERSTE *(ganze Körner)*
Pfeffer

Portion: ⅙ Rezept
Kilokalorien: 153
Fett: 5,5 g
Cholesterin: 0
Natrium: 3 mg

Die Trockenpilze etwa 30 Minuten in 2 Tassen heißem Wasser einweichen, bis sie sich gut vollgesogen haben. Harte Pilzteile entfernen. Die Pilze abgießen, dabei das Einweichwasser auffangen, und hacken.

In einem schweren Topf das Öl erhitzen und darin den Paprika, Knoblauch, Champignons sowie die vorbereiteten Trockenpilze ungefähr 3 bis 4 Minuten andünsten.

Die Gerste zufügen, mit 4 Tassen Wasser aufgießen und zugedeckt 25 bis 45 Minuten (je nach Gerstenart) sanft köcheln lassen. Darauf achten, daß die Gerste stets von Flüssigkeit bedeckt ist und nicht anbrennt. Sollte die Flüssigkeit schon eingekocht sein, ehe die Gerste gar ist, einfach noch ½ Tasse Wasser zugießen und fertig garen.

Saucen und Panaden

Zwiebelsauce mit Rosinen
Tomatensauce
Rote Kichererbsensauce mit Putenbrust
Grüne Schälerbsensauce mit Curry
Kräuterwürzige Panade

Zwiebelsauce mit Rosinen

Ergibt 2 Tassen (4 Portionen)

Schinken mit Rosenkohl und Kartoffelpüree ist sicher ein schmackhaftes Mahl, das sich jedoch zum Hochgenuß steigern kann, wenn die Mahlzeit mit dieser Sauce garniert wird. Sie deckt außerdem den halben Tagesbedarf an löslichen Faserstoffen.

1 EL Olivenöl
1 Zwiebel, in dünne Scheiben geschnitten
1 EL Weinessig
¼ Tasse Rosinen
¼ Tasse REISKLEIE *(ersatzweise* KÖLLN-HAFERKLEIE*)*
½ Tasse leichte Kondensmilch (4 % Fett), mit ½ Tasse fettfreier Hühnerbrühe oder Wasser gemischt
Pfeffer

Portion: ½ Tasse
Kilokalorien: 156
Fett: 6 g
Cholesterin: 4,2 mg
Natrium: 61 mg

In einem schweren Topf das Öl erhitzen, die Zwiebeln hineingeben und 1 bis 2 Minuten unter Rühren anbraten. Essig, Rosinen und ein paar Eßlöffel Wasser zufügen. Alles zusammen zugedeckt 10 bis 12 Minuten sanft köcheln lassen, bis die Zwiebeln ganz weich geworden sind. Ab und zu umrühren, damit sie nicht ansetzen, und nötigenfalls noch einen Löffel Wasser zugießen.

Die Kleie einrühren, mit Milch und Brühe ablöschen und zum Kochen bringen. Unter Rühren 2 Minuten simmern, dann mit Pfeffer abschmecken.

Varianten: Nach dem obigen Rezept hergestellt, ist die Sauce ziemlich dünnflüssig und paßt gut zu Speisen, von denen sie aufgesogen wird, zum Beispiel Kartoffelpüree. Zum Dicken kann 1 gestrichener Teelöffel **Guarkernmehl**, falls erhältlich, verwandt werden. Dazu den Topf von der Herdplatte ziehen und das Mehl mit dem Schneebesen unter die Sauce ziehen. Allerdings kommt der Geschmack des Guarkerns immer durch. Wer das nicht mag, kann die Sauce auch pürieren, damit sie sämiger wird, oder einen Löffel in Wasser aufgelöstes Stärkemehl unterrühren und aufkochen lassen.

Tomatensauce

Ergibt etwa 5 Tassen

Sonnengereifte Tomaten verleihen einer echten italienischen Tomatensauce ihre charakteristische Süße. Dieses Rezept sorgt zum einen für den richtigen Geschmack und darüber hinaus noch für lösliche Faserstoffe, die reichlich im Apfelgranulat enthalten sind. Die Sauße paßt gut zu Nudelgerichten aller Art.

1 EL Olivenöl
2 Zwiebeln, feingehackt
4 Knoblauchzehen, zerdrückt
2 Möhren, feingehackt
1 Dose (660 g) geschälte Tomaten
2 EL feingehacktes frisches oder
1 TL getrocknetes Basilikum
½ TL Oregano
Pfeffer
¼ bis ½ Tasse APFELGRANULAT *(ersatzweise heiß eingeweichter Apfeltee)*

Portion: ½ Tasse
Kilokalorien: 51
Fett: 1,9 g
Cholesterin: 0
Natrium: 166 mg

In einem mittelgroßen schweren Topf das Olivenöl erhitzen und darin die Zwiebeln mit Knoblauch und Möhren zusammen 3 bis 4 Minuten andünsten. Die Tomaten samt Saft zugießen, mit dem Basilikum und Pfeffer abschmecken und zugedeckt 45 Minuten sanft köcheln lassen.

Die Sauce durch ein Sieb passieren oder im elektrischen Mixer pürieren. Zum Schluß das Apfelgranulat unterrühren (je dicker die Sauce sein soll, um so mehr). Die Sauce wieder in den Topf zurückschütten und weitere 5 Minuten simmern.

Rote Kichererbsensauce mit Putenbrust

Ergibt genug für 6 Portionen Pasta

Diese Sauce ist eine gesunde und schmackhafte Alternative zu den üblichen Garnituren für Nudelgerichte. Reichen Sie dazu Nudeln, die besonders gut Sauce aufnehmen können (Hörnchen, Penne, Spirelli usw.).

2 EL Olivenöl
1 Zwiebel, in dünne Scheiben geschnitten
1 TL zerdrückter Knoblauch
4 Dosen (je 200 g) Tomatensauce ohne Salz
2 Tassen gekochte KICHERERBSEN, *frisch oder aus der Dose und abgetropft*
200 g feingewürfelte Putenbrust
½ Tasse feingehacktes frisches Basilikum
¼ Tasse gehackte schwarze Oliven
Pfeffer

Portion: ⅙ Rezept
Kilokalorien: 236
Fett: 8,5 g
Cholesterin: 31,5 mg
Natrium: 139 mg

In einer großen beschichteten Pfanne die Zwiebeln ohne Fett 3 bis 4 Minuten anbraten. Den Knoblauch zufügen und 30 Sekunden mitrösten. Tomatensauce zugießen, Kichererbsen hineingeben und alles zusammen zugedeckt 10 Minuten köcheln.

Nun die restlichen Zutaten beifügen und das Ganze nochmals zugedeckt 10 Minuten simmern.

Grüne Schälerbsensauce mit Curry

Ergibt 3 Tassen (4 Portionen)

Es macht gar nicht soviel Arbeit, ein echtes indisches Curry herzustellen. Wie Sie sehen, sind überhaupt nur drei Zutaten erforderlich. Servieren Sie das Erbsencurry auf Reis, und reichen Sie dazu ein Stück gegrillten Fisch. Oder geben Sie den Fisch, wenn Sie das vorziehen, für die letzten zehn Minuten Garzeit zu den Erbsen. Ich trinke zu indischem Essen gern ein Glas Bier.

½ Tasse GRÜNE SCHÄLERBSEN
1 EL Currypulver
1 TL Knoblauchpulver

Portion: ¼ Rezept
Kilokalorien: 28
Fett: 0,1 g
Cholesterin: 0
Natrium: 1 mg

Die Erbsen mit 3 Tassen Wasser zum Kochen bringen und 15 Minuten wallen lassen, dabei ab und zu den Schaum abheben, der sich an der Oberfläche bildet. Curry sowie Knoblauch zufügen und das Gericht bei etwas geöffnetem Deckel weitere 30 bis 45 Minuten köcheln lassen, bis die Erbsen weich sind. Damit ist das Curry fertig – es sollte ruhig ein wenig grob sein. Zum Servieren über 2 Tassen gekochten Reis oder Gerstengraupen geben.

Kräuterwürzige Panade

Ergibt 2 Tassen

Ich backe viele Gerichte im Ofen, weil meine Familie sie gern mag. Wir sparen eine Menge Fett ein bei der Zubereitung von Hähnchenfleisch, Muscheln oder Hummerkrabben, indem wir sie pikant panieren und dann backen, statt sie zu fritieren. Huhn braucht im vorgeheizten Ofen bei 200 Grad etwa 30 Minuten, während Meeresfrüchte schneller gar sind. Sie können gleich einen kleinen Vorrat an Panade herstellen und darauf zurückgreifen, wenn Sie plötzlich Lust auf etwas Ofengebackenes haben.

1 Tasse KÖLLN-HAFERFLOCKEN
1 Tasse KÖLLN-HAFERKLEIE
¼ Tasse Mais- oder Weizenvollkornmehl
1 EL getrocknete Kräutermischung oder je ¾ TL getrocknetes Basilikum, Oregano, Majoran, Thymian, Salbei und Rosmarin
2 Eiweiß

Portion: ¼ Tasse
Kilokalorien: 85
Fett: 2,5 g
Cholesterin: 0
Natrium: 84 mg

Den Backofen auf 200 Grad vorheizen.

In einer Schüssel Haferflocken, Haferkleie, Mehl und Kräuter miteinander vermischen. Die Eiweiß darunterrühren und die Mischung gründlich mit den Händen durcharbeiten. Durch die Zugabe von Eiweiß verbinden sich die Kräuter gut mit der Haferflocken-Mischung, die jetzt teils krümelig, teils pulverförmig sein sollte.

Die Mischung in eine etwa 20 × 30 cm große Form füllen und im heißen Ofen 30 bis 45 Minuten rösten (dabei alle 15 Minuten rühren), bis sie duftet und eine gelbliche Farbe hat.

Müslis, Pfannkuchen, Brot und Muffins

Knusperjoghurt mit Früchten

Ergibt 2 Portionen

Ein blitzschnell zubereitetes und doch ebenso köstliches wie nahrhaftes Frühstück!

150 g Fruchtjoghurt (1,5 % Fett)
4 EL Kölln-Haferfleks mit Kleie
frisches Obst (nach Belieben)

Portion: ½ Rezept
Kilokalorien: 180
Fett: 5 g
Natrium: 58 mg

Den Fruchtjoghurt mit den Haferfleks verrühren. Nach Belieben frisches Obst der Jahreszeit kleinschneiden und daruntermischen. Sofort servieren.

Früchtemüsli

Ergibt 1 Portion

Bereiten Sie sich jeden Morgen eine neue Müsliüberraschung! Ihrer Phantasie sind dabei keine Grenzen gesetzt, solange Sie den Fett- und Cholesteringehalt Ihrer Schöpfungen im Auge behalten.

½ Birne, geschält und kleingeschnitten
½ Banane, geschält, halbiert und in Scheibchen geschnitten
4 Trockenpflaumen ohne Stein, kleingeschnitten
4 EL Kölln-Haferfleks mit Kleie
1 TL Honig
150 ml fettarme Milch (1,5 % Fett)

Das zerkleinerte Obst mit Haferfleks und Honig mischen. Kalte oder warme Milch darübergießen und sofort essen.

Portion: 1 Müsli
Kilokalorien: 367
Fett: 5 g
Cholesterin: 7 mg
Natrium: 76 mg

Erdbeer-Joghurt-Müsli

(Bildtafel III)

Ergibt 1 Portion

Dieses Frühstück, das im Sommer auch ein erfrischendes Mittagessen abgibt, ist schnell aus erlesenen Zutaten zubereitet.

150 g frische oder TK-Erdbeeren, je nach Größe halbiert oder geviertelt
4 EL KÖLLN-HAFERFLEKS MIT KLEIE
1 EL gehackte Haselnüsse
1 EL Sanddornsaft
150 g fettarmer Joghurt (1,5 % Fett)
etwas Zitronensaft

Portion: 1 Müsli
Kilokalorien: 286
Fett: 9 g
Cholesterin: 8 mg
Natrium: 73 mg

Die Erdbeeren mit dem Sanddornsaft übergießen. Haferkleie und gehackte Nüsse mischen und daruntermengen. Joghurt unterrühren und das Müsli zum Schluß mit Zitronensaft abschmecken.

Knuspriges Apfel-Kiwi-Müsli

(Bildtafel IV)

Ergibt 1 Portion

Heimisches Obst und vitaminreiche Kiwis, das ist eine gesunde Mischung, zu der die Haferfleks noch Ballaststoffe hinzufügen.

½ Apfel, geschält, entkernt und kleingewürfelt
½ Birne, geschält, entkernt und kleingewürfelt
1 Kiwi, geschält, geviertelt und in Scheibchen geschnitten
4 EL Kölln-Haferfleks mit Kleie
1 EL gehackte Mandeln
1 TL Honig
150 g fettarmer Joghurt (1,5 % Fett)
etwas Zitronensaft

Das vorbereitete Obst mit Haferfleks, gehackten Mandeln und Honig mischen und mit Zitronensaft abschmecken. Den Joghurt darübergeben. Sofort servieren.

Portion: 1 Müsli
Kilokalorien: 382
Fett: 10 g
Cholesterin: 8 mg
Natrium: 54 g

Muntermacher-Müsli

Ergibt 1 Portion

Bei der Aussicht auf solch ein Müsli steht jeder gern auf!

1 kleine Banane, geschält, halbiert und in Scheibchen geschnitten
1 Apfelsine, geschält und in kleine Stücke geschnitten
1 EL Rosinen
5 EL KÖLLN-HAFERKLEIE
1 EL gehackte Haselnüsse
1 TL Honig
150 g fettarmer Joghurt (1,5 % Fett)

Portion: 1 Müsli
Kilokalorien: 420
Fett: 10 g
Cholesterin: 8 mg
Natrium: 74 mg

Das Obst mit Honig, Rosinen, Haferkleie und Haselnüssen mischen. Den Joghurt unterrühren. Sogleich servieren.

Hafer-Bananen-Frühstück

Ergibt 1 Portion

Wenn Sie Gäste zum Frühstück erwarten, probieren Sie es einmal mit diesem leckeren Müsli, das wenig Arbeit macht und doch köstlich schmeckt.

1 Banane
⅛ l fettarme Milch (1,5 % Fett)
3 EL KÖLLN-HAFERKLEIE
1 EL Rosinen
1 TL Honig
2 EL KÖLLNS KERNIGE HAFERFLOCKEN

Die Banane mit kalter oder warmer Milch im elektrischen Mixer pürieren. Haferkleie, Rosinen, Honig und kernige Haferflocken unterrühren. Sofort servieren.

Portion: 1 Frühstück
Kilokalorien: 390
Fett: 5 g
Cholesterin: 6 mg
Natrium: 66 mg

Apfel-Pflaumen-Joghurt

Ergibt 1 Portion

Ein Frühstück, das vitaminreich ist und außerdem noch die Verdauung fördert.

1 mittelgroßer Apfel, geschält, entkernt und in kleine Stücke geschnitten
4 Trockenpflaumen ohne Stein, gewürfelt
150 g fettarmer Joghurt (1,5 % Fett)
1 TL Honig
3 EL KÖLLN-HAFERKLEIE
2 EL KÖLLNS KERNIGE HAFERFLOCKEN

Portion: 1 zubereiteter Joghurt
Kilokalorien: 389
Fett: 5 g
Cholesterin: 8 mg
Natrium: 220 mg

Apfelstückchen und Backpflaumenwürfel mischen, mit Honig, Joghurt, Haferkleie und Haferflocken vermengen und sofort servieren.

Knuspermüsli-Vorratsmischung

Ergibt 600 g (12 Portionen)

Statt teure Fertigmüslis zu kaufen, in denen oft etwas versteckt ist, was man aus gesundheitlichen Gründen gar nicht haben will, kann man sich nach diesem Rezept einen kleinen Müslivorrat anlegen. Und man braucht morgens nur noch zuzulangen!

125 g Kölln-Haferfleks mit Kleie
100 g Köllns kernige Haferflocken
50 g Kölln-Haferkleie
50 g Haselnüsse oder Mandeln, gehackt
50 g Sonnenblumenkerne
50 g Rosinen
50 g Backpflaumen ohne Stein, feingewürfelt
50 g getrocknete Aprikosen, feingewürfelt
20 g Diät-Margarine
50 g Honig
1 bis 2 EL Zitronensaft

Portion: 50 g
Kilokalorien: 190
Fett: 7 g
Cholesterin: 0
Natrium: 27 mg

Die Haferfleks mit Haferflocken, Kleie, gehackten Nüssen oder Mandeln und Sonnenblumenkernen mischen. Das Trockenobst einschließlich der Rosinen dazugeben.

In einem Topf die Margarine mit Honig und Zitronensaft erhitzen und unter ständigem Rühren so lange kochen, bis eine leichte Bräunung eingetreten ist. Diesen Sirup gut unter die anderen Zutaten mengen.

Das fertige Müsli in eine Vorratsdose oder ein großes Glas füllen und darin auskühlen lassen. Das Gefäß erst dann fest verschließen.

Reis-Haferkleie-Porridge

Ergibt 1 Portion

Hier eine schmackhafte Möglichkeit, das Frühstück mit löslichen Faserstoffen anzureichern. Damit brauchen Sie sich natürlich nicht auf den Morgen zu beschränken – abends schmeckt diese Mischung ebensogut!

3 EL KÖLLN-HAFERKLEIE
3 EL REISKLEIE *(ersatzweise Reisflocken)*
1 Tasse Magermilch
¼ Tasse Rosinen
brauner Zucker
gemahlener Zimt

Portion: 1 Rezept
Kilokalorien: 304
Fett: 5,8 g
Cholesterin: 0
Natrium: 119 mg

Einen kleinen, schweren Topf erhitzen. Die Hafer- und Reiskleie bzw. -flocken hineingeben und unter fortwährendem Rühren mit einem Holzlöffel etwa 1 Minute rösten, bis die Haferkleie zu duften beginnt. Achtgeben, daß nichts anbrennt.

Milch und Rosinen zufügen und aufwallen lassen. 1 Minute kochen, dann mit braunem Zucker und Zimt bestreut servieren.

Gerstenporridge mit Ahornsirup

Ergibt 1 Frühstücksportion

Fertige Frühstücksmüslis langweilen mich immer ziemlich schnell. Dieser Vorschlag ist eine willkommene Alternative. Dazu schmeckt frisches Obst der Jahreszeit.

¼ Tasse PERLGRAUPEN
2 EL REISKLEIE *(ersatzweise Reisflocken oder* KÖLLN-HAFERKLEIE*)*
¼ TL gemahlener Zimt
1 EL Ahornsirup
1 EL Magermilch

Portion: 1 Teller
Kilokalorien: 267
Fett: 3 g
Cholesterin: 0
Natrium: 20 mg

In einem kleinen, schweren Topf die Gerstengraupen mit 1 Tasse Wasser, der Kleie, Zimt und Ahornsirup zum Kochen bringen und auf milder Hitze 10 Minuten quellen lassen. Die Milch zugießen und 5 bis 10 Minuten mitköcheln, bis die Masse die gewünschte breiige oder feste Konsistenz hat und die Graupen gar sind. Den Topf im Auge behalten, da Milch und Graupen zusammen leicht überkochen.

Süße Honigkleie zum Streuen

Ergibt etwa 2 Tassen (8 Portionen)

Diese knusprige Mischung läßt sich gut über Eiscreme aus Magerjoghurt streuen. Feingewürzt und duftend, eignet sie sich auch als leckeres Frühstück oder kleine Zwischenmahlzeit. Und sie macht selbst aus Desserts noch einen Born an löslichen Faserstoffen.

2 Tassen REISKLEIE *(ersatzweise* KÖLLN-HAFERKLEIE*)*
2 bis 4 EL Honig
½ TL gemahlener Zimt
½ TL gemahlener Cardamom
¼ TL geriebene Muskatnuß

Portion: ¼ Tasse
Kilokalorien: 41
Fett: 1,2 g
Cholesterin: 0
Natrium: 1 mg

Den Backofen auf 180 Grad vorheizen.

In einer Schüssel die Kleie mit der gewünschten Menge Honig und den Gewürzen vermengen. Dazu eine Gabel oder die Finger benutzen.

Die Mischung in eine etwa 20 × 30 cm große Backform füllen und im heißen Ofen 5 bis höchstens 10 Minuten rösten. Aufpassen, daß sie nicht anbrennt!

Dattel-Rosinen-Müsliriegel

Ergibt 16 bis 20 Stück

Werfen Sie einmal kurz einen Blick auf die diversen Müsliriegel im Handel, und Sie werden feststellen, daß Sie davon nichts kaufen wollen. Hier ein gesundes Alternativprodukt mit wenig Fett und reichlich Ballaststoffen.

3 Tassen KÖLLNS KERNIGE HAFERFLOCKEN
1 Tasse REISKLEIE *(ersatzweise Reisflocken oder* KÖLLN-HAFERKLEIE*)*
½ TL Backpulver
½ TL gemahlener Zimt
¾ Tasse Rosinen
¾ Tasse feingehackte entsteinte Datteln
¾ Tasse leichte Kondensmilch (4 % Fett)
6 EL Honig
3 Eiweiß
½ Tasse Zucker

Portion: 1 Riegel
Kilokalorien: 129
Fett: 1,4 g
Cholesterin: 1,9 mg
Natrium: 115 mg

Den Backofen auf 180 Grad vorheizen. Eine spezialbeschichtete, quadratische Form von etwa 20 cm Kantenlänge bereithalten.

In einer Schüssel Haferflocken, Kleie, Backpulver, Zimt, Rosinen und Datteln mit einer Gabel oder dem Schneebesen gründlich vermengen.

Milch und Honig verrühren.

Die Eiweiß zu halbfestem Schnee schlagen. Langsam nach und nach den Zucker zufügen (jeweils ¼ Tasse) und weiterschlagen, bis ein steifer, schimmernder Schnee entstanden ist.

Die flüssigen unter die festen Zutaten mischen. Erst eine Hälfte des Eischnees unter den Teig ziehen, der dadurch leichter und feuchter wird, dann die andere unterheben. Den Teig in die bereitstehende Backform füllen und 35 Minuten backen, bis ein in die Mitte hineingestochener Holzspieß krümelfrei und trocken wieder herauskommt. Riegel lassen sich leichter daraus schneiden, wenn das Gebäck zuvor über Nacht bei Zimmertemperatur ausgekühlt ist.

Müsliriegel

(Bildtafel V)

Ergibt 12 Stück

Ein Knuspergenuß für groß und klein!

100 g Kölln-Haferfleks mit Kleie
100 g Köllns kernige Haferflocken
50 g gehackte Mandeln
50 g Sonnenblumenkerne
25 g Diät-Margarine
50 g Honig
30 g brauner Zucker
1 EL Zitronensaft

Portion: 1 Riegel
Kilokalorien: 150
Fett: 7 g
Cholesterin: 0
Natrium: 10 mg

Den Backofen auf 150 Grad vorheizen.

Die Haferfleks mit Kleie, Haferflocken, Mandeln und Sonnenblumenkernen mischen. In einem hohen Topf Margarine, Honig, braunen Zucker und Zitronensaft erhitzen und unter ständigem Rühren kochen, bis eine leichte Bräunung eintritt. Die zuvor gemischten Zutaten zugeben. Solange weiterrühren, bis die Masse goldgelb gefärbt ist. Die warme Riegelmasse sofort auf einem Backblech verteilen, mit dem Nudelholz zu einer etwa 20 × 30 cm großen Platte ausrollen und festdrücken.

Etwa 10 Minuten im heißen Ofen trocknen. Nach weiteren 15 Minuten in schmale Riegel schneiden und über Nacht auskühlen lassen. Die fertigen Riegel bleiben in einer gut verschließbaren Dose lange frisch.

Müsli-Fruchtschnitten

Ergibt 15 Stück

Ein köstlicher Genuß und nahrhafter Zwischenimbiß! Auch als Proviant für unterwegs eignen sich diese Fruchtschnitten hervorragend. In eine gut verschließbare Dose gepackt, bleiben sie lange frisch.

100 g KÖLLN-HAFERFLEKS MIT KLEIE
75 g KÖLLNS KERNIGE HAFERFLOKKEN
50 g Mandeln, feingehackt
50 g Sonnenblumenkerne
2 EL Sesamsamen
30 g Trockenpflaumen, feingewürfelt
30 g getrocknete Aprikosen, feingewürfelt
30 g Rosinen
25 g Diät-Margarine
50 g Honig
30 g brauner Zucker
1 EL Zitronensaft
1 Prise Zimt

Portion: 1 Schnitte
Kilokalorien: 132
Fett: 6 g
Cholesterin: 0
Natrium: 4 mg

Den Backofen auf 150 Grad vorheizen.

Die Haferfleks mit Kleie, Haferflocken, gehackten Mandeln, Sonnenblumenkernen, Sesamsamen, Rosinen, Pflaumen- und Aprikosenwürfelchen mischen. Margarine, Honig, braunen Zucker, Zitronensaft und Zimt in einem hohen Topf erhitzen und unter ständigem Rühren kochen, bis eine leichte Bräunung eingetreten ist. Die vorbereitete Mischung hineingeben und solange rühren, bis alles eine goldgelbe Farbe hat.

Die Masse auf einem Backblech verteilen, mit dem Nudelholz zu einer etwa 25 × 30 cm großen Platte ausrollen und gut festdrücken.

Im heißen Ofen etwa 10 Minuten trocknen, dann 15 Minuten warten und danach mit einem scharfen Messer in längliche Riegel schneiden und auskühlen lassen.

Haferflocken-Kleie-Brot

Ergibt 1 Laib mit etwa 15 Scheiben

Probieren Sie einmal statt Ihres gewohnten Frühstücks dieses Brot, frisch gebakken oder aufgetoastet, mit Honig oder Konfitüre. Das macht gute Laune!

2 Tassen KÖLLNS BLÜTENZARTE HAFERFLOCKEN
½ Tasse KÖLLN-HAFERKLEIE
1 Päckchen Hefe
1 TL Salz
1 TL Zucker
2 EL Pflanzenöl
etwa 1 ½ Tassen Weizenmehl

Portion: 1 Scheibe
Killokalorien: 52
Fett: 3,5 g
Cholesterin: 0
Natrium: 82 mg

Haferflocken und Kleie 2 Stunden in 1 ½ Tassen Wasser einweichen, bis eine klebrige Masse entstanden ist.

Die Hefe in ¼ Tasse lauwarmem Wasser auflösen.

Mit einem Holzlöffel Salz, Zucker und 1 Eßlöffel Öl möglichst kräftig unter die Hafermischung schlagen. Die angerührte Hefe zugeben und gründlich untermischen.

½ Tasse Mehl darüberstäuben. Wenn die Masse zu fest zum Rühren sein sollte, das Mehl mit den Händen hineinwalken. Dann eine weitere ½ Tasse Mehl einarbeiten.

¼ Tasse des restlichen Mehls auf eine Arbeitsfläche sieben. Die Hafermasse daraufgeben und etwa 6 oder 7 Minuten lang mit dem Mehl verkneten, dabei soviel von der noch übrigen ¼ Tasse Mehl einarbeiten, bis ein glatter, nicht zu fester Teig entstanden ist. Den Teigkloß in eine dünn ausgeölte Schüssel legen und mit einem feuchten Tuch bedeckt an einem warmen, zugluftfreien Ort gehen lassen. Nach 1 ½ bis 2 Stunden müßte er blasig geworden sein und fast das doppelte Volumen erreicht haben.

Danach wird der Teig abgeschlagen, nochmals eine Minute geknetet, zu einer Rolle geformt und in eine antihaftbeschichtete Kastenform von etwa 10 × 20 cm Größe gelegt. Mit einem feuchten Tuch abgedeckt erneut 45 Minuten gehen lassen.

Den Backofen ungefähr 20 Minuten auf 200 Grad vorheizen und das Brot darin 45 bis 50 Minuten backen. Um zu prüfen, ob es ausgebacken ist, einen hölzernen Rouladenspieß in die Mitte des Laibes stechen. Läßt er sich trocken und krümelfrei wieder herausziehen, ist das Brot fertig. Oder das Brot aus der Form heben und mit dem Fingerknöchel auf den Boden klopfen. Klingt es hohl, ist das Brot gut. Durch die Haferflokken bleibt es ziemlich hell.

Buttermilchbrot

Ergibt etwa 25 Scheiben

Dieses leichtverdauliche Brot schmeckt sowohl zum Frühstück wie auch als Abendimbiß. Durch die Zugabe von Buttermilch und Quark ist es besonders saftig.

200 g Kölln-Haferkleie
100 g Köllns kernige Haferflocken
200 g Weizenvollkornmehl
30 g frische Hefe
1 TL brauner Zucker
¼ l Buttermilch
125 g Magerquark
1 TL Salz

Portion: 1 Scheibe
Kilokalorien: 75
Fett: 1 g
Cholesterin: 0
Natrium: 9 mg

Haferkleie, Haferflocken und Mehl mischen. In die Mitte eine Mulde drücken.

Die Hefe mit dem Zucker und etwa lauwarmer Buttermilch verrühren und in die Mulde geben. Diesen Vorteig 15 Minuten abgedeckt an einem warmen Ort gehen lassen. Danach die restliche Buttermilch und den Quark zufügen und alles zu einem glatten Teig verkneten. An einem warmen Ort zugedeckt etwa 25 Minuten auf die doppelte Größe gehen lassen.

Währenddessen den Backofen auf 220 Grad vorheizen.

Den aufgegangenen Teig nochmals durchkneten und in eine beschichtete Kastenform legen. Abgedeckt erneut 10 Minuten gehen lassen. Mit Wasser bepinseln und im heißen Ofen 45 bis 55 Minuten backen.

Gerstenbrot

Ergibt 2 Brote mit je etwa 20 Scheiben

Das Backen mit Hefe ist ein wenig zeit- und arbeitsaufwendig. Aber es lohnt sich, wie Sie später beim Verzehr merken werden.

1 Päckchen Hefe
2 Tassen Wasser vom Graupenkochen, falls vorhanden, oder
2 Tassen lauwarmes Wasser
1 EL Melasse
2 EL Pflanzenöl
2 Tassen gekochte PERLGRAUPEN
1 Tasse KÖLLN-HAFERKLEIE
1 TL Salz
etwa 5 ½ Tassen Weizenmehl

Portion: 1 Scheibe
Kilokalorien: 82
Fett: 1 g
Cholesterin: 0
Natrium: 25 mg

In einer großen Schüssel die Hefe mit dem warmen Wasser oder Gerstenwasser anrühren.

Mit einem Holzlöffel Melasse und Öl, gekochte Gerstengraupen, Haferkleie sowie Salz darunterschlagen. 3 Tassen Mehl unterrühren.

½ Tasse Mehl auf eine Arbeitsfläche sieben, den Brotteig daraufgeben und mit einer weiteren ½ Tasse Mehl bestäuben. Das Mehl mit den Händen einarbeiten. Dann nochmals ½ Tasse Mehl auf die Arbeitsplatte und ½ Tasse über den Teig streuen und verkneten.

Erneut ¼ Tasse Mehl auf die Arbeitsfläche sieben. Den Teig darauf mit bemehlten Händen etwa 6 bis 7 Minuten durchkneten, dabei vom restlichen Mehl soviel einarbeiten, wie nötig ist, daß er nicht klebt, aber auch nicht zu fest wird.

Den Teigkloß in eine dünn ausgeölte Schüssel legen und obenauf ebenfalls mit etwas Öl bepinseln, damit sich keine Kruste bildet, dann mit einem feuchten Tuch abdecken und an einem warmen, zugluftfreien Ort etwa 2 Stunden gehen lassen. Danach sollte er luftig aussehen und sein Volumen etwa verdoppelt haben.

Den Teig abschlagen, nochmals 1 Minute durchkneten und halbieren. Jede Hälfte zu einer Rolle formen und in 2 etwa 12 × 25 cm große beschichtete Kastenformen legen, mit einem feuchten Tuch abdecken und erneut 45 Minuten gehen lassen.

Den Backofen ungefähr 15 Minuten auf 190 Grad vorheizen. Die Brotlaibe 1 Stunde backen. Nach Ablauf dieser Zeit mit einem Holzspieß prüfen, ob sie gar sind; er muß sich trocken und krümelfrei herausziehen lassen. Oder die Brote aus der Form nehmen und auf die Unterseite klopfen; klingt es hohl, sind sie fertig. Sie bräunen nicht sehr, sondern bleiben ziemlich hell.

Zwiebelbrot mit Haferkleie und Roggen

Ergibt 2 Laibe mit je etwa 20 Scheiben

Brote, die unter Verwendung von Haferkleie hergestellt werden, gehen nicht sehr gut auf, da Hafer kein Gluten enthält, das das Aufgehen fördert. Es nützt schon ein wenig, glutenreiches Weizenmehl unter die Kleie zu mischen, aber im allgemeinen muß einfach eine längere Zeit zum Gehen eingerechnet werden. Obwohl das Brotbacken Zeit und Mühe erfordert, ist doch nichts schöner, als wenn die Backdüfte durchs Haus ziehen.

4 Päckchen Hefe
4 EL Honig
2 Tassen Magerjoghurt
2 TL Kümmel
2 TL Dillsamen
2 TL Fenchelsamen
2 Tassen Roggenmehl
1 EL Pflanzenöl
½ Tasse feingehackte Zwiebeln
3 Tassen KÖLLN-HAFERKLEIE
1 ½ TL Salz
etwa 2 Tassen Weizenmehl

Portion: 1 Scheibe
Kilokalorien: 86
Fett: 1,2 g
Cholesterin: 0,1 mg
Natrium: 85 mg

In einer großen Schüssel die Hefe in 1 Tasse lauwarmem Wasser auflösen und mit dem Honig verrühren.

Den Joghurt in einem kleinen Topf mit den Gewürzsamen zusammen vorsichtig etwas erwärmen und unter die Hefemischung mengen. Das Roggenmehl darunterrühren. Die Masse an einem warmen Ort abgedeckt 2 Stunden gehen lassen, bis sie Blasen wirft. Dadurch geht das Brot später besser auf.

Inzwischen in einer kleinen Pfanne das Öl erhitzen und die Zwiebeln darin braunbraten; beiseite stellen.

Den Vorteig mit einem Holzlöffel abschlagen. Nach und nach die Haferkleie hineinarbeiten, dann Salz und Zwiebeln unterheben.

Eine Arbeitsfläche mit ½ Tasse Weizenmehl einstäuben, den Teig daraufgeben und mit einer weiteren ½ Tasse Mehl bestreuen. Das Mehl mit den Händen hineinwalken. Danach wieder ¼ Tasse Mehl unter und ¼ Tasse über den Teig sieben und etwa 5 Minuten lang verkneten. Wenn der Teig zu sehr klebt, mehr Mehl überstäuben und einarbeiten, aber achtgeben, daß er nicht zu trocken wird.

Den Teig in eine dünn ausgeölte Schüssel legen und obenauf mit etwas Öl bepinseln, damit sich keine Kruste bildet. Mit einem feuchten Tuch abdecken und etwa 2 Stunden an einem warmen Ort gehen lassen, bis er blasig und gut aufgegangen ist.

Den Teig abschlagen und ein letztes Mal etwa 1 Minute durchkneten. Halbieren, jede Hälfte zu einer Rolle formen und jeweils in eine beschichtete Kastenform von ungefähr 12 × 25 cm Größe legen. Die Laibe nochmals mit einem feuchten Tuch abdecken und 1 Stunde gehen lassen.

Inzwischen den Backofen auf 190 Grad vorheizen, was etwa 20 Minuten dauert.

Die Brotlaibe obenauf mit etwas Wasser einsprühen und in den Ofen stellen. 1 Stunde backen, dabei die Oberflächen alle 20 Minuten nochmals mit Wasser besprühen. Mit einem Holzstäbchen prüfen, ob das Brot innen gar ist; es muß trocken wieder herausgezogen werden können. Oder die Laibe aus der Form heben und auf deren Unterseite klopfen; ein hohler Ton zeigt an, daß sie fertig sind. Durch Roggenmehl und Haferkleie hat dieses Brot eine graubraune Farbe.

Sauerteigbrot mit Haferkleie

Ergibt etwa 30 Scheiben

Das Lieblingsbrot der Deutschen ist nach wie vor Sauerteigbrot. Es ist gar nicht so schwer zu Hause herzustellen und durch den Zusatz von Haferkleie besonders gesund.

42 g frische Hefe
2 TL brauner Zucker
½ l lauwarmes Wasser
150 g KÖLLN-HAFERKLEIE
250 g Weizenvollkornmehl
200 g Roggenvollkornmehl
1 TL Salz
150 g Fertigsauerteig

Portion: 1 Scheibe
Kilokalorien: 70
Fett: 0,5 g
Cholesterin: 0
Natrium: 270 mg

Die Hefe mit etwas lauwarmem Wasser, dem Zucker und ein wenig Mehl verrühren. An einem warmen Ort abgedeckt 5 bis 10 Minuten gehen lassen.

Kleie, die beiden Mehlsorten sowie Salz vermischen. Den Hefevorteig und das restliche Wasser zugeben. Alles zu einem geschmeidigen Teig verkneten und nochmals 20 Minuten gehen lassen.

Den Sauerteig hinzufügen, kräftig unterkneten und den Teig erneut abgedeckt etwa 30 Minuten gehen lassen. Danach in eine antihaftbeschichtete oder mit Backpapier ausgelegte Kastenform geben und ein letztes Mal 15 Minuten gehen lassen.

Inzwischen den Backofen auf 200 Grad vorheizen. Den Brotlaib hineinschieben und 70 bis 80 Minuten backen. Das Brot gerät noch besser, wenn eine wassergefüllte Schale mit in den Backofen gestellt wird.

Haferflocken-Stuten

Ergibt etwa 15 Scheiben

Ein Sonntagsbrot, schnell zubereitet, aber lange gebacken!

1 Tasse Kölln-Haferkleie
1 Tasse Köllns blütenzarte Haferflocken
1 Tasse Weizenmehl
⅓ Tasse Zucker
½ TL Natron
1 TL Backpulver
¼ TL gemahlener Cardamom
1 Tasse Rosinen
2 Tassen Buttermilch
3 Eiweiß

Portion: 1 Scheibe
Kilokalorien: 95
Fett: 0,8 g
Cholesterin: 0,9 mg
Natrium: 21 mg

Den Backofen auf 180 Grad vorheizen. Eine etwa 12 × 25 cm große beschichtete Kastenform bereitstellen oder eine normale Form mit Backpapier auskleiden.

In einer großen Schüssel Haferkleie, Haferflocken, Mehl, Zucker, Natron, Backpulver, Cardamom und Rosinen gut miteinander vermischen. Die Buttermilch darunterrühren.

Die Eiweiß zu steifem Schnee schlagen. Die Hälfte davon unter den Teig ziehen, was ihn leichter macht, dann die andere Hälfte unterheben. Den Teig in die vorbereitete Form füllen.

Den Stuten 80 Minuten backen. Vor dem Anschneiden auf einem Kuchenrost auskühlen lassen.

Kürbisbrot

Ergibt 16 Scheiben

Warum wird Kürbis so selten gegessen und dann auch nur süßsauer eingelegt? Dabei läßt er sich vielseitig verwenden, wie etwa zu diesem Brot. Kürbis enthält viel Vitamin A in Form von Beta-Carotin.

1 Tasse Rosinen, 15 Minuten in warmem Wasser eingeweicht
1 Tasse Kürbispüree (ungewürzt)
1 Tasse brauner Zucker
1 EL Vanille
2 EL Pflanzenöl
2 Tassen KÖLLN-HAFERKLEIE
½ TL Backpulver
¼ TL Natron
¼ TL gemahlener Piment
¼ TL gemahlene Nelken
3 Eiweiß

Portion: 1 Scheibe
Kilokalorien: 102
Fett: 2,8 g
Cholesterin: 0
Natrium: 26 mg

Den Backofen auf 180 Grad vorheizen. Eine antihaftbeschichtete Kastenform von etwa 10 × 20 cm Größe bereithalten.

In einer Schüssel oder mit der elektrischen Küchenmaschine das Kürbispüree gründlich mit ¾ Tasse braunem Zucker, Vanille und Öl verschlagen. Die Rosinen abgießen und daruntermischen.

Die Haferkleie gut mit Backpulver, Natron und den Gewürzen vermengen. Die Kürbismischung darunterrühren, wodurch eine ziemlich trockene Masse entsteht.

Die Eiweiß zu steifem Schnee schlagen, dabei nach und nach den restlichen Zucker einrieseln lassen. Den Schnee unter den Teig heben und diesen in die bereitstehende Form füllen.

Das Brot 50 bis 55 Minuten backen. 10 Minuten abkühlen lassen und dann erst aus der Form stürzen.

Früchtebrot

Ergibt 2 Laibe mit je etwa 10 Scheiben

Dieses köstliche, nicht allzu süße Brot kann mit jeder Sorte Trockenobst hergestellt werden.

1 Päckchen Hefe
2 Tassen lauwarme Magermilch
⅓ Tasse Zucker
2 EL Pflanzenöl
2 Tassen Trockenobst (Rosinen, Backpflaumen, Aprikosen o. ä.), feingewürfelt
2 Tassen KÖLLN-HAFERKLEIE
1 TL Salz
3 bis 3 ½ Tassen Weizenmehl
Honig

Portion: 1 Scheibe
Kilokalorien: 162
Fett: 2,1 g
Cholesterin: 0
Natrium: 105 mg

In einer großen Schüssel die Hefe in der warmen Milch auflösen. Mit einem Holzlöffel Zucker, Öl, Trockenfrüchte, Haferkleie und Salz darunterrühren. 2 Tassen Mehl hineinarbeiten.

½ Tasse Mehl auf eine Arbeitsfläche sieben, den Hefeteig daraufgeben und mit ½ Tasse Mehl bestäuben. Das Mehl kräftig mit den Händen hineinwalken, wodurch eine klebrige, schwere Masse entsteht.

¼ Tasse Mehl unter den Teig auf die Arbeitsplatte sieben. Mit dem restlichen Mehl die Hände bestäuben und den Teig 6 bis 7 Minuten durchkneten, dabei die Hände immer bemehlen, sobald der Teig wieder zu kleben beginnt. Womöglich wird nicht alles Mehl verbraucht.

Den Teigkloß in eine dünn ausgeölte Schüssel legen und obenauf ebenfalls mit Öl einpinseln, damit sich keine harte Kruste bildet. Mit einem feuchten Tuch abdecken und an einem warmen, zugluftfreien Ort etwa 2 Stunden gehen lassen, bis er blasig geworden und etwas aufgegangen ist.

Den Teig abschlagen und nochmals 1 Minute kneten. Ein Backblech mit Backpapier auslegen. Den Teig halbieren und jede Hälfte zu einem ovalen, etwa 15 cm langen Laib formen. Auf das Backblech legen und erneut 45 bis 60 Minuten abgedeckt gehen lassen. Inzwischen den Backofen 20 Minuten auf 190 Grad vorheizen. Die Früchtebrote 1 Stunde backen. Mit einem Holzstäbchen die Garprobe machen: Läßt es sich trocken und krümelfrei wieder herausziehen, sind die Brote gut, ebenso, wenn Klopfen auf die Unterseite einen hohlen Ton erzeugt. Die noch warmen Laibe mit Honig einstreichen, so daß sie glänzen und außen weicher werden.

Bananen-Dattel-Brot mit Nüssen

Ergibt 1 Laib mit etwa 12 Scheiben

1 Tasse Bananenpüree (von sehr reifen Früchten)
¾ Tasse Zucker
1 EL Vanille
1 EL Pflanzenöl
½ Tasse gehackte entkernte Datteln
½ Tasse gehackte Walnüsse
2 Tassen KÖLLN-HAFERKLEIE
2 TL Backpulver
½ TL gemahlener Zimt
3 Eiweiß

Portion: 1 Scheibe
Kilokalorien: 112
Fett: 7,2 g
Cholesterin: 0
Natrium: 13 mg

Den Backofen auf 180 Grad vorheizen. Eine etwa 10 × 20 cm große Kastenform, entweder antihaftbeschichtet oder mit Backpapier ausgekleidet, bereithalten.

In einer Schüssel den Bananenbrei gründlich mit ½ Tasse Zucker, Vanille sowie Öl verschlagen, dann Datteln und Nüsse darunterziehen.

Die Haferkleie gut mit Backpulver und Zimt vermischen.

Die Bananenmischung unter die Haferkleie rühren.

Die Eiweiß zu steifem Schnee schlagen, dabei nach und nach den restlichen Zucker einstreuen. Den Schnee unter den Teig heben und die Masse in die vorbereitete Backform füllen.

Im heißen Ofen 50 bis 55 Minuten backen. Vor dem Stürzen 10 Minuten in der Form abkühlen lassen.

Müslikuchen

Ergibt 8 Stücke

Hier ein Flockenkuchen, der fast schon ein Früchtebrot und entsprechend nahrhaft ist. Der abgekühlte Kuchen läßt sich in einer gut verschlossenen Dose oder in Alufolie verpackt längere Zeit aufbewahren.

50 g Diät-Margarine
2 EL brauner Zucker
50 g KÖLLN-HAFERKLEIE
50 g Weizenvollkornmehl
½ TL Backpulver
1 Eiweiß
4 bis 5 EL fettarme Milch (1,5 % Fett)
30 g getrocknete Aprikosen, feingewürfelt
30 g Backpflaumen ohne Stein, feingewürfelt
30 g Rosinen

Portion: 1 Stück
Kilokalorien: 133
Fett: 6 g
Cholesterin: 0
Natrium: 13 mg

Den Backofen auf 190 Grad vorheizen. Eine antihaftbeschichtete Springform von etwa 20 cm Durchmesser bereitstellen.

Die Margarine mit dem Zucker schaumig rühren. Haferkleie, Mehl und Backpulver mischen. Nun das Eiweiß und die Mehlmischung nach und nach zum Fett geben und damit zu einem glatten Teig verrühren. Bei Bedarf Milch zufügen. Zum Schluß die gewürfelten Aprikosen und Trockenpflaumen sowie die Rosinen darunterheben.

Den Teig in die vorbereitete Springform streichen und im heißen Ofen 25 bis 30 Minuten backen.

Saftiger Zimtkuchen

Ergibt 8 Stücke

Ein Kuchen, der Weihnachtsdüfte ins Haus bringt! Er schmeckt aber auch zu anderen Zeiten und läßt sich gut als Dessert servieren, besonders in Form von einzelnen Törtchen. Dazu ein Espresso, und das Essen ist perfekt abgerundet!

100 g Diät-Margarine
75 g brauner Zucker
1 Eiweiß
75 g Weizenvollkornmehl
50 g KÖLLNS KERNIGE HAFERFLOCKEN
50 g KÖLLN-HAFERKLEIE
1 TL Backpulver
1 TL gemahlener Zimt
4 bis 5 EL fettarme Milch (1,5 % Fett)

Portion: 1 Stück
Kilokalorien: 176
Fett: 9 g
Cholesterin: 1 mg
Natrium: 18 mg

Den Backofen auf 200 Grad vorheizen. Eine antihaftbeschichtete Kastenform oder 8 kleine Törtchenformen bereithalten.

Margarine und Zucker schaumig rühren, dann das Eiweiß untermengen. Mehl, Haferflocken, Haferkleie, Zimt und Backpulver vermischen und nach und nach zum Fett rühren. Soviel Milch zugeben, bis der Teig schwer reißend vom Löffel fällt.

Den Teig in die Kastenform oder die Torteletttförmchen füllen und im heißen Ofen 25 bis 30 Minuten backen.

Haferkleiebrötchen

Ergibt 12 Stück

Was wäre ein Sonntagsfrühstück ohne frische Brötchen! Und noch dazu, wenn es sich um Vollkornbrötchen wie diese handelt, angereichert mit einer ordentlichen Menge Haferkleie! Ein Eßvergnügen, das der Gesundheit dient.

25 g frische Hefe
1 TL brauner Zucker
¼ l lauwarme fettarme Milch (1,5 % Fett)
125 g Kölln-Haferkleie
300 g Weizenvollkornmehl
75 g Roggenvollkornmehl
1 TL getrockneter Schnittlauch
1 TL getrocknete Petersilie
½ TL Salz
1 Prise Pfeffer

Portion: 1 Brötchen
Kilokalorien: 141
Fett: 2 g
Cholesterin: 1 mg
Natrium: 12 mg

Die Hefe mit Zucker, etwas lauwarmer Milch und ein wenig Mehl verrühren. An einem warmen, zugfreien Ort 5 bis 10 Minuten gehen lassen.

Kleie, Weizen- und Roggenmehl, Kräuter, Salz und Pfeffer mischen. Den Hefevorteig und die restliche warme Milch dazugeben. Alles zusammen zu einem geschmeidigen Teig verarbeiten. An einem warmen Ort ungefähr 25 Minuten bis zur doppelten Größe aufgehen lassen.

Inzwischen den Backofen auf 220 Grad vorheizen.

Den Teig nochmals durchkneten, zu einer Rolle formen und in 12 Brötchen teilen. Die Brötchen auf ein Backblech legen und ein letztes Mal 10 bis 15 Minuten gehen lassen, dann im heißen Ofen etwa 30 Minuten backen.

Variationen: Im folgenden ein paar Vorschläge, wie Sie sich Ihre Haferkleiebrötchen für ein Frühstück oder einen Imbiß lecker anrichten können. Ihrer Phantasie sollen damit jedoch keine Grenzen gesetzt werden!

Haferkleiebrötchen mit Hüttenkäse

1 Haferkleiebrötchen
10 g Halbfett-Margarine
75 g fettarmer Hüttenkäse
1 Gewürzgurke, in Scheibchen geschnitten

Kilokalorien: 270
Fett: 9 g
Cholesterin: 1 mg
Natrium: 360 mg

Das Brötchen mit der Margarine und Hüttenkäse bestreichen und mit den Gurkenscheiben belegen.

Haferkleiebrötchen mit Schnittlauchquark

(Bildtafel VI)

1 Haferkleiebrötchen
100 g Magerquark
1 Bund Schnittlauch
Pfeffer

Kilokalorien: 230
Fett: 2 g
Cholesterin: 2 mg
Natrium: 53 mg

Quark und feingeschnittenen Schnittlauch verrühren und mit Pfeffer abschmecken. Das Brötchen halbieren und mit dem Kräuterquark bestreichen.

Belegtes Haferkleiebrötchen

1 Haferkleiebrötchen
1 EL Halbfett-Pflanzenmargarine
1 EL Diabetiker-Marmelade
1 Scheibe magere Geflügelwurst
1 Tomate, in Spalten geschnitten

Kilokalorien: 267
Fett: 7 g
Cholesterin: 31 mg
Natrium: 202 mg

Das Brötchen halbieren und beide Hälften mit Margarine bestreichen. Auf die eine Marmelade streichen, die andere mit der Geflügelwurst belegen und mit Tomatenachteln garnieren.

Haferpüfferchen

Ergibt etwa 24 Stück

Diese einfachen Küchlein werden in der Pfanne gebacken und schmecken zum Frühstück ebensogut wie zum Mittag- oder Abendessen, ganz zu schweigen von einem kleinen Imbiß zwischendurch. Genießen Sie sie mit Marmelade oder Honig.

2 Tassen Kölln-Haferkleie
2 ½ Tassen feingemahlene
Köllns kernige Haferflocken
1 TL Natron
2 Tassen kochendes Wasser
¼ Tasse Pflanzenöl
Mehl

Portion: 1 Püfferchen
Kilokalorien: 69
Fett: 4 g
Cholesterin: 0
Natrium: 60 mg

Eine spezialbeschichtete Pfanne zum fettfreien Braten erhitzen.

In einer Schüssel Haferkleie, Haferflokkenmehl und Natron vermischen. Wasser und Öl zusammengießen und unter den Teig rühren, der ziemlich fest wird.

Mit bemehlten Händen aus jeweils etwa 2 Eßlöffeln Teig kleine, knapp zentimeterdicke Puffer formen.

Die Püfferchen auf milder Hitze von jeder Seite 10 Minuten backen; sie müssen gut durchgebacken sein, da sie sonst teigig schmecken.

Haferküchlein

Ergibt 30 Küchlein von 5 cm Durchmesser

Da diese Küchlein nur wenig Öl enthalten, trocknen sie verhältnismäßig schnell aus und werden hart. Am besten sind sie frisch aus dem Ofen, mit Marmelade oder Konfitüre bestrichen.

2 ½ Tassen Köllns blütenzarte Haferflocken
¾ Tasse glutenreiches Weizenmehl
¼ Tasse Kölln-Haferkleie
½ TL Salz
2 EL Pflanzenöl
6 EL Magermilch
4 EL Wasser
Mehl

Portion: 1 Küchlein
Kilokalorien: 30,5
Fett: 1,8 g
Cholesterin: 0
Natrium: 26 mg

Den Backofen auf 180 Grad vorheizen.

Haferflocken, Klebermehl, Haferkleie und Salz im elektrischen Mixer fein zermahlen und vermischen, dann in eine Schüssel geben.

Die flüssigen Zutaten unter die trockenen rühren und alles 2 Minuten lang zu einem ziemlich festen Teig verkneten.

Den Teig nun auf einer mehlbestäubten Fläche mit bemehltem Nudelholz etwa 3 mm dünn ausrollen. 5 cm große Kreisflächen ausstechen. Die Teigreste zu einem Kloß zusammennehmen, nochmals ausrollen und zu Kreisflächen verarbeiten. So fortfahren, bis der Teig verbraucht ist.

Die Küchlein auf ein ungefettetes Blech legen und im heißen Ofen 45 Minuten backen.

Haferkleie-Apfel-Muffins

Ergibt 12 Muffins

Die Franzosen essen von der Wiege bis zur Bahre zum Frühstück Croissants, ohne ihrer je überdrüssig zu werden. Ich habe lieber ein wenig Abwechslung. In diesem Rezept liefern Haferkleie und Apfelgranulat zusammen mehr lösliche Faserstoffe als die Haferkleie allein, was einen besonderen geschmacklichen Reiz hat. Sie können jedoch getrost Ihre Phantasie spielen lassen und noch gehackte Nüsse, Trockenfrüchte oder kleine Stückchen Frischobst und Beeren beifügen.

2 Tassen KÖLLN-HAFERKLEIE
½ Tasse APFELGRANULAT
(ersatzweise heiß eingeweichter Apfeltee)
½ TL Natron
2 EL Pflanzenöl
1 ½ Tassen Magermilch
½ Tasse Rosinen
2 Eiweiß
⅓ Tasse brauner Zucker

Portion: 1 Muffin
Kilokalorien: 101
Fett: 5,2 g
Cholesterin: 0
Natrium: 93 mg

Antihaftbeschichtete Muffinförmchen bereithalten oder Papiermanschetten zum Auslegen benutzen. Den Backofen auf 200 Grad vorheizen.

In einer großen Schüssel die Haferkleie und das eingeweichte Apfelgranulat mit dem Natron vermischen.

Öl, Milch und Rosinen in einer anderen Schüssel verrühren und bereitstellen.

Die Eiweiß zu steifem Schnee schlagen, dabei nach und nach den Zucker einstreuen.

Die Rosinenmilch zur Haferkleiemischung gießen und unterrühren. Sofort danach den Eischnee unter den Teig heben. Der Eischnee muß fertig sein, wenn die flüssigen mit den festen Zutaten vermengt werden, da der Teig schnell fest wird, so daß er nur noch mit Mühe untergezogen werden kann, wenn Pausen entstehen.

Den Teig in die vorbereiteten Muffinförmchen füllen und im heißen Ofen etwa 18 Minuten backen, bis ein hineingestochenes Holzstäbchen sauber wieder herauskommt.

Haferkleiemuffins mit Zitronenguß

Ergibt 12 Stück

Hier gibt ein Zitronenguß den Muffins den letzten Schliff. Zur Gußherstellung eignet sich auch Limetten- oder Orangensaft.

2 ½ *Tassen* KÖLLN-HAFERKLEIE
½ TL Natron
1 Tasse Zucker
¼ bis ½ Tasse gehackte Walnüsse (nach Belieben)
2 EL Pflanzenöl
1 Tasse Magermilch
¼ Tasse plus 3 EL Zitronensaft
2 Eiweiß

Ohne Walnüsse:
Portion: 1 Muffin
Kilokalorien: 160
Fett: 4 g
Cholesterin: 0
Natrium: 20 mg

Mit Walnüssen (¼ Tasse):
Portion: 1 Muffin
Kilokalorien: 223
Fett: 6,8 g
Cholesterin: 0
Natrium: 20 mg

Muffinförmchen mit Papiermanschetten auslegen. Den Backofen auf 200 Grad vorheizen.

In einer großen Schüssel Haferkleie, Natron, ¾ Tasse Zucker und nach Wunsch die gehackten Walnüsse vermischen.

Getrennt davon Öl, Milch, ¼ Tasse Zitronensaft und ¼ Tasse Wasser verrühren.

Die Eiweiß halbfest schlagen. Nach und nach den restlichen Zucker einrieseln lassen und weiterschlagen, bis der Schnee steif und glänzend ist.

Die flüssigen Zutaten unter die trockenen schlagen und gleich danach den Eischnee darunterziehen. Er muß fertig bereitstehen, da die Masse schnell ziemlich fest und das Unterheben dann mühselig wird, weil die Haferkleie durch längeres Stehen Flüssigkeit aufsaugt.

Den Teig in die vorbereiteten Förmchen geben und im heißen Ofen 18 Minuten backen. Währenddessen die noch übrigen 3 Eßlöffel Zitronensaft mit der letzten ¼ Tasse Zucker verrühren.

In die fertigen Muffins, solange sie noch heiß sind, mit einem Zahnstocher jeweils 5 Löcher stechen und sogleich den gesüßten Zitronensaft darauflöffeln. Die Muffins auf Zimmertemperatur abkühlen lassen.

Gewürz-Haferkleiemuffins mit Ahornsirup

Ergibt 12 Stück

Ein anderes Süßungsmittel, ein paar Gewürze, und schon schmecken die gleichen Muffins völlig neu. Diesmal nehmen sie das Aroma von Ahornsirup, Piment, Kardamom, Zimt und Muskatnuß an. Ich denke, Sie werden Ihre Freude daran haben!

2 ¼ Tassen Kölln-Haferkleie
1 TL Backpulver
⅛ TL gemahlener Piment
⅛ TL gemahlener Kardamom
⅛ TL gemahlener Zimt
⅛ TL geriebene Muskatnuß
½ Tasse gehackte Walnüsse
½ Tasse Ahornsirup
1 Tasse Magermilch
2 Eiweiß

Portion: 1 Muffin
Kilokalorien: 150
Fett: 7 g
Cholesterin: 0
Natrium: 43 mg

Muffinförmchen mit Papier auskleiden oder spezialbeschichtete wählen und bereithalten. Den Backofen auf 200 Grad vorheizen.

In einer großen Schüssel Haferkleie, Backpulver, Gewürze und Walnüsse vermischen.

Getrennt davon Ahornsirup und Milch verschlagen.

Die Eiweiß zu steifem Schnee schlagen.

Die flüssigen Zutaten unter die trockenen rühren und gleich darauf den Eischnee darunterheben.

Den Teig in die vorbereiteten Förmchen füllen und im heißen Ofen 18 Minuten bakken.

Erdbeermuffins

Ergibt 12 Stück

Für dieses Rezept können Sie tiefgefrorene Früchte nehmen; frische schmecken allerdings erheblich besser! Wenn Sie die Muffins als Dessert servieren wollen, probieren Sie es mit Erdbeerkonfitüre darauf.

1 ½ Tassen KÖLLN-HAFERKLEIE
1 Tasse APFELGRANULAT
(ersatzweise heiß eingeweichter Apfeltee)
1 TL Natron
2 Tassen frische oder TK-Erdbeeren, ungesüßt
¼ Tasse Zucker
Magermilch bei Bedarf
2 EL Pflanzenöl
3 Eiweiß

Portion: 1 Muffin
Kilokalorien: 142
Fett: 4,1 g
Cholesterin: 0
Natrium: 14 mg

Den Backofen auf 220 Grad vorheizen. 12 Muffinförmchen mit Papiermanschetten versehen, wenn sie nicht antihaftbeschichtet sind.

In einer großen Schüssel oder im elektrischen Mixer Haferkleie, Apfelgranulat und Natron gründlich vermischen.

Getrennt davon 1 Tasse Erdbeeren mit dem Zucker zu einem glatten Püree verarbeiten. Den Fruchtbrei abmessen; wenn keine volle Tasse zusammenkommt, durch die entsprechende Menge Magermilch ergänzen. Die übrigen Erdbeeren würfeln.

Erdbeerpüree und Öl miteinander verrühren und gut unter das Haferkleiegemisch mengen. Die gewürfelten Erdbeeren zufügen.

Die Eiweiß zu steifem Schnee schlagen und unter die Masse ziehen. Den Teig in die vorbereiteten Förmchen füllen und im heißen Ofen 20 Minuten backen.

Apfel-Rosinen-Muffins

Ergibt 12 Stück

Ab und zu bin ich die Haferkleiemuffins leid, und dann mache ich Muffins mit einer anderen, an löslichen Faserstoffen reichen Zutat. Das Apfelgranulat läßt sich ebensogut für Muffins wie für andere Backwaren verwenden und verleiht ihnen eine säuerliche Süße.

1 Tasse APFELGRANULAT *(ersatzweise heiß eingeweichter Apfeltee)*
1 Tasse Weizenmehl
⅔ Tasse brauner Zucker
½ TL Natron
2 TL Backpulver
½ TL gemahlener Zimt
1 Tasse Rosinen
1 Tasse Magermilch
1 Tasse Buttermilch
3 Eiweiß

Portion: 1 Muffin
Kilokalorien: 153
Fett: 0,5 g
Cholesterin: 0
Natrium: 39 mg

12 Muffinförmchen mit Papier auskleiden oder antihaftbeschichtete Förmchen nehmen. Den Backofen auf 200 Grad vorheizen.

Das Apfelgranulat in einer Schüssel gründlich mit Mehl, Zucker, Natron, Backpulver und Zimt verschlagen. Die Rosinen hinzufügen und Milch und Buttermilch zugießen.

Die Eiweiß zu steifem Schnee schlagen und in drei Portionen unter den Teig heben.

Den Teig in die vorbereiteten Förmchen füllen und 20 Minuten backen.

Hafertörtchen

Ergibt 12 Stück

Eine delikate Leckerei, die Abwechslung ins Frühstück bringt, aber auch gut zum Nachmittagstee paßt oder einen gehaltvollen Nachtisch abgibt.

80 g KÖLLN-HAFERKLEIE
70 g KÖLLNS KERNIGE HAFERFLOCKEN
150 g Weizenvollkornmehl
2 TL Backpulver
1 Prise Salz
50 g Haselnüsse, gemahlen oder gehackt
⅛ l fettarme Milch (1,5 % Fett)
2 Eiweiß
2 EL Pflanzenöl
2 EL Zuckerrübensirup
100 g Rosinen

Portion: 1 Törtchen
Kilokalorien: 180
Fett: 6 g
Cholesterin: 0
Natrium: 23 mg

Den Backofen auf 190 Grad vorheizen. Törtchenformen dünn ausfetten.

Kleie, Haferflocken, Mehl, Backpulver, Salz und Haselnüsse vermischen. Milch, Eiweiß, Pflanzenöl und Rübensirup kräftig verrühren, zum Mehlgemisch geben und kurz durchschlagen. Zum Schluß die Rosinen unterziehen.

Den Teig 5 bis 10 Minuten quellen lassen, in die vorbereiteten Törtchenformen füllen und im heißen Ofen 20 bis 25 Minuten backen.

Desserts und Süßspeisen

Haferkleie-Apfelmus-Kuchen
Gestürzte Apfeltorte
Quark-Apfeltorte
Zucchinikuchen
Mocca-Torte
Preiselbeer-Orangen-Kuchen
Sauerkirschkuchen
Vollkorn-Obsttorte
Ingwerkuchen
Rumtorte
Möhrenkuchen
Möhrentorte
Aprikosenschnitten
Knusprige Trockenfruchtschnitten
Haferkleieplätzchen
Apfel-Haferkleie-Plätzchen
Ingwerplätzchen
Haferkleiemakronen mit Honig
Haferkleie-Leckerlis
Schokoladen-Brownies
Backpflaumen-Dattel-Riegel
Himbeerschaum
Obstsalat
Apfelschnee
Mocca-Pudding
Beerenpudding
Indischer Gerstenpudding
Reispudding
Fruchtgelee
Quarkcreme
Bananencreme
Schoko-Milchshake
Erdbeer-Buttermilch
Vitamin-Drink
Fruchtsaftmix
Kirsch-Schorle

Haferkleie-Apfelmus-Kuchen

Ergibt 12 Stücke

Es ist im Grunde einfach, aus jedem Kuchen ein Dessert zu machen, das im wahrsten Sinne des Wortes eine »Herzensfreude« ist. Zuerst wird die Hälfte des jeweils angegebenen Mehls durch Haferkleie oder Apfelgranulat ersetzt. Dann werden die Eier gegen Ei-Ersatz ausgetauscht. Und zum Schluß wird statt Butter Diät-Margarine oder Öl verwendet. Hier ein köstlicher Kuchen, der auch ohne Schlagsahne schmeckt.

1 ¼ Tassen Weizenmehl
1 ¼ Tassen KÖLLN-HAFERKLEIE
2 Tassen feinkörniger Zucker
1 Tasse Rosinen
¼ Tasse gehackte Walnüsse
1 TL Natron
1 EL Backpulver
¾ TL gemahlener Zimt
¼ TL gemahlene Nelken
¼ TL gemahlener Piment
1 ½ Tassen Apfelmus
¼ Tasse Glukosesirup (vom Bäcker oder Fachhandel beziehen)
¼ Tasse Pflanzenöl
20 g Ei-Ersatz (entsprechend 2 Eiern)
½ Tasse kohlensäurehaltiges Mineralwasser

Portion: 1 Stück
Kilokalorien: 341
Fett: 8,3 g
Cholesterin: 0
Natrium: 22 mg

Den Backofen auf 180 Grad vorheizen. Eine antihaftbeschichtete oder mit Backpapier ausgelegte, etwa 20 × 30 cm große Backform bereitstellen.

In einer großen Schüssel alle trockenen Zutaten miteinander mischen, dann getrennt davon alle flüssigen Zutaten bis auf das Mineralwasser verrühren. Die flüssigen unter die trockenen Zutaten mengen. Das Mineralwasser zugießen und vorsichtig in den Teig hineinarbeiten, wobei dieser aufgeht.

Die Masse in die vorbereitete Form füllen und im heißen Ofen etwa 60 Minuten backen. Mit einem Zahnstocher prüfen, ob der Kuchen innen gar ist.

Die Oberfläche nach Belieben mit Zimtzucker (halb und halb) bestreuen.

Gestürzte Apfeltorte

Ergibt 12 Stücke

Apfeltorte ist zu jeder Jahreszeit ein Genuß, und noch dazu ein gesunder!

Teig:
50 g Diät-Margarine
50 g brauner Zucker
1 Eiweiß
2 EL Köllns kernige Haferflocken
4 EL Kölln-Haferkleie
2 EL Weizenvollkornmehl
1 TL Backpulver
abgeriebene Schale von
1 unbehandelten Zitrone
1 Prise Salz (nach Belieben)
3 bis 4 EL fettarme Milch
(1,5 % Fett)

Belag:
200 g Äpfel (z. B. Boskop), geschält,
entkernt und in Spalten
geschnitten
1 EL Zucker
½ TL gemahlener Zimt

Portion: 1 Stück
Kilokalorien: 94
Fett: 4 g
Cholesterin: 1 mg
Natrium: 12 mg

Den Backofen auf 190 Grad vorheizen. Eine Springform von 20 cm Durchmesser mit Backpapier auslegen.

Die Margarine mit dem Zucker schaumig rühren und das Eiweiß zugeben. Haferflocken, Kleie und Mehl mit Backpulver, abgeriebener Zitronenschale und, falls gewünscht, Salz vermischen. Nach und nach zum Fett rühren. Bei Bedarf 2 bis 3 Eßlöffel Milch zufügen. Der Teig soll schwerreißend vom Löffel fallen.

Den Eßlöffel Zucker mit dem Zimt vermischen und damit den Boden der vorbereiteten Springform ausstreuen. Darauf die Apfelspalten verteilen. Mit dem Teig bedecken und im heißen Ofen 40 bis 50 Minuten backen. Danach stürzen und vor dem Anschneiden auskühlen lassen.

Quark-Apfeltorte

Ergibt 12 Stücke

Viele trauen sich nicht an die Zubereitung einer Quarktorte, dabei kann eigentlich gar nichts schiefgehen! Und munden tut sie allemal, ob zu einem gemütlichen Nachmittagsstündchen oder als gehaltvolles Dessert nach einem nicht zu schweren Abendessen.

60 g KÖLLN-HAFERFLEKS MIT KLEIE
300 g säuerliche Äpfel
(z. B. Boskop), geschält, entkernt
und feingeraspelt
1 EL Zitronensaft
50 g Diät-Margarine
50 g brauner Zucker
500 g Magerquark
½ Fläschchen Vanillearoma
½ Fläschchen Rumaroma
70 g KÖLLN-HAFERKLEIE
1 TL Backpulver
2 Eiweiß
50 g Rosinen

Portion: 1 Stück
Kilokalorien: 141
Fett: 4 g
Cholesterin: 0
Natrium: 45 mg

Den Backofen auf 200 bis 225 Grad vorheizen. Eine Springform von 24 cm Durchmesser mit Backpapier auslegen und mit den Haferfleks ausstreuen.

Die feingeraspelten Äpfel mit dem Zitronensaft vermischen. Nach und nach die Margarine, Zucker, Quark, Vanille- und Rumaroma sowie die mit dem Backpulver vermischte Haferkleie dazurühren. Die Eiweiß zu steifem Schnee schlagen und darunterziehen. Zum Schluß vorsichtig die Rosinen unterheben.

Die Quarkmasse in die vorbereitete Form geben und sofort im heißen Ofen etwa 60 Minuten backen.

Zucchinikuchen

Ergibt 9 Stücke

Zucchini sind ein Gemüse, das überall auf der Welt sehr leicht zu ziehen ist und meist überreichlich Früchte bildet. Bei wem sie im Garten wachsen, der wird sich über jedes Zucchini-Rezept freuen. Sie süß zuzubereiten ist einmal etwas ganz Neues!

½ Tasse Weizenmehl
½ Tasse feingemahlene Reiskleie *(ersatzweise* KÖLLN-HAFERKLEIE*)*
1 Tasse APFELGRANULAT *(ersatzweise heiß eingeweichter Apfeltee)*
1 TL Natron
½ TL Piment
2 Tassen feingeraspelte Zucchini
1 Tasse Rosinen
2 Tassen Magermilch
5 Eiweiß
1 Tasse Zucker

Portion: 1 Stück
Kilokalorien: 215
Fett: 0,8 g
Cholesterin: 0
Natrium: 59 mg

Den Backofen auf 190 Grad vorheizen. Eine quadratische Backform von etwa 23 cm Kantenlänge mit Backpapier auskleiden, falls sie nicht bereits antihaftbeschichtet ist.

Mehl, Kleie, Apfelgranulat und Piment zusammen in eine Schüssel geben und gut vermischen. Geriebene Zucchini sowie Rosinen darunterziehen. Zuletzt die Milch hineinarbeiten.

Die Eiweiß zu steifem Schnee schlagen, dabei nach und nach den Zucker einrieseln lassen. Mit der Hälfte des Schnees die Teigmasse auflockern, dann den restlichen Eischnee unterheben.

Den Teig in die vorbereitete Form füllen und im heißen Ofen 1 Stunde backen. Vor dem Aufschneiden auf Zimmertemperatur abkühlen lassen. Der Kuchen ist ziemlich saftig.

Mocca-Torte

Ergibt 6 Stücke

Bei diesem Rezept können Sie endlich Schokoladengeschmack genießen, ohne sich mit dem Schokoladenfett zu belasten.

1 Tasse KÖLLN-HAFERKLEIE
¼ Tasse Weizenmehl
6 EL stark entölter Kakao
½ TL Natron
2 TL schnellöslicher Kaffee
5 Eiweiß
1 Tasse Zucker

Portion: 1 Stück
Kilokalorien: 349
Fett: 4,2 g
Cholesterin: 0
Natrium: 44 mg

Den Backofen auf 180 Grad vorheizen. Eine Springform von 24 cm Durchmesser mit Backpapier auslegen.

Haferkleie, Mehl, Kakao, Natron und Kaffeepulver mischen.

Die Eiweiß zu steifem Schnee schlagen, dabei nach und nach den Zucker einrieseln lassen.

Ein Viertel der trockenen Zutatenmischung über den Eischnee stäuben und mit einem Teigschaber darunterheben. Wieder ein Viertel Trockengemisch darüberschütten und einarbeiten. So fortfahren, bis die Mehlmischung aufgebraucht ist. Schnell und vorsichtig zu Werke gehen, damit der Eischnee beim Unterziehen nicht zusammenfällt.

Den Teig in der vorbereiteten Springform verteilen und erst 30 Minuten bei 180 Grad, dann weitere 15 Minuten bei 160 Grad backen. Aus dem Ofen nehmen und 15 Minuten in der Form abkühlen lassen. Danach mit einem scharfen Messer am Rand entlangfahren und den Backformrand lösen. Den Kuchen nun vorsichtig auch vom Boden der Form lösen, auf einen Kuchenrost stürzen und auskühlen lassen. Nach dem Erkalten gleich (eventuell mit Puderzucker bestäubt) servieren.

Preiselbeer-Orangen-Kuchen

Ergibt 8 Scheiben

Denken Sie daran, daß die löslichen Faserstoffe über den ganzen Tag verteilt werden sollten, statt alle auf einmal aufgenommen zu werden. Kuchen wie dieser erleichtern einem dieses Verteilen. Ein Muffin am Morgen und ein Stück Kuchen am Abend – keine schlechte Art, sein Herz gesund zu erhalten!

1 Tasse frische oder TK-Preiselbeeren
1 Tasse Zucker
2 EL abgeriebene Orangenschale von unbehandelten Früchten
1 ½ Tassen KÖLLN-HAFERKLEIE
½ Tasse APFELGRANULAT *(ersatzweise heiß eingeweichter Apfeltee)*
2 TL Backpulver
2 TL Vanille
¾ Tasse Orangensaft
2 EL Pflanzenöl
3 Eiweiß

Portion: 1 Scheibe
Kilokalorien: 221
Fett: 5,5 g
Cholesterin: 0
Natrium: 105 mg

Den Backofen auf 180 Grad vorheizen. Eine etwa 10 × 20 cm große Kastenform mit Backpapier ausschlagen.

Zuchtpreiselbeeren (Cranberrys) mit einem scharfen Messer oder in der elektrischen Küchenmaschine zerhacken und mit ¼ Tasse Zucker sowie der Orangenschale mischen. Bei Wildpreiselbeeren entfällt das Zerkleinern.

In einer großen Schüssel Haferkleie, Apfelgranulat und Backpulver gründlich miteinander vermengen.

Orangensaft, Vanille, 1 Tasse Wasser und Öl in einer Schale verschlagen, dann unter die trockenen Zutaten rühren.

Die Eiweiß zu steifem Schnee schlagen, dabei nach und nach langsam die restliche ¾ Tasse Zucker einstreuen.

Nun zuerst mit der Hälfte des Eischnees den Teig auflockern, dann den übrigen Schnee unterheben.

Den Teig in die vorbereitete Backform füllen. Im heißen Ofen 1 Stunde backen. Vor dem Stürzen 10 Minuten in der Form abkühlen lassen.

Sauerkirschkuchen

(Bildtafel VII)

Ergibt 12 Stücke

Sommers wie winters, an Geburts- und Feiertagen gleichermaßen ein willkommener Genuß für groß und klein!

75 g Diät-Margarine
50 g brauner Zucker
4 Tropfen Vanillearoma
75 g KÖLLN-HAFERKLEIE
75 g Weizenvollkornmehl
1 TL Backpulver
3 Eiweiß
1 Glas Sauerkirschen ohne Stein mit Süßstoff (Abtropfgewicht 180 g)
25 g gehackte Mandeln

Portion: 1 Stück
Kilokalorien: 130
Fett: 7 g
Cholesterin: 0
Natrium: 19 mg

Den Backofen auf 225 Grad vorheizen. Eine Springform von 20 cm Durchmesser mit Backpapier auslegen und bereitstellen. Die Sauerkirschen abgießen, dabei den Saft für einen anderen Verwendungszweck auffangen, und abtropfen lassen.

Die Margarine mit Zucker und Vanillearoma schaumig rühren. Haferkleie, Weizenmehl und Backpulver mischen und abwechselnd mit dem Eiweiß zum Fett rühren. Sollte der Teig zu fest sein, etwas Magermilch zufügen.

Den Teig in die vorbereitete Springform streichen und die abgetropften Sauerkirschen darüber verteilen. Mit den gehackten Mandeln bestreuen und im heißen Ofen etwa 20 Minuten backen.

Vollkorn-Obsttorte

(Bildtafel VII)

Ergibt 12 Stücke

Stellen Sie statt eines eierreichen Biskuit- oder fettreichen Mürbeteigbodens lieber diesen gesunden Tortenboden her und belegen Sie ihn nach Lust und Laune, wenn Ihnen unser Vorschlag nicht paßt, mit dem Obst Ihrer Wahl. Zum Nachmittagskaffee oder als Dessert eine süße Gaumenfreude!

Teig:
75 g Diät-Margarine
50 g brauner Zucker
3 bis 4 Tropfen Vanillearoma
75 g KÖLLN-HAFERKLEIE
75 g Weizenvollkornmehl
1 TL Backpulver
2 Eiweiß

Belag:
1 Pfirsich (frisch oder aus der Dose), in Spalten geschnitten oder halbiert
3 Kiwis, geschält und in Scheiben geschnitten
1 große Banane, geschält und in Scheiben geschnitten
1 Päckchen Tortenguß, klar
¼ l Fruchtsaft

Portion: 1 Stück
Kilokalorien: 128
Fett: 5 g
Cholesterin: 0
Natrium: 15 mg

Den Backofen auf 175 Grad vorheizen. Eine Springform von 20 cm Durchmesser mit Backpapier auslegen und bereitstellen. Dosenobst abtropfen lassen und zerkleinern.

Die Margarine mit Zucker und Vanillearoma schaumig schlagen. Haferkleie, Weizenmehl und Backpulver mischen, dann abwechselnd mit dem Eiweiß ans Fett rühren.

Den Teig in die vorbereitete Springform streichen und im heißen Ofen etwa 20 Minuten backen. Den Boden auf einem Kuchenrost auskühlen lassen, dann auf eine Tortenplatte legen.

Den Tortenboden hübsch mit dem Obst belegen. Den Springformrand über den Kuchen stellen. Für den Tortenguß den Fruchtsaft (oder Sirup aus der Dose) zum Kochen bringen. Das Pulver mit etwas kaltem Wasser glattschlagen und in den kochenden Fruchtsaft einrühren. Eben aufkochen lassen, dann vom Feuer ziehen und kurz abkühlen lassen. Von der Mitte her über das Obst verteilen. Die Torte erst nach dem vollständigen Erkalten anschneiden.

Ingwerkuchen

Ergibt 1 Kuchen (6 Stücke)

Durch Eischnee wird der Kuchen leicht und luftig. Sein Aroma ist herrlich und die Orangenglasur ein perfekter Guß. Läßt man nun noch eine Kugel oder zwei Vanilleeis aus Magerjoghurt darauf schmelzen, ist das Gebäck ein wahrer Traum – aber es schmeckt auch ohne diese Krönung!

½ Tasse Reiskleie *(ersatzweise* Kölln-Haferkleie*)*
½ Tasse Apfelgranulat *(ersatzweise heiß eingeweichter Apfeltee)*
½ Tasse Weizenmehl
1 TL Backpulver
1 TL gemahlener Ingwer
½ TL abgeriebene Orangenschale von unbehandelten Früchten
1 Tasse leichte Kondensmilch (4 % Fett), mit
½ Tasse Wasser verdünnt
5 Eiweiß
⅔ Tasse Wasser

Orangenguß (nach Belieben):
2 EL TK-Orangensaftkonzentrat, aufgetaut
6 EL Puderzucker

Ohne Guß:
Portion: 1 Stück
Kilokalorien: 132
Fett: 2,5 g
Cholesterin: 5,2 mg
Natrium: 77 mg

Mit Guß:
Portion: 1 Stück
Kilokalorien: 192
Fett: 2,5 g
Cholesterin: 5,2 mg
Natrium: 78 mg

Den Backofen auf 180 Grad vorheizen. Zwei quadratische Backformen von etwa 20 cm Kantenlänge mit Backpapier auslegen.

In einer Schüssel Kleie, Apfelgranulat, Mehl, Backpulver, Ingwer und Orangenschale mischen. Die mit Wasser verdünnte Milch zugießen und alles zu einem dickflüssigen Teig verarbeiten.

Die Eiweiß zu steifem Schnee schlagen, dabei nach und nach eßlöffelweise den Zucker einrieseln lassen.

Mit dem Teigschaber erst eine Hälfte, dann den Rest des Eischnees unter den Teig heben. Schnell und vorsichtig arbeiten, damit der Eischnee nicht zusammenfällt; schließlich soll er den Kuchen luftig machen.

Den Teig in die vorbereiteten Formen geben und erst 30 Minuten bei 180 Grad, dann weitere 15 Minuten bei 160 Grad backen. Aus dem Ofen nehmen und 15 Minuten in der Form abkühlen lassen, dann auf einen Kuchenrost stürzen. Nach dem Erkalten mit Puderzucker bestäubt servieren.

Jetzt nach Wunsch die Zutaten für den Guß verrühren und die Hälfte davon auf einem Kuchen verteilen. Den zweiten Kuchen auf den anderen setzen und mit dem restlichen Guß bestreichen. Sicher läuft ein Teil der Mischung an den Kuchen herunter, was jedoch hübsch aussieht. Den Guß mindestens ½ Stunde fest werden lassen, ehe der Kuchen aufgetragen wird.

Rumtorte

Ergibt 8 Stücke

Pürierte Bohnen geben dieser Torte Fülle und ein Aroma, das an Maronen erinnert – genau das Richtige für Feiertage. Übrigens gelingt die Torte mit frisch gekochten Bohnen besser als mit solchen aus der Dose.

1 ½ Tassen gekochte BRAUNE BOHNEN, *abgetropft*
⅔ Tasse Zucker
4 EL Rum
1 EL Vanille
¼ Tasse APFELGRANULAT *(ersatzweise heiß eingeweichter Apfeltee)*
5 Eiweiß
3 bis 4 EL Fruchtgelee (nach Belieben)

Portion: 1 Stück
Kilokalorien: 136
Fett: 0,5 g
Cholesterin: 0
Natrium: 34 mg

Den Backofen auf 180 Grad vorheizen. Eine Springform von 24 cm Durchmesser mit Backpapier auslegen.

Die Bohnen mit ⅓ Tasse Zucker, dem Rum und der Vanille im elektrischen Mixer zu einem glatten Püree verarbeiten. Das Apfelgranulat zufügen und ebenfalls pürieren. Sollte die Mischung zu trocken sein, 2 bis 3 Eßlöffel Wasser zugießen, bis ein fester Teig entstanden ist.

Die Eiweiß zu steifem Schnee schlagen, dabei nach und nach löffelweise den restlichen Zucker einstreuen. Vorsichtig unter die Bohnenmasse heben.

Den Teig in die vorbereitete Springform füllen und im heißen Ofen etwa 50 Minuten backen. Mit einem Zahnstocher prüfen, ob der Kuchen auch innen gar ist; der Zahnstocher muß trocken wieder herauskommen.

Die Torte warm zu Tisch bringen oder nach dem Abkühlen auf Zimmertemperatur mit einem Bindfaden in zwei Böden teilen. Den unteren Boden mit Gelee bestreichen und den zweiten Boden darauflegen. Diese Tortenversion vor dem Servieren ein paar Stunden ruhen lassen.

Möhrenkuchen

Ergibt 9 Stücke

Haferkleie paßt von Natur aus gut zu schweren Kuchen wie diesem. Portwein nehme ich für mein Teil am liebsten, aber auch ein Sherry verleiht dem Möhrenkuchen ein besonders delikates Aroma. Er wird bestimmt im Umsehen aufgegessen!

1 ½ Tassen Rosinen
¼ Tasse Portwein oder Sherry
1 ¼ Tassen feingemahlene
KÖLLN-HAFERKLEIE
¾ Tasse Mehl
1 EL Backpulver
2 TL gemahlener Zimt
1 Tasse brauner Zucker
¼ Tasse Pflanzenöl
¼ Tasse leichte Kondensmilch (4 % Fett)
¼ Tasse Glukosesirup (vom Bäcker oder Fachhandel zu beziehen)
2 TL Vanille
40 g Ei-Ersatz (entsprechend 4 Eiern)
2 Tassen feingeraspelte Möhren

Portion: 1 Stück
Kilokalorien: 368
Fett: 7,5 g
Cholesterin: 0,2 g
Natrium: 70 mg

Den Backofen auf 200 Grad vorheizen. Eine quadratische Backform von etwa 24 cm Kantenlänge mit Backpapier auslegen.

Die Rosinen in dem Portwein einweichen und für später bereitstellen.

Haferkleie, Mehl, Backpulver und Zimt zusammenmischen.

In einem passenden Gefäß braunen Zukker, Öl, Milch, Glukosesirup, Vanille und Ei-Ersatz 1 bis 2 Minuten mit dem elektrischen Rührgerät verschlagen. Die geriebenen Möhren hineingeben, dann die trockenen Zutaten unterrühren und zuletzt die Rosinen mit dem Portwein unterziehen.

Die Masse in die vorbereitete Backform füllen und im heißen Ofen 40 bis 45 Minuten backen, bis ein probeweise in die Mitte des Kuchens gestochenes Hölzchen krümelfrei und trocken wieder herausgezogen werden kann und der Kuchen gar ist. Auf Zimmertemperatur abkühlen lassen, dann in Stücke schneiden.

Möhrentorte

Ergibt 8 Stücke

Kaum jemand weiß, daß man aus Gemüse feine süße Torten bereiten kann. Nicht nur Möhren, auch Kürbis, Kartoffeln und Zucchini eignen sich gut für Leckereien dieser Art.

Ei-Ersatz entsprechend 1 Ei
1 EL Honig
Saft und Schale von
1 unbehandelten Zitrone
2 Eiweiß
50 g KÖLLN-HAFERKLEIE
50 g Weizenvollkornmehl
1 TL Backpulver
75 g geriebene Mandeln
150 g feingeraspelte Möhren

Portion: 1 Stück
Kilokalorien: 130
Fett: 6 g
Cholesterin: 0
Natrium: 27 mg

Den Backofen auf 200 Grad vorheizen. Eine Springform von 20 cm Durchmesser mit Backpapier auslegen.

Den Ei-Ersatz nach Packungsanweisung anrühren und mit dem Honig schaumig schlagen. Zitronensaft und -schale dazugeben.

Die Eiweiß zu steifem Schnee schlagen und darübergeben. Haferkleie, Weizenmehl, Backpulver und geriebene Mandeln mischen und ebenfalls darüberhäufen. Zuletzt die geriebenen Möhren daraufgeben. Die Zutaten vorsichtig mit dem Schneebesen unterheben.

Die Masse in die vorbereitete Springform füllen und im heißen Ofen etwa 45 Minuten backen.

Variante: Den Teig statt in eine Springform auf ein Backblech streichen und im vorgeheizten Ofen bei 220 Grad 10 bis 15 Minuten backen. Anschließend in Rechtecke oder Rauten schneiden und als Dessert servieren.

Aprikosenschnitten

Ergibt 9 Stücke

Für dieses Rezept wird zur Hälfte Weizenmehl und zur Hälfte Apfelgranulat verwendet. Praktisch jede Backware läßt sich mit löslichen Faserstoffen anreichern, wenn die Hälfte des Mehls gegen Apfelgranulat ausgetauscht wird. Geben Sie ein wenig Aprikosenmarmelade auf jedes Stück!

1 Tasse gehackte entsteinte Datteln
1 ½ Tassen Aprikosen aus der Dose, abgetropft und grobgehackt
1 Tasse Zucker
4 EL Pflanzenöl
2 TL Natron
1 ½ Tassen Aprikosennektar
1 Tasse APFELGRANULAT *(ersatzweise heiß eingeweichter Apfeltee)*
1 Tasse Weizenmehl
4 Eiweiß

Portion: 1 Stück
Kilokalorien: 301
Fett: 5,6 g
Cholesterin: 0
Natrium: 26 mg

Den Backofen auf 180 Grad vorheizen. Eine quadratische Backform von 24 cm Kantenlänge mit Backpapier auskleiden, sofern sie nicht antihaftbeschichtet ist.

In einer Rührschüssel Datteln und Aprikosen mischen. ½ Tasse Zucker, Öl und Natron zufügen. Den Aprikosennektar bis zum Siedepunkt erhitzen und darübergießen. Die Mischung abkühlen lassen.

Die Eiweiß zu steifem Schnee schlagen, dabei nach und nach langsam den übrigen Zucker einstreuen.

Mit einem Holzlöffel Apfelgranulat und Mehl unter die Trockenfruchtmischung schlagen.

Erst den Teig mit der Hälfte des Eischnees auflockern, dann den restlichen Schnee darunterziehen.

Den Teig in die vorbereitete Form geben und im heißen Ofen 1 Stunde backen. Zur Probe, ob der Kuchen ausgebacken ist, einen Zahnstocher hineinstecken, der trokken wieder hervorkommen muß. Vor dem Aufschneiden in der Form auf Zimmertemperatur abkühlen lassen.

Knusprige Trockenfruchtschnitten

Ergibt 6 Stücke

Sie sind köstlich und aromatisch und schmecken noch besser mit ein wenig Belag – etwas Joghurteis oder einem Klacks **Apfelschnee** (siehe S. 338).

170 g getrocknete Aprikosen
170 g entsteinte Backpflaumen
110 g Rosinen
110 g getrocknete Feigen, gehackt
¼ TL gemahlener Zimt
¼ TL gemahlene Nelken
½ Tasse Port- oder Rotwein
2 EL APFELGRANULAT *(ersatzweise heiß eingeweichter Apfeltee)*

Belag:
2 EL brauner Zucker
¼ Tasse KÖLLNS KERNIGE HAFERFLOCKEN
¼ Tasse KÖLLN-HAFERKLEIE
¼ Tasse APFELGRANULAT *(siehe oben)*
¼ Tasse gehackte Walnüsse (nach Belieben)
1 EL Pflanzenöl

Portion: 1 Schnitte
Kilokalorien: 328
Fett: 7,5 g
Cholesterin: 0
Natrium: 59 mg

Den Backofen auf 180 Grad vorheizen.

Alle Trockenfrüchte mischen und in einer quadratischen Backform von 24 cm Kantenlänge verteilen. In einer kleinen Schüssel Zimt, Nelken, Wein (ersatzweise Orangensaft oder Wasser) und Apfelgranulat gründlich verrühren und unter das Trokkenobst mengen.

Für den Belag Zucker, Haferflocken, Haferkleie, Apfelgranulat und nach Wunsch gehackte Walnüsse zusammenmischen und über die Trockenfruchtmasse streuen. Die Oberfläche mit dem Öl beträufeln.

Im heißen Ofen 35 bis 40 Minuten backen, bis das Obst einigermaßen weich geworden und obenauf eine goldbraune Kruste entstanden ist.

Haferkleieplätzchen

Ergibt etwa 30 Stück

Eine knusprige Knabberei für vielerlei Gelegenheiten: als Dessert zu Obstsalat, als kleine Zwischenmahlzeit oder Teegebäck.

70 g Diät-Margarine
30 g brauner Zucker
4 Tropfen Vanillearoma
1 Eiweiß
50 g KÖLLN-HAFERKLEIE
50 g Weizenvollkornmehl
½ TL Backpulver

Portion: 1 Plätzchen
Kilokalorien: 32
Fett: 2 g
Cholesterin: 0,2 mg
Natrium: 12 mg

Den Backofen auf 180 Grad vorheizen. Ein Backblech mit Backpapier auslegen.

Die Margarine mit dem Zucker schaumig rühren. Vanillearoma und Eiweiß zufügen. Haferkleie, Mehl und Backpulver mischen und nach und nach zum Fett geben. Alles zu einem glatten Teig verarbeiten.

Aus dem Teig kleine Kugeln formen, auf das vorbereitete Blech setzen und leicht flachdrücken. Im heißen Ofen etwa 20 Minuten backen. Die ausgekühlten Plätzchen in einer fest verschlossenen Dose aufbewahren.

Apfel-Haferkleie-Plätzchen

Ergibt 36 Stück

Dieses Rezept habe ich von den Apfelkleie-Herstellern bekommen. Meine Familie will immer noch nicht glauben, daß diese Schleckerei auch noch gesund sein soll!

½ Tasse Weizenmehl
½ Tasse APFELGRANULAT *(ersatzweise heiß eingeweichter Apfeltee)*
½ TL Natron
¼ TL gemahlener Zimt
½ TL Salz (nach Belieben)
1 ½ Tassen KÖLLNS BLÜTENZARTE HAFERFLOCKEN
1 Tasse Sultaninen
½ Tasse gehackte Nüsse
2 Eiweiß
1 Tasse brauner Zucker
½ Tasse Pflanzenöl
½ Tasse Magermilch
1 TL Vanille

Portion: 1 Plätzchen
Kilokalorien: 81
Fett: 4,8 g
Cholesterin: 0
Natrium: 42 mg

Den Backofen auf 180 Grad vorheizen. Ein Backblech mit Backpapier belegen und bereitstellen.

Mehl, Natron, Zimt, Salz und Haferflokken zusammenmischen. Apfelgranulat, Nüsse und Rosinen daruntermengen. Eiweiß, Zucker, Öl, Milch und Vanille gründlich verschlagen und ebenfalls unterrühren.

Den Teig eßlöffelweise auf das vorbereitete Blech geben und 10 bis 12 Minuten backen.

Ingwerplätzchen

Ergibt 24 bis 28 Stück

Bei diesem knusprigen Genuß werden Amerikaner in ihre Kindheit zurückversetzt und erinnern sich lebhaft daran, wie sie die Plätzchen in Milch gestippt und dann gegessen haben. Oder sie gar ganz in die Milch gelegt haben, was ein genaues Timing erforderte, wenn sie nicht total zerfallen sollten!

1 Tasse KÖLLN-HAFERKLEIE
¾ Tasse Weizenmehl
1 TL Backpulver
¾ TL gemahlener Zimt
¾ TL gemahlener Ingwer
½ TL gemahlene Nelken
¼ Tasse Pflanzenöl
¼ Tasse Glukosesirup (beim Bäcker oder Fachhandel zu beziehen)
2 Eiweiß
½ Tasse Zucker, weiß oder braun

Portion: 1 Plätzchen
Kilokalorien: 63
Fett: 3,2 g
Cholesterin: 0
Natrium: 6 mg

Den Backofen auf 190 Grad vorheizen. Zwei Backbleche mit Backpapier auslegen und bereitstellen.

In einer Schüssel Haferkleie, Mehl, Backpulver, Zimt, Ingwer und Nelken mit einer Gabel oder dem Schneebesen vermischen.

Öl und Glukosesirup miteinander verschlagen.

Die Eiweiß zu steifem Schnee schlagen, dabei nach und nach löffelweise den Zucker einstreuen.

Die flüssigen Zutaten unter die trockenen rühren – sie verbinden sich nicht sehr gut, sondern bilden eine krümelige Masse, was in Ordnung ist. Zuerst die eine Hälfte des Eischnees zum Auflockern darunterziehen, dann die andere unterheben. Alles gründlich vermengen.

Vom Teig mit einem Teelöffel kleine Portionen abstechen und auf die vorbereiteten Bleche setzen. Im heißen Ofen 10 bis 12 Minuten backen. Zwei Bleche sind im Umluftherd problemlos gleichzeitig zu backen, während sie beim herkömmlichen Herd mit Ober- und Unterhitze nach der halben Backzeit gewechselt werden müssen. Achtgeben, daß die Plätzchen nicht anbrennen.

Haferkleiemakronen mit Honig

Ergibt 22 Makronen von etwa 5 cm Durchmesser

Hier eine Hafermakronen-Variante, die durch Verwendung von Haferkleie noch mehr lösliche Faserstoffe enthält. Man braucht gute Zähne dafür, und allzu süß sind sie auch nicht. Süßmäulchen können ruhig die Zuckermenge ein wenig erhöhen.

½ Tasse KÖLLN-HAFERKLEIE
1 ½ Tassen KÖLLNS KERNIGE HAFERFLOCKEN
¼ Tasse Weizenmehl
⅛ TL gemahlener Piment
2 EL Pflanzenöl
2 Eiweiß
1 TL Vanille
¼ Tasse Honig
½ Tasse brauner Zucker

Portion: 1 Plätzchen
Kilokalorien: 69
Fett: 2,3 g
Cholesterin: 0
Natrium: 45 mg

Den Backofen auf 180 Grad vorheizen. Zwei Backbleche mit Backpapier auslegen.

In einer Schüssel Haferkleie, Haferflocken, Mehl, Backpulver und Piment mischen.

Öl, Eiweiß, Vanille, Honig und braunen Zucker mit dem Rührgerät verquirlen, dann unter die trockenen Zutaten rühren.

Den Teig eßlöffelweise auf die vorbereiteten Bleche setzen und im heißen Ofen 12 bis 14 Minuten backen.

Haferkleie-Leckerlis

Ergibt 16 Stücke

Nach dieser Schleckerei leckt man sich alle zehn Finger, und dabei ist sie doch so gesund!

1 Tasse feingemahlene KÖLLN-HAFERKLEIE
½ Tasse Weizenmehl
½ Tasse KÖLLNS BLÜTENZARTE HAFERFLOCKEN
1 Tasse brauner Zucker
2 TL Backpulver
½ Tasse gehackte entsteinte Datteln
4 Eiweiß oder 20 g Ei-Ersatz (entsprechend 2 Eiern) plus 2 Eiweiß
2 EL Pflanzenöl
1 TL Vanille

Portion: 1 Stück
Kilokalorien: 128
Fett: 3,1 g
Cholesterin: 0
Natrium: 84 mg

Den Backofen auf 180 Grad vorheizen. Eine quadratische Backform von 20 cm Kantenlänge mit Backpapier auslegen.

Haferkleie, Mehl, Haferflocken, ½ Tasse braunen Zucker und das Backpulver gründlich miteinander mischen, dann die gehackten Datteln darunterziehen.

In einer Schüssel die 4 Eiweiß oder den nach Packungsangabe angerührten Ei-Ersatz mit Öl und Vanille verschlagen und unter die Mehlmischung rühren. Die Zutaten rasch mit den Händen zu einem zusammenhaltenden Teig verarbeiten.

Den Teig in dic vorbereitete Backform drücken.

Die 2 noch übrigen Eiweiß zu steifem Schnee schlagen, dabei nach und nach eßlöffelweise die restliche ½ Tasse braunen Zucker einstreuen. Den Kuchen mit dem Eischnee bedecken und im heißen Ofen 45 Minuten backen. Auf Zimmertemperatur abkühlen lassen und in 16 Stücke schneiden.

Schokoladen-Brownies

Ergibt 18 Stücke

Auf meine gesunden Schokoladenkuchenrezepte bin ich besonders stolz. Seit Jahren stille ich damit meinen Schokoladenhunger! Hier wieder eine neue Version, die Ihnen sicher gefallen wird. Der Kuchen läßt sich besser zerschneiden, wenn er über Nacht ausgekühlt ist – wenn Sie ihn so lange unberührt stehenlassen können!

2 Tassen KÖLLN-HAFERKLEIE
12 EL stark entöltes Kakaopulver
½ TL Natron
½ Tasse leichte Kondensmilch (4 % Fett)
2 sehr reife Bananen, zerdrückt
1 EL Vanille
6 Eiweiß
1 Tasse brauner Zucker
1 Tasse weißer Zucker

Portion: 1 Stück
Kilokalorien: 240
Fett: 3 g
Cholesterin: 0,8 mg
Natrium: 238 mg

Den Backofen auf 190 Grad vorheizen. Eine etwa 20 × 30 cm große Backform mit Backpapier auslegen, falls sie nicht antihaftbeschichtet ist.

Haferkleie, Kakao und Natron gut vermischen.

Getrennt davon Milch, Bananenbrei und Vanille gründlich verrühren.

Die Eiweiß schaumig schlagen, dann nach und nach eßlöffelweise die beiden Zuckersorten einstreuen. Weiterschlagen, bis ein sehr fester, glänzender Schnee entstanden ist.

Die flüssigen Zutaten mit der Haferkleiemischung zu einem krümeligen Teig vermengen. Mit einem Viertel des Eischnees anfeuchten und lockern, danach ein weiteres Viertel unterheben. Den restlichen Eischnee auf einmal unterziehen.

Den Teig in die vorbereitete Form füllen und im heißen Ofen 30 Minuten backen.

Backpflaumen-Dattel-Riegel

Ergibt 16 Stück

Die meisten Backwaren schmecken frisch aus dem Ofen am besten, während diese Riegel vor dem Verzehr noch einen Tag ruhen sollten. In einem fest verschlossenen Gefäß halten sie sich eine Woche lang, so daß immer ein willkommener Leckerbissen für die Kinder als Pausenimbiß oder für die Erwachsenen als kleine Zwischenmahlzeit vorrätig ist.

Füllung:
¼ Tasse brauner Zucker
½ Tasse APFELGRANULAT *(ersatzweise heiß eingeweichter Apfeltee)*
1 Tasse feingehackte entsteinte Backpflaumen
½ Tasse feingehackte entsteinte Datteln

Teig:
1 Tasse KÖLLNS KERNIGE HAFERFLOCKEN
1 Tasse KÖLLN-HAFERKLEIE
1 Tasse APFELGRANULAT *(siehe oben)*
¼ TL gemahlener Zimt
1 Tasse brauner Zucker
1 Tasse Weizenmehl
½ TL Backpulver
40 g Ei-Ersatz (entsprechend 4 Eiern)
2 sehr reife Bananen, zerdrückt

Portion: 1 Stück
Kilokalorien: 205
Fett: 2,2 g
Cholesterin: 0
Natrium: 62 mg

Den Backofen auf 180 Grad vorheizen. Eine quadratische Backform von etwa 20 cm Kantenlänge mit Backpapier auslegen, falls sie nicht spezialbeschichtet ist.

Für die Füllung den braunen Zucker mit 1 Tasse Wasser zum Kochen bringen. Die halbe Tasse Apfelgranulat, Backpflaumen und Datteln hineingeben und 3 bis 5 Minuten köcheln, bis eine ziemlich dicke Masse entstanden ist. Beiseite stellen.

In einer großen Schüssel Haferflocken, Kleie, das restliche Apfelgranulat, Zimt, braunen Zucker sowie Mehl gründlich vermischen. Den nach Vorschrift auf der Packung angerührten Ei-Ersatz und den Bananenbrei zufügen. Die Zutaten mit den Händen rasch zu einem krümeligen Teig verarbeiten. Sollte er zu trocken sein, 1 Eßlöffel Wasser darüberträufeln und untermengen. Den Teig halbieren.

Die eine Hälfte des Teigs in die vorbereitete Backform drücken. Darüber mit einem Spachtel die Trockenobstmischung verteilen. Den restlichen Teig zwischen zwei Lagen Wachspapier mit dem Nudelholz auf die Größe der Backform ausrollen und über die Füllung breiten, so daß sie völlig abgedeckt ist. Im heißen Ofen 35 bis 40 Minuten backen. Vor dem Aufschneiden auf Zimmertemperatur abkühlen lassen.

Himbeerschaum

Ergibt 4 Portionen

Das klassische Rezept sieht vor, daß die pürierten Früchte unter Schlagsahne gezogen werden. Wir pürieren die Himbeeren lieber mit Apfelgranulat zusammen, wodurch das Püree dicksämig wird, und heben es dann unter eine Baisermasse. Besonders festlich sieht es aus, wenn die Portionen mit ein paar frischen Himbeeren verziert und mit Himbeerlikör beträufelt werden.

2 Pakete (je 300 g) TK-Himbeeren, aufgetaut
⅓ Tasse APFELGRANULAT *(ersatzweise heiß eingeweichter Apfeltee)*
3 Eiweiß
¼ Tasse Zucker

Portion: ¼ Rezept
Kilokalorien: 221
Fett: 0,5 g
Cholesterin: 0
Natrium: 38 mg

Die Himbeeren pürieren und durch ein Sieb streichen, so daß die Kernchen herausgefiltert werden.

Nun das Apfelgranulat mit dem Himbeerpüree mischen und den Brei auf milder Hitze 3 Minuten köcheln. Auf Zimmertemperatur abkühlen lassen, dann kalt stellen.

Etwa 1 Stunde vor dem Servieren die Eiweiß zu steifem Schnee schlagen, dabei nach und nach den Zucker einstreuen. Unter das Himbeerpüree heben.

Die Masse in 4 Glasschälchen oder hohe Gläser füllen und nochmals 1 Stunde kühlen.

Obstsalat

Ergibt 4 Portionen

Die knusprigen Haferfleks geben frischem Obst einen aromatischen Geschmack und Biß. Durch beliebige Kombination mit dem Obst der Saison lassen sich abwechslungsreiche Desserts und Zwischenmahlzeiten gestalten.

2 Apfelsinen
2 kleine Bananen
8 EL Kölln-Haferfleks mit Kleie

Apfelsinen und Bananen schälen, in kleine Stücke schneiden und mit den Haferfleks mischen.

Portion: ¼ Rezept
Kilokalorien: 135
Fett: 1 g
Cholesterin: 0
Natrium: 2 mg

Apfelschnee

Ergibt 4 Portionen

Apfelschnee ist ein sahniger Hochgenuß, dem Haferkleie und knusprige Haferfleks einen eigenen Reiz geben. Ohne diese Flocken bereitet, kann er als gesunder Schlagsahneersatz verwendet werden.

1 Glas (750 g) Apfelmus, ungesüßt
1 TL Zimt
4 TL Honig
10 EL Kölln-Haferkleie
2 Eiweiß
8 EL Kölln-Haferfleks mit Kleie

Das Apfelmus mit Zimt, Honig und Haferkleie verrühren. Die Eiweiß zu steifem Schnee schlagen und darunterheben. Die luftige Masse auf vier Glasschalen verteilen, mit den Haferfleks bestreuen und sofort servieren.

Portion: ¼ Rezept
Kilokalorien: 250
Fett: 3 g
Cholesterin: 0
Natrium: 38 mg

Mocca-Pudding

Ergibt 1 Portion

Sie können eine einzige Portion oder gleich eine größere Menge herstellen, die Sie im Kühlschrank aufbewahren. Verwenden Sie mehr oder weniger Kakaopulver und Kaffee, je nach Geschmack.

1 gehäufter TL Guarkernmehl *(ersatzweise Johannisbrotkernmehl/Carob)*
3 EL Zucker
2 EL stark entöltes Kakaopulver
½ TL schnellöslicher Kaffee
¼ Tasse leichte Kondensmilch (4 % Fett)
½ TL Vanille

Portion: 1 Rezept
Kilokalorien: 239
Fett: 5 g
Cholesterin: 7,2 mg
Natrium: 81 mg

In einem kleinen Topf Guarkernmehl, Zukker, Kakao und Kaffee mit dem Schneebesen klümpchenfrei verschlagen.

Die Mischung langsam zum Kochen bringen, dabei fortwährend mit einem Holzlöffel umrühren. Auch die Topfecken und -ränder nicht vergessen, da das Guarkernmehl gern ansetzt und klumpt. Das Rühren macht den Pudding glatt. Sobald er aufgekocht ist, vom Herd ziehen und auf Zimmertemperatur abkühlen lassen. Vor dem Servieren mindestens 3 Stunden kalt stellen.

Beerenpudding

Ergibt 2 Portionen

Diesen Pudding können Sie durchaus Gästen servieren, so gut ist er. Vergessen Sie aber nicht, dann zu erwähnen, daß er eine cholesterinsenkende Wirkung hat! Da die Augen mitessen, sollten Sie den fertigen Pudding mit frischen Früchten verzieren.

3 gehäufte TL GUARKERNMEHL
(ersatzweise Johannisbrotkernmehl/Carob)
2 EL Zucker
300 g TK-Himbeeren oder -Erdbeeren, aufgetaut
½ TL Vanille
½ Tasse Magerjoghurt

Portion: ½ Rezept
Kilokalorien: 239
Fett: 0,5 g
Cholesterin: 0
Natrium: 44 mg

Guarkernmehl, Zucker, Beeren, Vanille und Joghurt im elektrischen Mixer miteinander verschlagen. Das Püree nach Wunsch durch ein Sieb streichen, um die Kernchen zu entfernen. Eventuell mit etwas Ahornsirup nachsüßen.

Die Mischung in einem kleinen Topf langsam zum Kochen bringen, dabei ununterbrochen mit einem Holzlöffel rühren, auch am Topfrand entlang, da das Guarkernmehl leicht ansetzt und Klumpen bildet. Der Pudding sollte klümpchenfrei und glatt sein. Nach dem Aufkochen noch 2 Minuten wallen lassen, dann vom Feuer nehmen. Auf zwei Schälchen verteilen und auf Zimmertemperatur abkühlen lassen. Vor dem Auftragen mindestens 3 Stunden kalt stellen. Dazu kann nach Belieben sahnig aufgeschlagene leichte Kondensmilch gereicht werden.

Indischer Gerstenpudding

Ergibt 6 bis 8 Portionen

Die Gerste hat cholesterinsenkende Eigenschaften, die man sich mit diesem Pudding auf höchst angenehme Art und Weise zunutze machen kann. Bestreuen Sie ihn noch mit gerösteter Kleie, und Sie haben noch mehr lösliche Faserstoffe zu Ihrer Verfügung.

1 Tasse PERLGRAUPEN *oder* SPRIESSKORNGERSTE
1 Tasse leichte Kondensmilch (4 % Fett)
⅓ Tasse Melasse
¼ TL gemahlene Nelken
¼ TL gemahlener Zimt
¼ TL geriebene Muskatnuß
2 EL Rum
Ei-Ersatz entsprechend 2 Eiern
1 Tasse Rosinen
französischer Frischkäse, Magerstufe (nach Wunsch)

Portion: ⅛ Rezept
Kilokalorien: 237
Fett: 1,8 g
Cholesterin: 3,8 mg
Natrium: 84 mg

Den Backofen auf 160 Grad vorheizen. Eine flache, etwa 20 × 30 cm große Glas- oder Keramikform dünn ausölen und bereitstellen.

In einem großen, schweren Topf Gerste, Melasse, Gewürze und Rum mit der Kondensmilch und 2 ½ Tassen Wasser zum Kochen bringen und 3 Minuten leise wallen lassen. Vom Feuer ziehen und 10 Minuten abkühlen lassen.

Ei-Ersatz und Rosinen mischen, dann unter die leicht abgekühlte Gerstenmischung rühren. Die Masse in die vorbereitete Form füllen und 1 ½ Stunden backen.

Warm oder auf Zimmertemperatur abgekühlt servieren, nach Wunsch mit eiskaltem Frischkäse garniert.

Reispudding

Ergibt 6 Portionen von je ½ Tasse

Milchreis, wie er hierzulande gekocht wird, enthält so gut wie keine Ballaststoffe, dafür aber meist viel Fett. Wir haben ihn durch Zugabe von Reis- oder Apfelkleie wieder mit löslichen Faserstoffen angereichert, die ihm überdies ein spezielles Aroma verleihen. Wenn Sie den Pudding sahniger wünschen, können Sie die Kondensmilch auch unverdünnt verwenden. Servieren Sie den Pudding zimmerwarm, da Reis durch Kühlung leicht hart wird.

2 Dosen (je 170 g) leichte Kondensmilch (4 % Fett)
½ Tasse Zucker
1 Tasse Rosinen
1 TL Vanille oder ein paar Tropfen Bittermandelaroma
1 Tasse Parboiled Langkornreis
4 bis 6 EL feingemahlene REISKLEIE *oder* APFELGRANULAT *(ersatzweise eingeweichter Apfeltee)*
Zimt oder in Scheiben geschnittene Erdbeeren

Portion: ⅙ Rezept
Kilokalorien: 318
Fett: 3 g
Cholesterin: 7,5 mg
Natrium: 145 mg

In einem Topf die Kondensmilch mit Zukker, Rosinen, Vanille und 2 Tassen Wasser langsam zum Kochen bringen. Vorsichtig nach und nach den Reis einrieseln lassen und einige Male umrühren. Auf kleinster Heizstufe bei leicht geöffnetem Deckel etwa 25 Minuten ausquellen lassen, bis er ganz weich ist.

Wenn der Reis gut ist, Kleie oder Apfelgranulat unterziehen und 1 Minute mitkochen. Den Pudding in eine Glas- oder Keramikform oder in 6 Portionsschälchen füllen und auf Zimmertemperatur abkühlen lassen.

Vor dem Servieren mit Zimt bestäuben oder mit Erdbeerscheibchen verzieren.

Fruchtgelee

Ergibt 6 bis 8 Portionen

Mit einem leichten Dessert kann man immer eine Mahlzeit süß beenden, wie satt man auch sein mag. Dieses Rezept ist ideal dazu geeignet. Halten Sie stets ein paar Portionen im Kühlschrank bereit, wenn später am Abend der Appetit auf Süßes erwacht!

1 Päckchen Rote-Grütze-Pulver mit Himbeer- oder Erdbeergeschmack
½ Tasse APFELGRANULAT *(ersatzweise heiß eingeweichter Apfeltee)*
1 Dose (225 g) Aprikosen, Pfirsiche o. ä., abgetropft und kleingeschnitten
3 Eiweiß
¼ Tasse Zucker

Portion: ⅛ Rezept
Kilokalorien: 91
Fett: 0,7 g
Cholesterin: 0
Natrium: 32 mg

Die rote Grütze in 1 Tasse kochendem Wasser auflösen und beiseite stellen.

In einer kleinen Schüssel das Apfelgranulat mit 1 Tasse warmem Wasser glattschlagen, dann mit den Früchtewürfelchen mischen. Das aufgelöste Rote-Grütze-Gelatinepulver darunterrühren.

Die Eiweiß zu steifem Schnee schlagen, bis sich Zipfel bilden, und nun nach und nach den Zucker zufügen. Den Eischnee unter die Rote-Grütze-Masse heben.

Die luftige Masse in 6 oder 8 passende Gläser oder Keramikschälchen füllen und vor dem Servieren mindestens 3 Stunden kühlen.

Quarkcreme

(Bildtafel VIII)

Ergibt 2 Portionen

Das Rezept für diese erfrischende Creme kann natürlich einer beliebigen Personenzahl angepaßt werden. Mit frischem Obst der jeweiligen Jahreszeit serviert, ist sie ein köstliches Dessert für heiße Tage oder auch nach einem festlichen Winterdiner.

200 g Magerquark
3 bis 4 EL fettarme Milch (1,5 % Fett)
2 TL Honig
4 EL Kölln-Haferkleie
1 Eiweiß
Zitronensaft
2 Pfirsichhälften, frisch oder aus der Dose, in Spalten geschnitten
4 EL Kölln-Haferfleks mit Kleie

Portion: ½ Rezept
Kilokalorien: 236
Fett: 3 g
Cholesterin: 1 mg
Natrium: 84 mg

Den Magerquark mit Milch und Honig aufschlagen und mit der Haferkleie verrühren. Das Eiweiß zu steifem Schnee schlagen und darunterziehen. Die Creme mit Zitronensaft abschmecken.

Die Pfirsichstücke auf zwei Glasschalen verteilen. Die Quarkmasse darübergeben und kurz vor dem Servieren mit den Haferfleks bestreuen.

Bananencreme

Ergibt 2 Portionen

Auch diese Creme läßt sich als Dessert für beliebig viele Gäste herstellen, wenn die Zutatenmenge entsprechend verändert wird. Ebensogut schmeckt sie natürlich zum Frühstück! Dazu kann sie ruhig mit mehr Haferfleks serviert werden, wodurch sie länger sättigt.

1 kleine Banane
⅛ l fettarme Milch (1,5 % Fett)
1 Prise Zimt
1 TL Honig
4 EL KÖLLN-HAFERKLEIE
1 EL Zitronensaft
2 EL KÖLLN-HAFERFLEKS MIT KLEIE

Die Banane schälen und unter Zugabe der Milch pürieren. Zimt, Honig und Haferkleie darunterrühren. Die Creme mit Zitronensaft abschmecken und auf zwei Glasschalen verteilen. Kurz vor dem Auftragen mit den Haferfleks bestreuen.

Portion: ½ Rezept
Kilokalorien: 144
Fett: 2 g
Cholesterin: 3 mg
Natrium: 31 mg

Schoko-Milchshake

Ergibt 1 Portion

Viele Leute meinen, auf Schokolade in jeder Form verzichten zu müssen, wenn sie sich cholesterinarm ernähren wollen. Dabei enthält reines Kakaopulver gar kein Cholesterin. Nur wenn es zur Schokoladenherstellung mit Butterreinfett gemischt wird, setzt es die Arterien zu. Bei diesem Milchshake genießt man nicht allein den geliebten Schokoladengeschmack, sondern führt sich mit dem Guarkernmehl, das leider in Deutschland kaum im Einzelhandel erhältlich ist, obendrein noch eine gesunde Dosis löslicher Faserstoffe zu.

1 gehäufter EL GUARKERNMEHL *(ersatzweise Johannisbrotkernmehl/Carob)*
2 EL stark entöltes Kakaopulver
2 EL Zucker
½ Tasse leichte Kondensmilch (4 % Fett), gekühlt

Portion: 1 Shake
Kilokalorien: 336
Fett: 8,8 g
Cholesterin: 15 mg
Natrium: 335 mg

Verdickungsmittel, Kakao und Zucker im elektrischen Mixer zusammenmischen. Die Kondensmilch mit ¼ Tasse Wasser verdünnen, in die laufende Maschine zu den übrigen Zutaten gießen und etwa 1 Minute unterschlagen, bis die Flüssigkeit eingedickt ist. Mit oder ohne Eiswürfel servieren.

Variationen:
Für einen Mocca-Shake 1 Eßlöffel Kakao und 1 Teelöffel schnellöslichen Kaffee nehmen.

Für einen Kaffee-Shake den Kakao weglassen und statt dessen 1 bis 1 ½ Teelöffel schnellöslichen Kaffee verwenden.

Für einen Vanille-Shake wird 1 Eßlöffel Vanille zugegeben; an die Stelle der oben angegebenen Milch- und Wassermischung tritt ¾ Tasse leichte Kondensmilch.

Erdbeer-Buttermilch

Ergibt 1 Portion

Hier ein erfrischendes Getränk für heiße Sommertage. Mit Erdbeerscheibchen oder ganzen Früchten verziert, kann es auch gut als Kaltschale serviert werden.

80 g Erdbeeren
⅛ l Buttermilch
4 EL Kölln-Haferkleie

Portion: 1 Glas
Kilokalorien: 148
Fett: 3 g
Cholesterin: 5 mg
Natrium: 75 mg

Erdbeeren und Buttermilch zusammen im elektrischen Mixer mit dem Schneidstab pürieren. Die Haferkleie in ein Glas geben und mit der Erdbeer-Buttermilch übergießen. Gut gekühlt servieren.

Vitamin-Drink

Ergibt 1 Portion

Dieses Mixgetränk löscht den Durst und ist darüber hinaus nahrhaft und gesund.

4 EL Kölln-Haferkleie
⅛ l Diät-Multivitaminsaft
⅛ l Mineralwasser
1 EL Zitronensaft

Portion: 1 Glas
Kilokalorien: 98
Fett: 2 g
Cholesterin: 0
Natrium: 3 mg

Die Haferkleie in ein Glas geben. Multivitaminsaft und Sprudel darübergießen und kurz verrühren. Mit Zitronensaft abschmecken und gut gekühlt servieren.

Fruchtsaftmix

Ergibt 1 Portion

Servieren Sie Ihren Gästen bei einem Gartenfest im Sommer statt eines alkoholischen Aperitifs einmal diesen Fruchtsaftmix, der im Nu zubereitet ist und nicht zu Kopf steigt.

4 EL Kölln-Haferkleie
¼ l frisch gepreßter Orangensaft oder anderer frischer Saft

Die Haferkleie in ein Glas geben, mit dem Obstsaft übergießen und umrühren. Kalt servieren.

Portion: 1 Glas
Kilokalorien: 195
Fett: 3 g
Cholesterin: 0
Natrium: 5 mg

Kirsch-Schorle

Ergibt 1 Portion

Auch diese prickelnde Schorle läßt sich durch Zugabe von ein paar Sauerkirschen und vielleicht einigen Eischneeflöckchen in eine köstliche Kaltschale verwandeln.

4 EL Kölln-Haferkleie
75 ml Diät-Sauerkirschsaft
75 ml Mineralwasser
etwas Süßstoff (nach Belieben)

Die Haferkleie in ein Glas geben und mit Sauerkirschsaft und Sprudel übergießen. Nach Wunsch etwas Süßstoff unterrühren.

Portion: 1 Glas
Kilokalorien: 96
Fett: 2 g
Cholesterin: 0
Natrium: 4 mg

Register

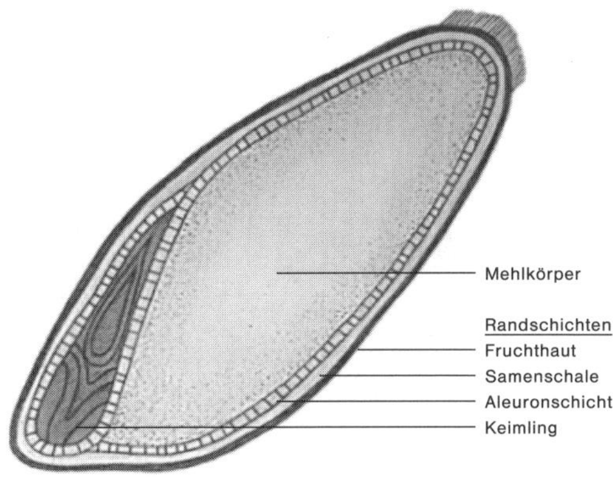

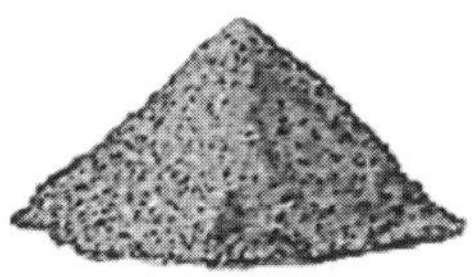

Haferkleie aus
Keim- und Randschichten

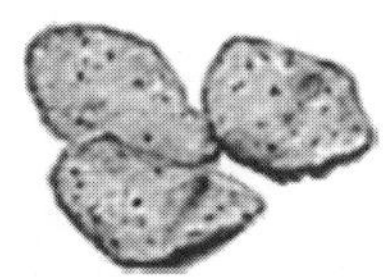

Haferkleie-Flocken
(100 % Haferkleie)

Was ist das Besondere an Haferkleie?

Haferkleie besteht aus den Randschichten, dem Keimling und den äußeren Schichten des Mehlkörpers.

Obwohl der Anteil der Randschichten und des Keims nur 30 % am gesamten Haferkorn beträgt, sind in ihnen 85 % der Vitamine, 80 % der Mineralstoffe, 60 % des Eiweiß und 85 % der Ballaststoffe gespeichert.

Wir unterscheiden heute zwischen löslichen und unlöslichen Ballaststoffen. Wie Ernährungswissenschaftler am Beispiel der Cholesterinforschung nachgewiesen haben, können die löslichen Ballaststoffe die Cholesterinwerte senken. Und da schneidet die Haferkleie mit einem Anteil von 46 % an löslichen Ballaststoffen hervorragend ab. (Weizenkleie z. B. enthält nur 8 % lösliche Ballaststoffe.)

Lösliche Ballaststoffe regen die Bildung von Gallensäuren aus Cholesterin an. Dadurch gelangt weniger Cholesterin ins Blut – der Cholesterinspiegel sinkt. Es kommt also zu einer besseren Zusammensetzung der Blutfette.

Unlösliche Ballaststoffe regen durch ihr hohes Quellvermögen die Verdauung an.